WILLIAM SITWELL

威廉・席特維爾

廖素珊——譯

THE
RESTAURANT
A HISTORY
OF
EATING OUT

外出──用餐

一部橫跨兩千年的外出飲食文化史

獻給愛蜜麗和華特

————

諸論

　　飄渺靈感的觸鬚纏繞著世界，它們蔓延過大陸，滲透文化，深植於人心。它們纏繞在歷史演變的脈絡裡，蜷曲蜿蜒，有時陡然停頓，有時完全停滯，卻又在漫長的數世紀之後，於無法預料之處突然湧現。

　　這些觸鬚的枝微末節──也就是餐廳故事的根本──是我將在本書努力描述的主題。

　　從古代到未來，很少有事物像餐廳這般複雜、多樣化。它既是一項事業、一種嗜好、一股熱情，也可能是一場災難。無論是餐廳老闆或廚師、或者二者兼具，都需要創新思維、企業敏銳度、創造力、技術專業、設計或藝術感知能力、會計天分、文化素養、交際技巧、熟練的公關、行銷知識、交涉才能──而如果他們還擅長烹飪，那便堪稱完美。

　　餐廳可以靠熱情的夢想而構築，也可能在瘋狂中迅速消失──它們可以是狂野的成功或可怕的失敗。許多人因餐廳而致富的同時，也有許多人傾家蕩產。

　　外出用餐的歷史是個集政治、恐怖、勇氣、瘋狂、幸運、創新、藝術與愛情於一身的故事，當然，它也可以是個安分經營、殫精竭慮的故事。

　　這個故事可以用單純研究擁有獨特個性的個人來詮釋，他們的熱情和遠見使他們創立了非凡的餐廳、採納新穎的廚房、或選定一種服務方式或食物風格，從而改變了你我許多人的進食方式。

　　跨越此書，你將會發現這類人的蹤影。你可以找到令人驚絕的十四世紀的伊本‧巴杜達（Ibn Battuta）的身影，他的旅行經驗超過三十年，外出用餐的範圍涵蓋四十個國家；他將新奇的點子帶回家鄉，並寫下供人們學習的烹飪冒險。還有十九世紀的法國人，馬利—安托南‧卡漢姆（Marie-Antoine Carême），他嚴謹地創造出專業餐廳廚房和家庭菜餚之間的區別。

你將會遇到紐約市的朱本西歐‧馬多納多（Juvencio Maldonado），他是墨西哥移民，他在一九五一年為塔可餅機申請了專利，引爆一場速食狂潮。還有白石義明（Yoshiaki Shiraishi），他在一九五八年發明的迴轉壽司輸送帶為魚類的食用帶來便利性的革命。

我在書中還提到魯氏兄弟（Roux brothers），亞伯特和米歇爾，他們在一九六七年於倫敦的流浪兒餐廳（Le Gavroche）開幕時，翻轉了戰後英國外出用餐的淒涼慘況，並持續訓練和給予數代的廚師靈感。而愛莉絲‧華特斯（Alice Waters）在加州創立她的美國反文化餐廳，帕尼斯之家（Chez Panisse），試圖以她對農夫和季節的熱愛，擊潰速食的野獸。

這些男人和女人影響了自己國家數千英里外的其他國家的人。無論有意或無意，無論好壞，數百萬人因此領略了他們的餐廳哲學。

但，這本書不但以偉大的男人／女人理論為基礎，也堅定地提出結果出乎意料之外的理論。法國革命家馬克西米連‧羅伯斯庇爾（Maximilien Robespierre）[01] 沒有預見到他的政治理念——或實施它們的血腥方式——會帶來精緻餐飲（fine dining）的時代。理查和莫里斯‧麥當勞（Richard and Maurice McDonald）也沒預見到他們的事業會急遽成長為全球龐大怪物，給像愛莉絲‧華特斯這樣的人靈感，創造出完全相反形式的餐廳。

不論有意或無意，餐廳一直是變革的工具和象徵。它們同時標示著一個國家——或，說來，是帝國——的衰敗和成功。龐貝城的外出用餐場景象徵羅馬帝國的願景、幅員遼闊、穩定和繁榮富庶。二次世界大戰後英國餐廳的悲慘則充分顯示了戰爭衝突的恐怖和國力的瓦解，如何殘害了該國的美食文化和味覺。快轉到二〇一八年，倫敦做為全球玩家的地位，是以外出用餐場景得到

01. 馬克西米連‧羅伯斯庇爾（Maximilien Robespierre）：1758-1794，法國大革命時期政治人物，雅各賓派最高領導人，曾是國民會議代表。他在一七九三年鎮壓左翼，主張處決路易十六，至今仍舊是法國歷史上最受爭議的人物。

突顯的——這次是從正面的角度。用餐廳老闆和設計師特倫斯・康蘭爵士（Sir Terence Conran）的話來說，英國首都從「烹飪笑話轉變成全球豔羨之處」。

而康蘭的觀點反映餐廳故事的另一個主題：當下是輝煌時代的一貫幻想。作家常常斷言，此時的外出用餐是最輝煌的時刻了，但在康蘭的評論出現大約二十年前，早在一九九七年，《美食指南》（The Good Food Guide）就說，「外出用餐從來沒有比此刻更令人興奮」。

而戰後英國數十年間遭到多所毀謗的餐廳場景又該怎麼說呢？電影導演和《星期日泰晤士報》新聞評論家麥可・溫納（Michael Winner）有次曾指出它是：「一九五〇年代的黃金時代，當時的食物就是它嘗起來該有的味道。」

在一七九一年，山謬・約翰遜（Samuel Johnson）寫道，「好酒館或客棧是人類創造出來的最美好事物，那裡能製造如此多的快樂」。由此看來，那時的食物應該不會太糟糕。那一一七〇年又怎麼說呢？當時威廉・菲茨斯蒂芬（William Fitzstephen）[02] 寫的〈倫敦繪景〉（Description of London）談論日夜開放的公共食堂，「在那，你可以馬上吃到你想要的任何東西」。

如果外出用餐只是在最近變得值得思索此點屬實的話，那我們的故事就會變得相當狹隘簡短。但我不相信這個理論——而且，如果你肯跟我旅行回到數千年前，我或許還可以順便說服你。雖然我說的某些故事或許該被視為「外食」（eat away），而非「外出用餐」（eat out），我仍舊認為二者息息相關，因為從「外食」到「外出」的演變影響了未來的餐廳。

想當然爾，現代世界的交通便利和旅行發達，意味著現在有數百萬人有幸發展更廣闊和老練的鑑賞力。而那提高了餐廳的象徵意義，因為現在我們之中有許多人依其食物來評價一個國家。

---

02. 威廉・菲茨斯蒂芬（William Fitzstephen）：1140-1191，曾任神職人員和行政長官。他對十二世紀倫敦的描述收納在他為湯姆斯・貝克（Thomas Becket）所寫的傳記中。

確實，單單餐廳就能提供人們旅行的理由。餐廳像博物館、藝術、夜店或海灘一樣，在文化中已經變得不可或缺，目前也取得和一國的風景、人們或氣候一樣的關鍵地位。

但是，雖然餐廳提供旅行的理由，它們也是止步不前的背後因素。如果你住在一個路邊攤五花八門的城市裡，可以嘗到優異的印度、中華、日本、祕魯、法國或義大利料理，那幹嘛還自找麻煩登上飛機呢？英國作家尼古拉斯・蘭德（Nicholas Lander）曾說：「菜單代表最便宜的旅行方式。」

就像餐廳可以是國家的象徵，它們也可以是用餐者的地位象徵。當某人選擇一家餐廳的原因是，他們相信，僅僅是身處其間，他們就能享受氛圍，盡情沾光時，如此一來，外出用餐的概念就變得極為複雜。

「告訴我你在哪用餐，我就能說出你是什麼樣的人物。」歷史學家約翰・柏奈特（John Burnett）寫道（他高明地改寫了他的前輩尚・安特梅・布里亞—薩瓦蘭〔Jean Anthelme Brillat-Savarin〕的話[03]）。你對最喜愛的餐廳所發表的高談闊論，可能遠比你以為的更能透露枝微末節，因為你所感興趣的吃食場所，顯示你的鑑賞品味。也許你該在談話中，在那些商務便裝時尚餐館的老調重提中，添加某些素食餐廳。

餐廳也早就變成一種娛樂形式，也該說已經變成娛樂業根深蒂固的一部分。有時這讓人納悶，某些餐廳是否只是主廚的電視秀或出書職涯的附屬品。我們很難辨識出哪個是產品，哪個又是行銷工具。有些主廚在贏得電視烹飪競賽後開了餐廳，有些則是在開了餐廳後才贏得這類比賽，然後只是為收視率而繼續烹飪。

但，如同餐廳已經變成休閒產業的部分，其存在理由的定義也變得較為模糊不清。如果你需要運動、走路和慢跑，才能為晚餐騰出胃的空間，你甚至應該外出用餐嗎？當人們不是因為飢腸

---

03. 尚・安特梅・布里亞—薩瓦蘭（Jean Anthelme Brillat-Savarin）：1755-1826，《廚房裡的哲學家》（*Physiology of Taste*）的作家。被改寫的原文是「Tell me what you eat and I will tell you what you are」。

轆轆而上餐廳時,我們究竟是住在什麼樣的世界裡?但,食物當然不是我們外出用餐的唯一理由。就像英國餐廳評論家Ａ‧Ａ‧吉爾(A. A. Gill)有次說過的:「你去餐廳是因為你有胃口,而有胃口和肚子餓可不一樣。」

不管我們外出用餐地點的型態和形式為何,其靈感都是各式各樣,千奇百怪的。它們往往是移民帶來的歡樂結果,因為食物被一個移民社區引進來好滿足自己人——舉例來說,一九六〇年代的北美日本社區,或一九四〇年代倫敦東區的孟加拉移民——而其所在國嘗過它的異國風味後,儘管其國民可能瞧不起將這口味帶進來的初始移民,但他們卻如此喜愛這個料理,因此他們轉而擁抱它,後來還將其挪用為自己本國文化的關鍵部分(如印度料理在英國的案例)。

無論如何,在你開始閱讀這個複雜和美妙的故事前,我覺得我應該先趕緊道歉。這是我的外出用餐歷史,以(英文版)二百七十二頁鋪陳,因此漏掉了很多人物、餐廳和故事。有時整個國家和許多種料理沒能納入最後編輯中,但它們的食物和餐廳依舊美味,並影響力十足。我對他們致上萬分歉意,我也因沒能涵蓋他們而向各位讀者道歉。

但,說故事人的特權就在於他有說自己的故事的自由。這本書不是一份所有時代最佳餐廳的列表,或最偉大的廚師、最佳烤箱、或最創新的廚房工具的清單。我選擇述說的故事將給你一個美味的背景故事,它也是形塑我們今日所生活的現代世界的敘事。

威廉‧席特維爾
於北安普敦郡的韋斯頓(Weston)

Chapter 1 │羅馬人

在古龐貝挖掘出的一間客棧，展露一座擁有非常世故品味的城市，在其中，飯店、酒館和餐館林立。

......

　　西元七九年八月二十三日。烈日當空、炙熱難耐的一天。我們不妨想像，一位龐貝市民跌跌撞撞地從他最喜歡的酒館走出，進入街道。那家酒館可能就是普里穆斯客棧（Inn of Primus），位於霍爾克尼爾斯（Holconius）十字路口東北角，是一家曾在歷史上真實存在過的酒館。他從主要入口踏上豐饒路（Via dell'Abbondanza）。這是城市的主要街道，曾一度橫貫這個大約一萬二千人口的大都會，往外延伸幾乎一公里。

　　或許我們這位因喝酒而疲憊的朋友——可能是葡萄酒，儘管為了順應顧客的口味被加水稀釋——希望避開龐貝牛津街這條古代世界的第五大道，從酒館往右轉後，再度右轉，往下走較窄的斯塔比亞那路（Via Stabiana）。他經過普里穆斯敞開的窗戶，那裡有個毗連街道的櫃台，提供外帶。你得走一道更寬的階梯往上才能到櫃台，如此一來，路人，包括我們這位精疲力盡的龐貝人，在走下忙碌的小街道時，才不會撞上櫃台。

　　這位普里穆斯的常客因酒精作祟和手氣背而賭輸，正感到暈暈然，急躁易怒，一心只想回家睡個午覺。他的眼神往前看下斯塔比亞那路，遠方視野盡被一座巍然山勢占據。這是維蘇威火山。從他的童稚時期長至成人，這片龐大高聳的景觀始終伴隨著他，他對它熟悉得瞭若指掌。但今天它有點不尋常。從火山山巔可見

豐饒路——古代世界的第五大道，飲食設施、酒館櫛比鱗次，
造訪的賓客不分貧富，就連尼祿皇帝都常在這些酒館流連。

細長的煙柱——被那位較年輕的詩人小普林尼（Pliny）[04]描述為「看起來像赤松」。

那天早上也有轟隆隆的巨響，城鎮居民對大地的顫動議論紛紛；義大利南部坎帕尼亞（Campania）這地區常經歷這類小型地震——或許是神祇像人類在賭桌上運氣不好時，嘟嘟囔囔，發發牢騷。可以確定的是，維蘇威火山的煙霧和地面的嘎嘎作響並未引起城鎮居民驚慌，他們也不會將二者的關連連接起來。確實，存有維蘇威火山可能爆發的想法相當荒謬，儘管七年前曾有場嚴重地震，但實際上它足足有一千五百年沒有火山爆發了。

我們跟著男人蹣跚的步履回家，穿梭於大型鵝卵石道間，沿途不停左躲右閃，試圖避開行人和流浪狗。一旦回到家，他或許又會再灌幾杯酒，昏沉沉地直到夕陽西下，夜幕降臨。然後，酒足飯飽的他會爬上床，墜入深沉的夢鄉。或許那個花大半天沉溺在普里穆斯得到的最佳結果，是一位神祇仁慈地守望著他，永遠不喚醒他。

八月二十四日，悲劇抵達，並造訪了龐貝這座小城市。幾小時內，維蘇威火山真的爆發了，噴出熔岩、致命的煙和灰塵，橫越整個地區。極大多數的龐貝居民沒辦法從家中逃離，瞬間死亡。那些成功逃生的人在隨後幾周或幾月後回返，尋找他們的財物、房舍和摯愛的人的屍體，但一切都是枉然。

灰燼和熔岩形成密封的毛毯，覆蓋住整座城市。雨水使得凝滯的熔岩變成流動的浮石。想找回任何東西——人類或無生命之物——已是徒勞。所以他們最終放棄。龐貝自此從地圖上消失，長達十八個世紀。

在二百五十年後的今日，龐貝仍舊持續挖掘著。若以一位歷史學家的話來說，遊客可以看到的是，「活生生的龐貝人，他們的歡樂和哀傷，他們的工作和玩耍，他們的美德和罪惡」。

---

04. 蓋尤斯·普林尼·采西利尤斯·塞孔都斯（Gaius Plinius Caecilius Secundus）：61-113，又稱小普林尼，羅馬帝國律師、作家和議員，他寫的很多信件保存下來，成為研究歷史的資料。

而與此地最相關的描述，是一位無足輕重的作者所留下的雪鴻泥爪。他曾尋找二千年前羅馬帝國用餐場景的證據。因為，我們都知道，外出用餐是生活重心：它能強化快樂，安撫憂傷，促成生意，甚至鼓勵我們展現最佳或最糟糕的天性。

而且，正因為龐貝沒有尋求或預期到突然降臨它頭上的歷史會漸漸被世人所遺忘，因此我們看到的就是事實。此時是羅馬帝國的顛峰，城鎮在此刻處於最盛期。西元七九年的龐貝舉足輕重，它是羅馬夢的閃耀示範，展現其輝煌的願景，那表示一位羅馬公民可以理解，他能在統一的法律系統和單一行政語言保護下，穿越帝國旅行。如果他想買飲料、點心和餐食，只需要一種流通貨幣。帝國的殞落是由最遠邊界的野蠻人入侵而加速推動——有人說那是移民未經控制的結果。因此，儘管我們可以說，最後一位羅馬皇帝是羅慕路斯・奧古斯都（Romulus Augustulus），嚴格來說是最災難性的，但他倒沒有令人震驚到提供人民全民公投 [05]……

所以，龐貝在西元七〇年代蓬勃發展時，並不見一絲絲即將來臨的毀滅。帝國的一切優點在龐貝展現無遺——法律、科技、文化、語言、宗教、建築、食物、酒類……。城市的地理位置也絕佳，從地理上而言，它靠海，依偎在地中海的溫帶水域和坎帕尼亞地區的維蘇威火山斜坡之間，這個肥沃地帶的廣袤土地、優質土壤和山坡地勢拿來栽種葡萄最完美不過。

此地區的葡萄酒赫赫有名，製酒商享受繁盛的出口貿易。確實，古希臘最著名的酒是費勒尼安（Falernian），由產自附近的費勒納斯山（Mount Falernus）的艾格尼科葡萄釀造。要取得這種珍貴的白酒，往往需要將晚收成的葡萄置放在雙耳瓶中熟成，等它氧化呈現出鐵鏽色澤，此酒酒精濃度高，後效強勁。龐貝一家酒館牆壁上的價目表明言：「一枚〔硬幣〕，可以買酒／兩枚，可以喝最好的／四枚，你可以喝費勒尼安。」

籠罩在維蘇威火山陰影下，徐徐吹拂的海風帶來涼爽，事實

---

05. 指一九四六年義大利憲體公投，人民投票決定採共和制政體，國王流亡海外。

上，龐貝什麼也不缺。它是旅遊重鎮，時尚海港，是上流人士匯聚地點，更是各路貿易商的國際中繼站。它的個性奔放，向外擁抱。龐貝的圓形劇場可以容納二萬名觀眾，這個既存的事實證明了人們會從鄰近城鎮或更遠的地方來此拜訪。套用劍橋大學古典文學教授瑪麗・比爾德女爵士（Dame Mary Beard）的話，它是「拉斯維加斯和英國海濱城鎮布萊頓（Brighton）的綜合體」。

羅馬人來龐貝狂歡——吃喝嫖賭，樣樣不漏。訪客和居民都得到良好的飲食服務。殷勤款待是城市的基石，也是龐大帝國的基石。

「殷勤款待」的 hospitality 源自 hospes（訪客）這個字，描述羅馬人經由款待與羅馬同胞產生連結。這個字眼同時有法律和神聖字義，比血緣還濃烈。羅馬人甚至有位神祇監督此類行徑，那便是朱比特（Jupiter）（在希臘神話中，他就是宙斯），只要祂不忙於治理天界或掌管雷電，祂便監管殷勤款待的法律。

因此它適用於所有人，不論貧富，成為一個統一概念。不論你的財富多寡，人們期待擁抱和提供殷勤款待。此行徑最早還有個經過仔細盤算、更為現實的意圖——如果羅馬人到哪都提供殷勤款待，這能幫助拓展帝國，能讓貿易商更舒適地做生意，使得即將被征服的民族更容易服軟。而且，如果後者不乖乖服從，反正羅馬人也會屠殺他們。

所以，貿易商人、小販和水手抵達帝國境內各地，期待熱情溫暖的歡迎——舒適、食物、陪伴和一點娛樂。如同歷史學家李維（Titus Livius）[06] 筆下的羅馬：「在整個城市裡，房舍的前門大大敞開，開放的前院裡擺設著一般會用到的各類物品。所有的來客，不管是熟人或陌生人，都被帶入內分享殷勤款待。」

私人宅院為路過的旅客將可用物品準備齊全於是變成一種傳統：為疲憊的陌生人提供美妙的休憩地點。那能幫助鍛造友誼和

---

06. 蒂托・李維（Titus Livius）：前 64 或 59-17，古羅馬著名歷史學家，代表作為《羅馬史》。

助長希望——如果你在建立帝國，那可是個基本要素。當有人返鄉，帶回來溫暖接待的冒險故事時，那會鼓勵其他人動身啟程。

所以傳統逐漸變得形式化，最後，對它的違逆被視為一種可怕的罪行。這個羅馬習俗意味著，等我們在西元七九年拜訪龐貝時，商業款待已經變得高度組織化，結構井然。

城市內有旅館、驛站、酒館、餐廳和妓院。由於人們發現這些設施的許多牆面上繪製大量的色情圖像，有些人於是爭論它們全體實際上都兼做妓院。尤維納利斯（Juyenal）是一世紀晚期至二世紀早期的羅馬詩人，將典型的羅馬酒館描述為「自由不羈的廳堂」，典型的顧客被發現「躺在刺客隔壁，與水手、盜賊和逃跑的奴隸為伴，就在劊子手和製棺材者旁邊，或是喝掛的祭司身旁」。

但比較沒那麼容易興奮的學者，比如與我們同為當代的瑪麗・比爾德則認為，城市裡是有幾座妓院（特別有一座，其中有骯髒的小臥室和石床，讓人同情起可憐的性工作者），但那些圖像不太可能是妓院充斥的指標，比較像是羅馬人擁有猥褻幽默感的證據。

就像大部分的羅馬外省城鎮，我們在龐貝的入口也發現幾座客棧和酒館，為來訪的商人提供便利的庇護場所。然而，還有其他設施散布城鎮其中。考古學家總共辨識出一百六十棟左右似乎是酒館和餐廳的房舍，加上許許多多的旅館。這個相對來說較大的數字肇因於，許多人無法在自家中使用準備食物時需要的炊具——從烤爐到洗手台。這情況對現代曼哈頓的居民來說再熟悉不過了。空間和供電的限制意味著，大多數紐約人沒有廚房，甚至不能用水壺煮沸水。而在外消費又很便利、負擔得起和時髦——從咖啡到三道菜大餐——因此，即使他們能煮飯，他們也不會在家裡開晚餐派對。

許多龐貝設施符合我們今日所稱的附帶房間的餐廳，羅馬人稱其為旅店（hospitium）。它們有各種形狀和大小規模，是城市貧窮地區的便宜設施，可能住有租不起房子的長期住戶，而有些

旅店看起來似乎有足夠房間可容納多至五十人。

然後市內還有：驛站（馬廄〔stabula〕），它們只是簡單的酒館，有時就位於都會外圍，也有稱為 popina 的餐廳和無可避免的妓院（lupanar）。

在這些飲食和飲酒設施中，普里穆斯客棧無疑非常受到歡迎。它位於豐饒路這條主要大街上，吸引來自龐貝心臟地帶，當地商業及住宅區的廣大顧客。

沿著那條街道挖掘出的商店和工作坊，提供你所能想像的任何物品。那裡有建築工人、鐵匠、鐵和青銅經銷商、藝術和工藝商店、販賣衣服、橄欖油、五金製品和工具的商店。還有一家酒鋪、麵包店、理髮店，以及雜貨店、水果店、銀行、幾家妓院、洗衣店和當地公共澡堂。澡堂在打廣告時聲稱自己是「上流社會的尊貴澡堂」，那可能包括那些沿著馬路、住在極端時尚和不可想像的奢華別墅、房舍和豪宅裡的人：也就是貴族、將軍和像外科醫師、內科醫師這樣的富裕專業人士。

確實，毗連普里穆斯客棧是兩棟令人印象深刻的豪宅，它們屬於龐貝人馬可・艾皮迪歐・魯佛（Marco Epidio Rufo）和 L・拉皮納西・歐普塔提（L. Rapinasi Optati）。兩棟建築在建築上都壯麗非凡，擁有內院、列柱和噴泉，只要是從熱氣騰騰的街道進入輝煌壯麗前門的人，一定都會覺得那裡是涼爽、安靜的僻靜之處。

想當然爾，我們知道那些住在這些豪宅裡的人的名字，因為——就像許多商店、澡堂和鐵匠鋪——他們的名字和頭銜不是被寫在前門的門牌，就是在內部牆壁上。而我們知道哪些建築是麵包店，因為維蘇威火山的致命噴發物不僅覆蓋、掩藏和保存磨坊、烤爐和麵包，也掩埋了沒研磨過的麥仁。在橄欖油店裡，壺裡有油的痕跡；雙耳瓶仍舊堆放在酒鋪裡。事實上，考古學家聲稱，他們甚至挖掘到有些麵包店裡的化石化圓形薄餅（flatbread），裡面含有迷迭香、大蒜、橄欖油、乳酪和鯷魚的證據。離公共廣場不遠處有個招牌，商店則屬於當地麵包師傅波迪庫斯・普里庫斯（Podiscus Pricus），歷史學家說這座商店裡有座石窯。在龐貝全市

內可能還有其他烤爐，與拿坡里的希臘——羅馬市場區挖掘出來的小烤爐類似。這些烤爐直徑大概四英尺，可能不適合烤麵包，但可以烤較小的圓餅：換句話說，就是披薩——經典義大利街頭小吃主食。

一些龐貝人大聲咀嚼披薩的生動畫面散見城市裡各處的塗鴉中。

一位阿提圖斯（Athictus）擁有的酒館牆壁上寫著下面這些字：「我幹了酒吧女侍。」阿斯提盧斯（Astylus）和帕達路斯（Pardalus）所擁有的酒館則挖掘出比較雕琢詩意的字眼：「愛人像蜜蜂，因為他們過著裹著蜂蜜的人生。」而在因努盧斯（Innulus）和帕皮利歐（Papilio）的酒館裡——非常可能也是一座妓院，一位男人記錄下他的出櫃宣言：「女孩們，哭泣吧。我的陽具已經放棄妳們。現在它只插入男人的後面。再見，美妙的女性陰柔！」

因此，在這片精力充沛的商業場景的震央是普里穆斯客棧。它在一八五三年和一八五七年分兩次被挖掘而出。

踏進客棧，就是一個 L 型吧台，正式進入當地的沟湧人潮中（有錢和貧窮的龐貝人緊挨著彼此居住，這意味著他們可能也在酒館裡摩肩擦踵），現場還有初來乍到此市的訪客。環境吵雜，也許還有點煙霧瀰漫。吧台供應飲料，隔牆頂端挖出的圓形洞口顯示客棧將它拿來當作簡易燒烤處，當時可能曾有金屬三腳架穩穩架在煤炭上，並掛著湯鍋，或為食物保溫。吧台下面也可能有用紅陶或陶器容器存放葡萄酒和其他飲料。

吧台右邊是個爐床，可能是壁爐兼做第二個燒烤處或烤爐。左邊後面有道階梯上去二樓的房間，右邊則是一扇門，開往一間後廂房。牆壁上的一些裝飾性漆畫殘留則顯示，這個房間不是後廚房或儲藏室，而是個餐廳。紅漆上金條的表現方式突顯其時髦的室內裝飾——鑲上黃金邊的紅磚。

我們那位當地的龐貝人可能是在這裡消磨午後時光，在一天結束前飲酒賭博。牆壁上，競選活動廣告的存在告訴我們，在這類地方的高談闊論包括政治。確實，整個城市內和附近的赫克蘭

龐貝的客棧裝飾豪華。吧台上的圓洞可能內有煤炭，
小烤架置於其上烹煮食物，或為湯鍋保溫。
葡萄酒和其他飲料則放在吧台下，或儲藏在後面的儲藏室。

尼姆（Herculaneum）[07]，可以發現幾個政治候選人的繪畫宣言。赫克蘭尼姆也遭到毀滅和原封不動地保存。許多客棧無疑是這類討論的聚集地點。事實上，羅馬領袖對它們甚有疑慮，相信某些酒館包庇政治敵意，因此開始加以規範。

提比略（Tiberius，西元一四至三七年的羅馬皇帝）由於被惹怒到極點，於是根據法令，他強制執行「加諸於……餐廳上的限制，甚至不允許糕點被拿出來販賣」。他想必認為一個地點提供的食物越少，人們聚集在那的吸引力就變得越小。

顯然那條法令沒有多大功效，克勞狄一世（Claudius，西元四一至五四年的皇帝）則更進一步，實際廢除數個讓他憂心忡忡的設施。歷史學家狄奧・卡西烏斯（Dio Cassius）在約一百年後寫道，克勞狄一世「廢除人們習慣聚集和飲酒的酒館，並命令不得販賣煮熟的肉或熱水」。然後羅馬帝國第五位皇帝尼祿（Nero）——他十三年的統治期在西元六八年結束——強制執行他專有的烹飪限制，歷史學家蘇埃托尼烏斯（Suetonius）記錄說，在尼祿治下，「酒館禁止販賣任何種類的烹飪佳餚，除了豆類和蔬菜，儘管在此之前每種可食之物均可公開販賣」。

但是，在下這類命令之後，尼祿決定轉而擁抱在客棧暗潮洶湧的政治敵意，親自去拜訪它們。蘇埃托尼烏斯記載說，太陽一下山，尼祿就出發去做酒館巡迴之旅。狄奧・卡西烏斯則更進一步，聲稱尼祿「根本將整個人生耗費在流連於酒館的時間上」，但他也「禁止其他人在酒館賣任何水煮熟食，除了蔬菜和湯以外」。

無論如何，每位統治者費力強制執行的這些限令，很有可能並不及於龐貝，或者，就算這類規範措施曾經得到施行，龐貝也根本對其無視。

證據就在龐貝裡的客棧數目。那是做得最風生水火的生意之

---

07. 赫克蘭尼姆（Herculaneum）：西元七九年維蘇威火山爆發時，赫克蘭尼姆像龐貝一樣，也被埋在火山灰及浮石之下。它是第一個於一七〇九年被發現被維蘇威火山掩埋的城市。

一，對於發展規模似乎沒有限制。那也是龐貝變得如此受歡迎的另一個原因。羅馬公民可以拜訪龐貝，想要什麼就有什麼，包括葡萄酒、糕點、肉類和美味佳餚。

看著牆壁上倖存下來的繪畫殘跡，我們也可以想像這些設施裡的氣氛。舉例來說，龐貝的水銀街（Mercury Street）上有家酒館裡就有幅繪畫，畫著顧客繞圓桌坐在高腳凳上，其中一位穿著兜帽披風顯示他的旅客身分，一位年輕的男孩服務生站在旁邊，而在他們身後的牆壁上有個架子，掛著各種食物。

那些曾去傳統的義大利家庭式現代餐館（trattoria）用餐的人，會覺得這場景似曾相識，人們在那可以看見葡萄、香腸、洋蔥和乳酪，更別提乾香草束，如百里香、牛至和迷迭香——掛在天花板和木樑上。城市內的其他繪畫則展示殷勤款待的簡單時刻，舉如顧客要男孩服務生送酒過來，以及主要是當地葡萄酒在城市內到處運送的方式。酒用運貨馬車四處運送，裝在動物的大皮囊裡，然後巧妙地用噴嘴倒入空的雙耳瓶中，而噴嘴則是由動物的腳皮製成。

葡萄酒在端上桌前通常會用水稀釋，而有些酒館老闆臭名遠播，因為他們摻太多水，酒客並不喜歡。這被記錄在一家酒館的某些塗鴉中，那酒館就靠近城市的一個入口，即史塔比安門（Stabian gate）：「詛咒你，老闆，你賣的是水，自己喝的卻是未摻水的酒。」

某些地方無疑會比其他地方更為吵雜粗魯，尤其是在奴隸時代，這些地方可能不是那麼令人愉快的工作場所。這類事件的一個極早期案例將我們丟回五百年前左右，可以在馬丁·馮·華格納博物館（Martin von Wagner Museum）的古希臘文物館藏裡尋獲。博物館位於德國北部巴伐利亞的烏茲堡。它是編號 L483 號文物，日期約在西元前四八〇年，為一塊酒碗的殘片，純黑陶器上漆上金色圖案。那是個普遍受苦的畫像——也就是女服務生的困苦處境。

一位蓄長鬍的男人斜躺在相當高的躺椅上——脫下來的鞋子放在地板上。一位女人在服侍他，正從裝飾精緻的小雙耳瓶倒出

水銀街酒館類似於今日的義大利家庭式傳統料理餐館。香草、葡萄、乳酪和醃肉自天花板掛下，葡萄酒裝在動物皮囊裡，以手推車運送，分裝入雙耳瓶裡抵達。

西元前四八〇年的一塊酒碗碎片顯示早期女侍苦境的範例。
一個男人斜躺在躺椅上，似乎正要搧一位女侍一巴掌，她灑了一些酒在他腰際。

酒來，結果卻灑了一些在他腰上。雙耳瓶或歷史記錄都沒顯示這是一時失誤還是特意為之。但我們可以看見那位男人的手舉起來，而從他精確拉動的手臂肌肉判斷，她正要為她的過失吃上重重一巴掌。

如果虐待雇員是不平等的象徵，那羅馬酒館，就像整個歷史上的酒館，實際上呈現社會平等，因為某些惡名遠播的皇帝會在下班後流連於酒館之間。再者，龐貝人的飲食習慣顯示，食物是羅馬人之間的常見連結。這個證據首先來自一個稱之為奧普隆蒂斯（Oplontis）的龐貝郊區，其地窖所出土的骸骨。那裡躺著幾十位從爆發的火山尋求庇護的人。但是，雖然他們的好運耗盡，卻提供我們一些極為有趣的洞見。他們可分成兩組人。一組有錢和珠寶；另一組則什麼也沒。奴隸就死在上流社會人士身邊，但他們的骸骨沒有明顯的不同：沒有營養不良的徵兆，也不見歷史上一般假設貧富間會有的差距的證據，例如富有者身材高大強壯，而貧窮者身材虛弱、體重較輕；富裕者過著暴飲暴食的生活，而弱勢團體則忍飢挨餓。

對地窖裡人們牙齒的研究顯示類似的耗損和撕裂，都展現磨坊麵粉中的磨石粒殘留所導致的磨損。龐貝大概有三十家麵包店，他們的顧客似乎包括貧富。赫克蘭尼姆的糞坑研究也顯示類似結論。

離街道下方約十五英尺處，躺著有些人會戲稱為二千歲的糞，但劍橋大學歷史學家安德魯·華勒斯—哈德里爾（Andrew Wallace-Hadrill）卻將其描述為「黃金」。他說，「在下面這裡的是等待被發掘的羅馬飲食故事。」他分析七百袋人類排泄物，當然這份工作在現在做，是會比在二千年前愉快得多，結果發現非常多樣的飲食，包括雞、魚、堅果和蛋——來自當地和進口食材都有。商店和普通公寓就位於下水道之上。這些不是富人或窮人的居所，而是羅馬中產階級，考古證據清楚顯示他們吃得很好。

但，曾經是恐怖故事的龐貝，現在是作為海灘、日光浴和滑水的當日來回旅遊地點，成為遊客趨之若鶩前來的主因。但這份

曾被火山灰掩埋的創傷本身已經成為歷史凝結片段——最平庸的
人生其最不平凡的證據。貧富毗鄰而居——就像今日世界中，從
倫敦到孟買的許多城市中一般，有些人甚至選擇聚集在相同地點。
如同在英國鄉村俱樂部裡，鄉紳地主在農夫和勞工旁啜飲，暴發
戶和世家子弟也維持酒館生計，而在龐貝的設施中，羅馬貴族更
是和商人同處一室。他們的飲食類似，他們的牙齒和胃顯現令人
吃驚的雷同，儘管有錢人無疑也會在私人豪宅中吃得很奢華。

　　但我們念茲在茲的是公共領域，也就是服務業的忙碌和手忙
腳亂。這是開展超過二千年的外出用餐歷史，其令人興奮和活潑
生動的出發地點。而且，雖然我們只能猜測，我們想像中的那位
仁兄在西元七九年某天，沿著龐貝街道蹣跚走後的命運。但我們
確實可以確定的是，如果他倖存過災難，他再也不會現身於普里
穆斯客棧的吧台旁。

Chapter 2 ｜鄂圖曼帝國

許多歷史學家將鄂圖曼帝國貶斥為古老和落後的文明，但我們的研究卻顯示，它是一幅豐富多采的食物拼圖，並在未來投下一道非常遙遠的明亮光線。

……

　　人們在談論鄂圖曼帝國的「瓦解」時，口氣不僅貶損、嘲笑、不屑一顧，更別提還毫無尊重。我是說，如果你卯足勁衝了六百年，你自然或許會需要休息一下。但，那時，就在你理所當然該休息時，看看發生了什麼事。在你來得及說「粑粑茄子」（baba ganoush）[08] 之前，你就遭受嚴厲批評，名聲被貶得連垃圾都不如。數世紀的傳統被貼上「保守」，也就是「落後」的標籤。那些原本景仰東方的眼睛突然都轉動起來，現在它們全看向西方。土耳其共和國於一九二三年創立時，最時髦的口號是「現代化」，因此，土耳其──一個比鄂圖曼帝國還小很多的陸地，儘管仍舊在其中心──甚至摒棄鄂圖曼飲食傳統。反之，廚師自法國取經。即使帝國在一二九九年就創立，足足六百年的人道傳統卻被斥為思想狹隘和毫不相干。

　　但是，儘管政治意識形態是架構心理狀態的一種方式，食物則截然不同。如果東西好吃，如果飲料不只是解渴，那麼它們就有方法抵達表面，冒出來呼吸空氣，看見陽光。

　　鄂圖曼帝國的飲食正是如此。今日，當西方緩慢發展進入二十一世紀的第一個二十五年時，它無法避開東方自十三世紀末就展開的影響。你在午餐時間於公園裡拿胡蘿蔔沾的小杯鷹嘴豆

---

08. 粑粑茄子（baba ganoush）：用茄泥、橄欖油、檸檬汁、蒜泥和芝麻醬做成的一種中東茄子泥前菜。

泥，或你邊走邊丟進嘴裡吃的法拉費炸鷹嘴豆丸子（falafel），或你在時尚新餐廳進行共享用餐的稀鬆典範此簡單事實，都源自這頭古老文化的野獸。你隨時隨地可吃的點心和漂亮的小餐碟可不是最近的時尚主廚的發明。反之，它們是塞爾柱（Seljuks）[09]、蒙古、伊兒汗（Ikhanids）[10]和馬木路克（Memluks）[11]等王朝的發明物。

這些部落為霸權相互交戰時，他們的領土隨之擴張和縮小，從伊朗到阿爾及利亞，從希臘到葉門，而這些歷史大事都在滿嘴的土耳其烤茄子（imam bayildi）[12]、八爪茄子燴（soslu patican）[13]和雞肉（tavuk）之間發生。在阿拔斯王朝（Abbasids）[14]、薩法維王朝（Safavids）[15]和拜占廷王朝分出勝負時，在帝國於十六世紀中期抵達顛峰時（當時領土包括現代埃及、伊拉克和巴爾幹國家），它的飲食文化已經和其遼闊的疆域一樣複雜。

鄂圖曼人以他們的烹飪自豪：它反映出帝國的恢弘偉大，而在帝國疆域日益擴大、聲譽日隆時，飲食的食材也開枝散葉和拓展超過其邊界。到了十七世紀，帝國飲食抵達英格蘭海岸。事實上，由於鄂圖曼商人在尋找外銷中心上如此成功，家鄉地方市場反而開始貨物短缺。

一六七〇年代終於來到緊要關頭，對英格蘭的無花果和葡萄乾的外銷得加以禁止，才能保留足夠的本地供應。這在時髦的英國人之間造成巨大沮喪，他們已經發展出對這些異國乾果點心的胃口。沒有人的沮喪更甚於現任國王查爾斯二世（Charles II）。在

---

09. 塞爾柱帝國（Seljuks）：十一至十三世紀的突厥—波斯遜尼派伊斯蘭帝國，文化語言上高度波斯化，在突厥—波斯文化發展傳承上有重要地位。

10. 伊兒汗國（Ikhanids）：一二五六至一三五七年，蒙古四大汗國之一。

11. 馬木路克王朝（Memluks）：十三世紀中至十六世紀初統治埃及、巴勒斯坦和敘利亞的王朝，最後由突厥傭兵統治。

12. 土耳其烤茄子（imam bayildi）：茄子切開油炸後，把切丁炒過的洋蔥、大蒜和番茄等放進茄子裡，再加入醬汁調味。

13. 八爪茄子燴（soslu patican）：切塊茄子、橄欖油和番茄醬烘烤而成。

14. 阿拔斯王朝（Abbasids）：七五〇至一二五八年，阿拉伯帝國的第二個王朝，在其統治期間，伊斯蘭世界達到極盛。

15. 薩法維王朝（Safavids）：一五〇一至一七三六年統治伊朗的王朝，該王朝將什葉派正式訂為伊朗國教。

這個時代，用餐是界定國王身分的象徵之一。在宴會中，國王會坐在架高的餐桌旁，讓大家觀賞。菜餚精緻，裝在閃閃發光的大盤子裡端上。據說，查爾斯二世最喜歡的水果之一是鳳梨。但我們可以確定他也深愛無花果。由於皇室對鄂圖曼的外銷禁令如此沮喪，曾多次做出請求，因此在一六七六年，宣布了一項豁免。每年，一整船的無花果將從鄂圖曼帝國外銷至英格蘭兩次，為快樂的王室御廚房所專用。

再者，我們能斷言，羅馬帝國在其顛峰時，由阿皮基烏斯（Apicius）[16] 在羅馬所煮的醬汁是最濃稠的，同理也可證之於鄂圖曼帝國的顛峰，我們可透過計算蘇丹的御用廚房所雇用的人員數目來推斷。

在穆罕默德二世（Mehmed II）所統治時期（一四五一至一四八一），御用廚房裡有一百六十名員工；在蘇萊曼一世（Suleiman the Magnificent）於一五二〇年開始統治時，人數是二百五十；到了一五六六年，賽利姆二世（Selim II）即位時，是六百；而在穆拉德二世（Murad II）所統治的一五七四至一五九五年的最後幾年，大約是一千五百。等到了一五九〇年代，留下一份記錄，那是當代作家抱怨廚房人員的編制過度浮濫。單單糕餅部就雇用了二百八十六位男人。

到了這個時候，蘇丹的總部無疑是君士坦丁堡。而總部以前一直在布爾薩（Bursa）（現今土耳其西北部）和埃迪爾內（Edirnc）（今日馬爾馬拉地區的遙遠東部角落）的城市。但，到了一四五三年，在七周的圍城後，當時的拜占廷人將城市輸給鄂圖曼蘇丹穆罕默德二世率領的軍隊，他當時二十二歲。君士坦丁堡變成帝國的新首都，六年後，穆罕默德二世下令興建一座皇宮。他召集各地最優秀的建築師和工匠，他們則為他建造私人寓所、隨行人員的住處、分館、幽靜的院落，以及御用廚房——總共十座。這個大型建築群——即托卡比皇宮（TopKapi Palace）——由蘇萊曼一

16. 阿皮基烏斯（Apicius）：提比略統治時期的美食家，著有《論烹飪》等書。

世在一五二〇到一五六〇年在任之間又加以擴建。

　　皇宮煮的食物、菜單和飲食習慣都是由穆罕默德的父親穆拉德二世發展而成，並被固定和沿襲下來。鄂圖曼烹飪是由非常廣闊地區的烹飪文化組合或融合而成：阿拉伯世界、北非、巴爾幹半島、安納托尼亞、黑海、愛琴海、高加索和部分波斯。（到了一五〇〇年代，帝國擴展北至今日的匈牙利，南至葉門，西至阿爾及利亞，東至伊拉克。）

　　這些影響、食譜和抵達首都的食材由當時的蘇丹和他的子民，也就是今日土耳其人的祖先，依照習慣轉化為自己的菜餚。穀類、大麥、鹽、牛肉、羔羊肉、雞、蛋、蘋果和蜂蜜從黑海而來。椰棗、梅子、米、扁豆、香料、糖和醃肉則從埃及抵達。從今日匈牙利和羅馬尼亞某些地區（摩爾多瓦和外西凡尼亞）輸入蜂蜜和製作雪酪和燉肉的食譜。橄欖油來自希臘。同時，帝國境內就有豐富米糧可供應——一位當代旅者記錄他拜訪了大不里士，他注意到手抓飯（pilau）就有四十種不同的變化。

　　想單然爾，不同時期有不同影響，但我們可以歸納出三個概略的結論：鄂圖曼人分享菜餚，鄂圖曼人喝奶（馬奶、山羊奶和牛奶），以及鄂圖曼人吃很多蔬菜。一位十七世紀的訪客描述鄂圖曼人是「喝奶的野蠻人」；而十九世紀的觀察家寫道，「土耳其人煮的蔬菜無人能及」；法國旅行者則認為「大量的水果和沙拉在半熟成的小黃瓜中，加上菜莖，這類飲食非常適合拿來給法國馬做為開胃之用」；十六世紀的德國人則提到他碰上的「像給牲畜吃的生」蔬菜。

　　皇宮有專門為蘇丹準備食物的專屬廚房，他的皇后、王子、宦官和王室成員也都有其專屬廚房，然後是為平民大眾煮飯的廚房。麵包師傅、糕餅師傅和製作優格、醃菜和甜食的專業廚師來自帝國各地。除了這些之外，還有結構複雜的廚房大軍。首先是類似現今大飯店行政主廚的廚務長，他不只是蘇丹私人廚房的領隊，也得為所有廚房大軍、預算和餐具負起總體責任。在他之下有各個部門的主廚，以及書記、管家、侍童和其他人。確實，今

托卡比皇宮烹煮的美食代表廣闊的鄂圖曼帝國所擁有的榮景與文化融
合，也是國力富足的象徵。皇宮廚房同時也會提供人民免費餐點。

日最龐大的餐飲機構，不管是王室或公共餐廳，其來源顯然都來自鄂圖曼時代。

皇宮廚師所戴的白帽將他們和其他人區隔開來。他們在日出時便開始工作，這樣才來得及做出巨量的食物。十五世紀中期的一位訪客記錄下皇宮訂購的食物數量，「二百頭綿羊、一百頭小山羊、十頭小牛、五十隻鵝、二百隻母雞、一百隻公雞和二百隻鴿子」。這些是供蘇丹和宦官、僕人、侍者、軍官和駐守在皇宮的政府官員食用。當然，在節日或慶典時，廚房更得卯足全勁。一位十六世紀中期的作家記錄下慶祝一位王子的割禮盛宴的食材列表，「一千一百隻雞、九百頭羔羊、二千六百頭綿羊、幾乎八千公斤的蜂蜜和一萬八千顆蛋」。

皇宮不只每日為蘇丹及其人員準備精緻食物，其中一座廚房還專門為附近的人們──不管是當地的有錢人或貧窮的人──製作菜色較簡單的免費餐點。

因此，在鄂圖曼帝國時期外出用餐的方式之一，就是在用餐時間於皇宮附近徘徊。每天供應兩餐：十點的早餐和晡禮[17]後的晚餐。對蘇丹而言，早餐通常以豐盛的濃湯作為開場，並且根據傳統，他會坐在低矮的圓桌旁，或大塊圓形皮布上，盤腿而坐，胸前則覆蓋著餐巾，以絲或某些價值高昂的布料製成。他左手拿著第二只餐巾，用來擦嘴和手指。上肉時，由隨身女僕將其端入，肉經過慢火燉煮，所以蘇丹可以自己把肉撕開。他會用手撕肉，從來不用刀叉；湯匙會在旁備好，供蘇丹吃粥或用來食用以水果為基底、甜而黏稠的甜點。

肉可以拌上番茄醬、洋蔥和大蒜，以文火燉煮幾個小時。它可能是鴿子、鵝、羔羊、雞、羊肉或野禽。蘇丹在靠海時才吃魚，這樣他能先行親眼觀賞其捕獲盛況。菜色中也可能有肉丸和烤肉串、手抓飯、以及各式各樣的冷熱蔬菜：小碟的番茄、青椒、秋葵、南瓜、朝鮮薊、韭蔥和捲心菜。還會有生麵團，有些做成餡餅，

---

17. 晡禮：下午後半所做的伊斯蘭教禮拜。

塞進蔬菜、乳酪或菠菜後油炸。然後會上幾十種甜點，一餐通常以雪酪作為結束。雪酪是種甜飲，以糖和椰棗之類製成。如同全帝國的習俗，進食時保持安靜，不交談——儘管根據一位訪客描述，蘇丹周遭會有「啞巴和小丑」提供娛樂，他們安靜地胡鬧，玩著把戲和開彼此玩笑。

一天有兩個主要用餐時間，但在皇宮，點心常在主餐之間提供。威尼斯駐鄂圖曼首都大使——歐塔維雅諾・本（Ottaviano Bon）的任職期間為一六〇三至一六〇九年，詳細記載了當時的蘇丹艾哈邁德一世（Ahmed I）的飲食習慣。蘇丹的胃口大到一天得吃三、四餐，早上十點開始，晚上六點結束。只要稍微有點餓，他就會告訴白人宦官長，後者會將命令傳達給資淺宦官，然後此人再通知侍從，侍從再告知廚房。個別菜餚之後到達，由試吃員先行嘗過。

蘇丹的私人廚房烹煮精緻菜餚以讓他開心，和讓訪客印象深刻，公共廚房則提供更簡單的餐點。無論如何，儘管菜色平庸，卻是免費的。蘇丹的角色為全能絕對，只對真主負責。他是軍隊統帥，擁有所有的土地和屬地。鄂圖曼蘇丹是自詡為羅馬帝國的當然繼任者，如果他們擁有所有的土地和財產，他們也有義務要養活人民。這也是帝國拓展的成功關鍵——蘇丹得提供和規範所有的食物，並從皇宮的公共廚房端出簡單菜餚，往往是肉湯和手抓飯。一位十七世紀的訪客寫道，後者通常煮沸到變硬，以至於都變「碎」了。

就像蘇丹，人民也坐在地上吃飯。一位德國植物學家，萊昂哈德・勞沃夫（Leonhard Rauwolf）在十六世紀旅行到地中海東部地區，也就是黎凡特（Levant），在一五八二年出版他的記載。他描述，「在那些東方國家，人們坐在樸實的地上，而在晚餐時間，他們會鋪上皮革圓布，再在上面鋪毯子，有時則是座墊，然後他們盤腿坐於其上」。他記載，大家會先禱告，「然後迅速吃喝……不怎麼交談」。勞沃夫指出，用餐結束後人們起身的技巧。「他們吃完飯後，整個身體晃一下，全身擺動後站起身，我國人無法

輕易模仿這點,除非他們在這住了一陣子,因為盤腿而坐會使四肢僵硬,要恢復靈活可很費勁。」如果勞沃夫在不感覺四肢僵硬的情況下得以成功起身,熬過了餐間如坐針氈的靜默和餐後的失去平衡,之後,他會觀看到麵包還在上面的皮毯像錢包一般用拉繩合攏收起,然後高掛在角落。

蘇丹在皇宮四周供應百姓餐點時,朝聖旅舍(imaret)也提供食物——我們現在可能會稱它們為湯廚房(soup kitchen)(許多隸屬於清真寺建築群)。這裡的食物同樣免費,儘管窮人常去光顧朝聖旅舍,它們也對一般百姓供應食物,對象包括從政府官員、到當地清真寺工作人員、學者、學生和旅行者。木製托盤上端放肉湯或以大麥製成的濃粥,裡面有些燉煮過的碎肉。

一五五二年,有人記載,耶路撒冷的一座朝聖旅舍隸屬於一座清真寺,建築物就在寺旁,每天提供兩餐免費餐點——早上提供米湯,傍晚提供小麥湯。米湯伴隨著鷹嘴豆、巴西里、西葫蘆或南瓜,小碟優格配菜,和另一碟檸檬汁。晚餐以碎小麥、洋蔥和鹽或孜然煮成。也有麵包,並且根據歷史文件,寺方遵循嚴格的地位次序來供應用餐者晚餐。首先是朝聖旅舍的工作人員,然後是當地居民,然後是兩類窮人:識字的窮人和未受教育的窮人。最後吃飯的是女人……

另一座在大馬士革的朝聖旅舍也提供窮人餐飲,但也給馬飼料。在君士坦丁堡的位置則靠近大巴札,提供湯,但也供應舉如醃葡萄、茄子和洋蔥這類的調味品;它為附近學院的雇員和學生炊煮,所以只在有剩飯時才分發給窮人。

至於這些餐點的品質,一位名叫穆斯塔法・阿里(Mustafa Ali)的一五〇〇年代晚期鄂圖曼官僚,他在拜訪兩座朝聖旅舍時,兼任評論家,對餐點做出批評。他寫道,在首都的那座,「他們的麵包黑得像泥土,看起來則像乾黏土塊,湯像洗碗水,米飯和布丁則像嘔吐物」。至於肉類,他則認為,肉是在動物自然死亡後處理加工的——「虛弱的綿羊在死後被屠殺」。但他又說,如果你有寵物,這個地方還是有些用處,「他們將剩湯倒給狗吃」。

他提到另一座在如梅利（Rumeli）（位於現今的巴爾幹半島上）的朝聖旅舍時，欣喜若狂：「提供旅者的食物如此美味和滋潤靈魂。他們的燉肉調味絕佳，湯和漢堡分量很大，麵和麵湯品質良好。」他也寫到每次餐點後分發的新鮮水果，以及小盒「甜點」，還有，在特別的時節或場合，他們會提供用餐者「像閃耀月亮的圓圓的巴克拉瓦（baclava）[18]，即果仁蜜餅，比糖還甜，以及無數香腸美味佳餚」。

在鄂圖曼帝國境內的小鎮和城市裡，你也可以找到不是由善意的蘇丹贈與人民的吃食地點。（讀者應該注意，當不提供子民免費餐點時，穆罕默德二世擅俐落地殺光他所有的男性親屬，包括嬰兒，而且蘇丹堅持他們魁梧的園丁在不照顧花時，必須兼任劊子手——處決官員的偏好方式是絞死，這樣就不會流任何一滴血。）而由企業家經營的廚店（cook shop）和食堂（eating house）。

這類餐食的供應對食物有不同處理方式。食堂傾向於供應三種變化：以土窯爐煮的羔羊或山羊；燉綿羊頭或蹄；牛肚湯，或從小麥和羊肉做成的粥。至於廚店，它們全傾向於專門提供個別菜餚。有些賣塞在捲心菜或葡萄葉裡的蔬菜（早期的葡萄葉捲飯〔dolma〕），其他則賣香腸，幾座賣沙拉，很多賣燉肉或湯，然後還有專賣烤肉串的，當然它們到今日仍舊為人所熟悉。

十七世紀的早期細密畫記錄了，野餐這類場合中的旋轉烤肉、即沙威瑪（döner kebap）的作法。一小群男人圍著一塊布坐著，布上堆滿水果，他們對彼此朗讀書籍，在男人身後保持適當距離的廚師則從長長的三角木上片肉下來，三角木放在熱煤炭上的烤肉叉上，由另一位廚師負責轉動。

與此同時，其他廚店則專賣烤羊肉串，由三流廚師在幾乎所能到的任何地方「開店」，在地上挖洞，在鐵架下放煤炭，於上

18. 巴克拉瓦（baclava）：將剁碎的果仁灑在麵皮之間，層層塗上奶油，烘烤後以糖漿或蜂蜜加強甜度。

面烤肉串。其他小吃攤販也豎立類似攤位，通常只是個簡單的大托盤，中間有個烤架，然後放一個鍋子來為食物保溫。他們會在公共廣場豎立攤位，然後在一天結束時打包，帶走他們的設備。但這類街頭小吃不僅為窮人而設；據說統治直到一七三六年的蘇丹艾哈邁德三世（Ahmed III），每天會派他的最高階顧問「維齊爾」（vizier）到外頭街上去一處專業攤販購買他最喜愛的糕點。

當然也有賣甜點的廚店。有些賣灑上糖的凝脂奶油，其他則賣各種牛奶布丁，儘管許多喜愛甜點的男人似乎也對女人情有獨鍾──由於氾濫到一種地步，在一五七三年，女人被禁止進入君士坦丁堡某區的凝脂奶油店，因為有些女人利用這種場所招攬男人。

供應食物開始在整個帝國內拓展時，強制執行的法規應運而生。蘇丹雖免費供應食物，其他人則因賣食物而賺大錢，因此價格控管、以及食物衛生標準應運而生。一五〇二年的一道法令命令：食物得以乾淨的方式在乾淨的碗裡烹煮；鍋子得刷洗乾淨；擦餐具的抹布必須保持乾淨；人員得穿著乾淨圍裙。再者，就像今日法國葡萄酒類分級制度規定，規定特定酒類使用的葡萄種類的百分比，因此，以相同的方式，鄂圖曼人在十六和十七世紀也控制食堂販賣的廣受歡迎的菜單。因此，牛肚湯裡得有大蒜、香料和醋；烤綿羊頭或腳得灑上醋、融化奶油和香料；米和雞肉湯得以檸檬汁調味。特別細節指示則保留給叫做多層薄餅（börek）[19] 的一種土耳其烤酥餅。店家必須使用品質良好的麵粉，生麵團混合物（在此轉換古代重量單位）得確切是一點二八三公斤的純奶油對上兩公斤半的麵粉。內餡的特別規定比例是七十迪拉姆（dirham）的肉對上十迪拉姆的洋蔥，然後以黑胡椒調味。這些規定創造了延續到後續世紀追求乾淨的文化。一位一八五〇年代到君士坦丁堡的訪客叫喬治・馬修・瓊斯（George Mattew Jones），他對廚店印象

---

19. 多層薄餅（börek）：流行於巴爾幹半島、中東和中亞的一種糕點或餡餅，以各種餡料的薄片狀麵團製成。即以千層皮包內餡再去烘烤而成。

十六世紀中葉，整個鄂圖曼帝國境內都有咖啡館。
穆罕默德三世曾雇用個人煮咖啡師。

非常深刻，曾寫道，它們「真的維持得很乾淨和整潔」。

說到喝酒，考量到鄂圖曼文化主要是伊斯蘭文化，人們可能會假設沒有酒類存在。然而，事實並非如此。許多人沒遵守官方規範，並在派對和聚會上飲酒。一七一八年，拜訪君士坦丁堡的英國大使夫人聲稱，一位鄂圖曼東道主在她面前飲酒而使她震驚萬分。他對她解釋說，禁酒是個非常睿智的行為準則，但那是為平民百姓而設。何況，他又說，先知穆罕默德從未意圖對那些知道如何有所節制的人禁酒。

儘管如此，在有些時期，公開飲酒受到嚴厲監督。勞沃夫寫道，他在（位於現今敘利亞的）阿勒坡（Aleppo）所碰到的居民都喝一種無酒精的飲料，以莓果調味，但他們還是偏好飲酒。但他也寫說，「任何有酒臭的人會馬上被關入監獄」，連帶罰款，「並對腳板用力打好幾下以示懲罰」。勞沃夫也注意到，一位當地司令官在看到他旅上的一位軍人喝得走路不穩時，「就拔出彎刀，唰一下砍了他的頭」。但，在前任蘇丹治下，飲酒顯然得到允許，這位德國人寫道，因此，許多男人「每日在酒館聚會，開懷暢飲……不只喝兩或三杯烈酒，也沒摻水，而是猛喝四或五杯這類酒類……一杯接著一杯地喝得如此之快，態度又是那麼地急切，中間也不小口小口地喝，所以你可以輕易猜到，他們的酒品相當差」。他說，他們「自私貪婪」，又說他們的酒量如此之大，足以代表他們國家喝酒時的樣貌。或，以他的話來說，「他們在這點上勝過所有國家」。那位特定蘇丹的繼任者對酒類的觀感比較嚴肅。但是，勞沃夫指出，那並沒有阻止人們飲酒。他寫道，在夏季，他們「（就像螞蟻）私底下會帶上大量的酒」，他們會在「晚上打開，一起喝到肚子漲到不能再漲，然後休息一整晚，這樣隔天他們才可能不會有酒味」。

如果飲酒得保持秘密，另一種飲料的消費就不是了。勞沃夫指出，「他們有一種非常好的飲料，叫做咖啡（chaube），黑得像墨水一樣。」有人告訴他，如果覺得自己生病的話，喝這種飲料可以穩定胃。他看到人們在早晨喝咖啡，「用瓷杯喝，越燙越好，

他們將咖啡放到唇邊，一次喝一小口」。

　　咖啡源自衣索匹亞或葉門，但勞沃夫證實，它在十六世紀中期，就在鄂圖曼人之間廣被接受，並且極為普及。由於如此受到歡迎，咖啡館紛紛在帝國各地冒出，如同一位歷史學家指出的那般，「在男性公共生活的中心」變得根深蒂固。保守的穆斯林學者不贊同這類刺激性飲料，但他們無力阻止它們的興盛和傳播。沖泡咖啡的過程發展出複雜精緻的儀式，蘇丹穆罕默德三世自己都迷上咖啡──他雇用了一位煮咖啡師，而咖啡師還帶來四十位助理。

　　咖啡常常與土耳其軟糖一起端上，有時會加入開心果，並總是趁熱喝。一六一五年，一位到訪的醫生寫道，「你很難看到不喝咖啡的聚會。」儘管如此，由於咖啡館的聚會如此普遍和流行，上層政治階層於是變得疑神疑鬼，害怕當時的說書人、詩人和思想家聚集在一起餟飲咖啡，並嘲笑腐敗的菁英。因此，就像羅馬皇帝鎮壓據說是詭計和陰謀策畫中心的客棧，在一六二三至一六四〇年間，也就是穆拉德四世（Murad IV）統治時期，許多咖啡館被迫關門大吉。甚至還有喝咖啡的人──以及抽煙草的人──被處以極刑的紀錄。下次你在星巴克聊八卦吃酥皮糕點和啜飲拿鐵時，不妨想想這個往昔故事……

Chapter 3 ｜伊本‧巴杜達的傳承

當伊本‧巴杜達在十四世紀早期趁空檔年（gap year）去旅行時，那可是個不利於旅行的危險年代──但他渴望改變、冒險和異國食物。他外出用餐次數多不勝數。而他的空檔年後來持續超過三十年。

……

在摩洛哥城市菲斯（Fez）的砂岩建築沒有窗戶，門則堅固堂皇，使人望之生畏，為許多居民阻擋住首都的漫天灰塵和狹窄街道的炎熱、喧囂和繁忙。厚重的木門裝飾著鐵製圓形裝飾和兩個大門環，而在每扇這樣的門後面，是對比強烈的恬靜與祥和的院落。繞過中央噴泉那提神涼爽的串串璀璨水滴，聽到它發出的清脆流水聲，然後經過裝飾性列柱和陰影籠罩的黝暗地板，上面的冰涼磁磚散置著精緻的地毯和座墊，可以隱約聽到交談的嗡嗡低語聲。

這是一三五六年。一位五十幾歲的男人斜躺在黯影中，不時從漂亮的小玻璃杯啜飲茶，穿著傳統袍子，戴著穆斯林學者的頭巾。跟他在一起的是位年輕人，一位文學學者，身負蘇丹阿布‧伊南（Abu Inan）派遣的重任，後者正是摩洛哥的統治者。

老人說話時，年輕人瘋狂激動地記錄所聽見聞。年輕人的名字叫做伊本‧朱札伊（Ibn Juzayy），他正在那裡為後代記錄歷史上最不平凡的冒險故事之一。那就是苫思丁‧阿布‧阿布杜拉‧穆罕默德‧伊本‧阿布杜拉‧伊本‧穆罕默德‧伊本‧易卜拉欣‧伊本‧穆罕默德‧伊本‧尤瑟夫‧賴瓦蒂‧坦吉‧伊本‧巴杜達的旅行故事，我們稱他為伊本‧巴杜達。

「我鼓起決心離開所有親愛的人們，無論男女，拋棄我的家，就像鳥兒拋棄牠們的巢。」他沉穩地說，安坐在座墊之間，深深

菲斯一棟傳統住宅的厚重木門後，在其安靜涼爽的庭院樹蔭中，
學者伊本・巴杜達口述他長達三十年的非凡旅行故事。

探究記憶之海。

二十二歲時，他從家鄉坦吉爾出發，沒有旅伴，只帶著很少的行李和錢。他的任務是去麥加朝聖，即先知穆罕默德的墓地，位於現今的沙烏地阿拉伯。但，雖然這類朝觀是所有穆斯林的必做功課，伊本・巴杜達的任務卻有點不同。他離開家時，知道這趟旅程會有點久。他的胃口不只是在旅行，而是在冒險。結果它確實也證實為一場冒險。他這個空檔年持續了三十二年，帶他從北非行到敘利亞，越過黑海到中亞，回頭穿越現今的土耳其，東至阿富汗和印度，然後來到中國。以今日的地理來說，他拜訪了四十個國家，涵蓋距離大約為七萬五千英里。

而且，他在停下腳步休息之處用餐——這使得伊本・巴杜達的故事不僅是個極為有趣的中世紀故事，也是個卓越的飲食冒險。他是位出外用餐超過三十年的男人。

「我的父母為生活所束縛，與他們分離使我心情沉重，他們和我都為這份分離受苦，憂傷不已，」巴杜達對年輕的伊本・朱札伊說道，那一定是在他陷入強烈沉思的頭幾次會面的階段。朱札伊完成手稿，將它公布於世，並加以複抄，但要在間隔四百年後，它才會抵達歐洲讀者的手中——那是說，直到法文翻譯版在一八五〇年代上市。在法文版問世後的一百五十年間，巴杜達的遊記被進一步翻譯成大部分的歐陸語言。確實，直到最近的二〇〇一年，索引才出現在英文翻譯版中，而最後的全譯本遲至一九九四年才完成。那些讀過《給那些思考城市奇觀和旅行奇蹟的人的傑作》（*A Gift to Those Who Contemplate the Wonders of Cities and the Marvels of Travelling*）（以阿拉伯文簡稱為《里拉》〔*Rihla*〕，也就是《遊記》〔*Travels*〕）的人則一直將巴杜達和馬可・波羅相較。

西方世界認為波羅是最偉大的旅行家，一位威尼斯探險家旅行穿越亞洲，成為第一個記述中國的生活的人。如同巴杜達，他以任何可能的方式旅行，從船到駱駝，不一而足，在一路上面對各種從暴風到搶匪的生命威脅險境。如同巴杜達，他口述自己的故事——儘管是從監獄牢房，而非平靜的庭院。（波羅在二十四

年後的旅行返家，發現威尼斯慘遭充滿敵意的熱那亞人肆虐。）以及，如同巴杜達，一絲不苟的歷史學家懷疑他某些故事的真實性，而波羅還慘被指控錯誤和剽竊。

然而，馬可·波羅的正面貢獻仍然大於書中任何毫無益處的元素。他的旅行發生在一二七一年至一二九五年之間，他在伊本·巴杜達離開家（一三二四年）前一年去世，所以我們可以說，波羅（在不知不覺中）將史詩之旅的棒子交給這章的主角。

巴杜達本人也在正確性和年表二者上，承受某些強烈的批評。例如，一位歷史學家分析原始文本，提出質疑，巴杜達怎麼可能「在一個下午橫越八百英里的安納托尼亞」。無論如何，實際上，透過與當代記載相互參照的其他分析則顯示，此書有卓越的正確度。儘管巴杜達是口述自己的故事，書中倒是提到大約一千五百個特定個人的名字。再者，就像《遊記》的一本近期刪節版的編輯，提姆·麥金塔—史密斯（Tim Mackintosh-Smith）所說：「他如何記得他們——他們身處何處通常是通過令人印象深刻的正確度查核而證明無誤——是《遊記》的奧妙之一。」

事實上，舉例來說，巴杜達承認他在某個時間點，曾經抄寫下布哈拉（Bukhara）（於現今烏茲別克境內）的一座墓碑上的銘文中數位學者的名字。但他後來又說，「它們和我其他東西一起於海上被印度不信道者（infidel）搶劫時被搶走了」。這會在大部分的作家心中引發恐慌（尤其是本書的作者，他如果不寫下來，就記不得自己的狗的名字），但巴杜達是浸淫在學習和背誦文本的傳統中長大的。他的時代比較接近注重聽覺傳統的古代。他大腦中記憶人和地的肌肉強健而柔軟——不像今日我們的大腦，被科技和懶惰養得幾乎變得毫無功用。

但麥金塔—史密斯在刪節《遊記》時，並沒把自己關在圖書館裡；他身體力行，追尋某些巴杜達旅行的跫跫腳步，他與其他記錄參照後發現，「證實了旅行家的記載……我有時發現其正確度的驚人證據：比方，發現他在某座名不見經傳的清真寺裡曾看到的某件特定家具，在六百七十年後仍舊立在原地，那是個令人

激動莫名的經驗。」

巴杜達出生於一三〇四年，坦吉爾一個備受尊崇的穆斯林法律學者世家。就像他的父親和祖父，他變成卡迪（qadi），也就是伊斯蘭法法官。也許他覺得，由於他如此大材小用，他只會在坦吉爾一頭栽進迂迴曲折的法律體系，就此平淡度過一生。反之，如果他旅行穿越伊斯蘭世界，他腦中的法律哲學理論就會比留在家鄉還更有用。

他會去朝覲（或說哈吉〔Hajj〕），但他會走得更遠，直到印度的德里，在那，他的資歷會讓他找到好工作。確實，當他抵達時，令當地蘇丹印象深刻，因此被聘請為法官，領受優渥薪資。

巴杜達顯然好奇勇敢，有時甚至是厚顏無恥。他在適當的時候會娶妻和奴隸女孩（和她們都生了小孩），外加逃出船難和致命搶劫。但他的確是以朝聖者的身分出發，為神秘伊斯蘭教的信仰者。他是尋求志同道合的知識分子的學者，他視自己為伊斯蘭文明的公民，那是說，在伊斯蘭文明拓展涵蓋的任何地方。

巴杜達旅行時，或精確來說，他用餐時，則遵循讓道德與體格達成和諧的法則。他在面對食物時，嚴肅採納身為穆斯林的基本倫理。就像加札利（Al-Ghazali）這位十一世紀顯赫重要的遜尼派伊斯蘭哲學家曾寫下的：「人類會陷落的最大道德險境是口腹之慾。」確實，伊斯蘭研究的英國教授和巴杜達專家，大衛·維尼斯（David Waines）指出，「作為誘惑和失足的來源，甚至連性慾都排在胃口之後，為第二位」。如同維尼斯所建議，人們需要健康的身體才能獲得真主指引的知識，「而健康的身體只能透過長時間攝取必要分量的食物來達成」。巴杜達除了遵守中庸的進食哲學之外，也貶斥過度進食。

他旅行穿越波斯西部（現今伊朗）時，他在人們招待他一餐，然後又端上更多食物後，變得心緒不寧和有點尷尬，因為他認為那些食物可以再餵飽四個人。在摩加迪休（Mogadishu）[20]，當地

20. 現今索馬利亞首都。

人讓他震驚，他描述他們「非常肥胖；他們胃口其大無比，其中一人吃得像一群會眾一樣多」。而在錫蘭（斯里蘭卡），他描述一個沮喪時刻，當時某些市民餓壞了，於是殺害並吃下一隻小象。巴杜達然後又說，人們在吃完象餐酒足飯飽後，躺下來睡得死沉，但在他們打呼時，「一群象群尋味而來，然後聞到其中一個人的味道，踩死了他。」

就像我們會期待的，在他旅行過程中，巴杜達體驗到繁複多樣的食物，從肉類和蔬菜到豆類和水果不一而足，但，不論他是在開羅或德里，摩洛哥或中國，他進食時有三大清晰特色：他罕少獨自飲食；他用餐時和人分享佳餚；而書中沒有他曾為食物付過錢的確切記載。

就第三點來說，作者可能認為為一顆椰子或一片麵包進行金錢易手的那類時刻不值一提，所以他決定不在書中描述這些場合。儘管如此，他很有可能真的是在長途旅行中，在飯後不用付帳單。就像蘇丹免費提供人民食物（參見第二章），羅馬人開放庭院讓經過的旅客休憩，因此，陌生人的仁慈也變成伊本‧巴杜達可資仰賴的行徑。而殷勤款待的最早期紀錄和我們現今的招待之間有個強烈的差異。

在現代，如果你敲別人的門，要求住宿和一碗湯，應門的人很可能會叫警察，不太可能請你進門，讓你坐在他們餐桌桌旁。就所有數位溝通帶來的喜悅而言，我們現在傾向於將陌生人的接近視為潛在的金融交易。

今日，「殷勤款待」這個詞已經失去其原始意義（在第一章中，就我們論到其法律和神聖意義而言）。招待現在是基於執行它的人，知道會在施行後會於金錢上獲得利益。儘管如此，在地球上仍舊有某些角落，陌生人會被引入房間用餐——幾座希臘島嶼仍舊如此，觀光客剛開始會惶惶不安，然後被如此沒有交換條件的真情賜與感動萬分。

在一九三〇年代早期，英國作家派崔克‧雷伊‧費莫爾（Patrick Leigh Fermor）從鹿特丹旅行到伊斯坦堡，仍舊能一路大半仰賴陌

生人提供的舒適一事，讓人吃驚。不像巴杜達，他沿路上可以找到一些好的聯絡人脈，但就像巴杜達，他也被搶走錢和筆記。儘管如此，他們兩人都有能力自食其力。費莫爾有語言天分，能說善道，頗為健談。巴杜達有個類似的聰穎大腦。我們可以假設，在他旅行時，他的特殊經驗使他成為受歡迎的說故事者。他的書寫也顯示其幽默感。比方，在貝魯特參觀一座果園時，一位在那工作的男人帶巴杜達遊覽。他們在灌木間散步時，他給了巴杜達幾顆石榴試吃，但打開果實後，他發現所有種子吃起來都是酸的。

「你在這座果園工作了那麼久，竟然還無法判斷石榴是酸的還是甜的？」他斥責那位工人說。

那人簡短回話：「我是被雇來照顧果園的，不是來吃石榴的。」

巴杜達也陶醉於描述親身碰上的古怪行徑，尤其是在蘇丹和國王的宮廷裡。在某位波斯國王面前，官員得站直，拉著自己的耳垂，還有安納托利亞國王以提供食物和錢的方式，對他的客人巴杜達致上最高敬意——但是是在國王於他面前生病倒下之後。在蘇門答臘，巴杜達觀見一位國王，當時一位忠心的臣子向國王鞠躬，發表長篇演說（「我一個字也聽不懂」），然後繼續用一把刀砍掉自己的頭。巴杜達見狀後心裡七上八下，但成功在外表上保持鎮定（他說，「我很納悶這究竟是怎麼回事」——一種非常委婉的說法）。臣子倒臥在地板上的血池中死去時，國王看著巴杜達。

「僕人是出自於忠誠而為我們做這種事，」他說，命令手下搬走屍體，拿去燒掉。「在你的國家之中，有任何人做這類事情嗎？」

巴杜達在回答前再三思索自身處境：「我從未看過任何人這樣做。」

費莫爾和巴杜達兩人都強烈吸引女性注意；我們知道費莫爾在十多歲時是個令人印象深刻的英俊男人，或許巴杜達也有類似特點。他確實不羞於提到他的某些愛情事蹟。在馬爾地夫，於大量的椰子和魚中，他追憶當地人喝一種「棕櫚酒」，也吃大量的

蜂蜜、蜜餞和果乾。他又說，這些的組合「能強烈刺激性慾」，而，作為其結果，「我得在住在那時，娶四位妻子和收納幾位奴隸女孩」。他也寫到傳統帶給他的挫折：「在這些島嶼，女人從不與男人同桌吃飯，只和女人吃飯。」他說那真是可惜，因為「她們的談話令人非常愉快，而她們本身又美麗非凡」。巴杜達甚至嘗試改變這個文化：「我努力嘗試讓妻子和我同桌吃飯，但我從來無法說贏她們。」

巴杜達似乎在幾十年間，在許多國家裡，與各種女人生了小孩，相較之下，沒有證據顯示在數世紀後旅行的英國同行費莫爾，曾令他的任何女性東道主懷孕。但兩個男人都樂於享受殷勤款待其最真實的形式，儘管相對說來，世界大戰和巨型文化改變似乎讓現代社會變得很不慷慨。

當今日的廚師談到共餐（sharing plates）的概念，他們將其視為一種流行趨勢，一種誘使顧客上門的方式。但對巴杜達而言，共餐是正常規範，只有在絕境中才會單獨進餐——比如，在急忙逃離搶匪時緊急吞下一些食物。在中國，他被四十名騎馬匪盜俘虜，被小偷剝光衣服和捆綁起來，但他都設法逃脫：「我躲在一座樹林和荊棘濃密交織的森林裡……我的食物是水果和山樹的葉子。」在印度，這次他遭到「不信道者」攻擊，他逃脫後躲在竹林裡。餓壞的他在一種灌木叢上找到莓果，不斷拔下來猛吃，「直到荊棘刺破我的前臂，現在還留下某些傷痕」。巴杜達說到此時，可能在院落中停下話，捲起袖子，讓朱札伊審視手臂上的疤痕。

還有另一個清楚明白的不好客的例子，而且惡名昭彰。巴杜達記得在旅行過蘇丹國時，觀見一位蘇丹，後者警告他一個特定部落的行徑。蘇丹聽說他們是個危險的部落，大膽決定邀請他們來晚餐。他派遣一位黑人奴隸帶著正式邀約，請他們來同桌（或該說是在地毯和散布著座墊的地板上）共餐。不幸的是，使者遇上致命的結局：部落宰了他來吃。但蘇丹後來說，這可能對情況有正面效果：巴杜達可能不用擔心這個部落，因為「不信道者會吃男人，但他們只吃黑人，因為他們認為白人因沒有適當熟成而

對身體有害」。

　　儘管如此，這類憂慮和驚險逃脫畢竟罕見。正常情況是巴杜達，比方說，在波斯山脈裡的遭遇：「我在每個階段都可發現修道院的小房間，提供食物給住宿旅客，每個抵達那裡的人都能吃到麵包、肉類和蜜餞。」

　　想當然爾，「小房間」（cell）這個字詞提供了巴杜達為何可以一路旅行過已知世界，而不用付錢買晚餐的另一個線索。身為宗教旅客和伊斯蘭教法官，教堂和其附屬機構熱心接納他。他與其他人分享進食，就像伊斯蘭教的創立者先知穆罕默德所命令的：「最好的食物是由多人經手過的食物。」

　　因此，巴杜達在修道院裡大啖麵包、肉湯和甜點，修行的聖者有時也會給他餅乾，那些聖者住在偏遠的岩山山巔，長期齋戒。一位聖者在靠近埃及的尼羅河三角洲修行，提供巴杜達晚上睡覺的床，在他離開時，還給他一袋「小蛋糕和幾枚銀幣」。一位葉門隱居者住在修道院附屬建築的小房間裡，四壁蕭條，給了巴杜達幾片乾大麥麵包、鹽和百里香。

　　他也記錄下敘利亞一座大修道院的基督徒令人印象深刻：「基督徒款待每個在那休息的穆斯林；他們的食物是麵包、乳酪、橄欖、醋和刺山柑。」要是那裡的生麵團是圓的，放上食材的話，就會是披薩。

　　在巴斯拉（Basra）（位於伊拉克），巴杜達讚揚那裡的人們，說陌生人不會在他們之間感到孤單。那是座棕櫚樹城市，他記得年紀最大的宗教法官送了他一籃椰棗，由於如此之重，把它扛在頭上的腳夫，脖子差點斷掉。

　　在伊朗中央地區的伊斯法罕（Isfahan），巴杜達吃用酥油煮的米飯配上炸雞，也有米飯混著鷹嘴豆泥，以肉桂和乳香黃連木的樹脂（這種乳香膠今日仍舊在埃及、土耳其、希臘和黎巴嫩使用，為從飲料和冰淇淋到乳酪和湯增添風味）調味。還有他在中亞的花剌子模（Khwarizm）吃到的西瓜。他描述說，它有綠色果皮和非常甜的紅色果肉——聽起來很熟悉。但，不尋常的是，他記錄

在敘利亞偏遠地區的基督教修道院提供包括穆斯林在內的住客飲食，
有麵包、乳酪、醋和刺山柑。

說，西瓜是用和在家鄉製作椰棗的相同方式曬乾。而且，它雖然是他吃過的最好吃的西瓜，卻不合他的腸胃。那天晚上，他「瀉得一塌胡塗」，幾天後他才有力氣再繼續旅程。

在摩加迪休，肥胖進食者之鄉，食物特別精緻，人們令人驚異地熱情好客。巴杜達記錄，有船抵達時，好幾群年輕人會走下去碼頭打招呼，以主人身分歡迎來者。他被安排住在學生宿舍，他說，地板上「鋪著地毯，並準備舉辦款宴」。他們一坐下來，僕人就端出大木盤，上面堆著以酥油煮的米飯，高如小山。木盤周遭有小菜拼盤，裡面裝的東西他稱之為佐料──「雞、肉類、魚和蔬菜製成的調味品」。另一道菜餚則是沒熟成的香蕉，泡在新鮮牛奶煮成（也許是為西瓜乾解膩），還有一道菜基底是凝乳，裡面有「醃檸檬片、浸了醋的醃甜椒串，以及鹹的生薑和芒果」。

人們指導巴杜達如何抓一口米飯配一些醃物吃。食物堆積如山，拼盤一天端出三次。那分量對巴杜達而言太多了，但當地人習慣吃這個分量，他評論說，這是「他們極端肥胖的原因」。

儘管如此，摩加迪休的慷慨是他在抵達塞拉（Zaila）後經歷的愉快對比。塞拉是今日的索馬利蘭。人們飲食中的兩樣食材是個問題。他們似乎只吃魚和駱駝。他寫道，「這國家惡臭之至，因為魚和駱駝血聞起來很腥，也搞得環境很骯髒，人們在街道上屠宰這些動物。」

札法（Zafar）──現在的葉門，似乎也呈現地獄景象。他描述說那裡「骯髒，蒼蠅滿天飛舞」。問題出於到處大批販賣的口感黏稠的椰棗和魚的組合──吃它們的不只是人類。「他們也拿魚去餵牲畜和羊群，我從未在其他地方看過這種習俗。」他評論道。無論如何，他是在葉門第一次遇上椰子。他說，「這類水果來自非常罕見和珍貴的樹。它有點像棕櫚樹。堅果仁像男人的頭；它有像兩隻眼睛和嘴巴的東西；裡面的綠色像大腦。在它上面是種像頭髮的纖維。他們可以用這個編製繩索將船縫密，而不用鐵釘。也可以用來做很耐用的錨繩。」

巴杜達在安納托尼亞發現濃湯，但他抱怨說那裡總是沒有麵

巴杜達的書稿完成於一三五六年。
五百年後才在歐洲首度出現手抄本。

包。很多湯呈現奶油質地，漂浮著燉煮的碎肉（或許是種早期的起司火鍋〔fondue〕），他抱怨「他們不吃麵包或固體食物」。儘管如此，那似乎沒有損害到安納托尼亞人的體格：「他們是強壯有力的男人，體格健康。」

在印度時，巴杜達吃米，米，和更多米。每道在德里吃的菜餚——不管它是鹽醃甜椒、檸檬、芒果、野禽、蔬菜或牛奶——都伴隨著好幾杓的米。在德里待了一段時期，也就是大概七年後，他往南去馬爾地夫和現今的斯里蘭卡，在那，他說飲食變得更糟——他「三年來只吃米飯」。他的體格無法接受全米的飲食，最後他「發現不喝水的話，他沒辦法把米吞下肚」。

伊本·巴杜達在一三五四年返回家鄉。但他是回到菲斯，而不是返回他在坦吉爾的老家。我們對他返家的情況毫無所知，或他的家庭成員——他在那麼多年前如此悲傷地離開的父母——是否仍在人世。他很快就聯絡上阿布·伊南蘇丹，後者在聽了旅行家的某些故事後，命令巴杜達留在首都記錄他的遊記——那個故事的委任可能純粹只是為了讓皇家宮廷開心。

伊本·朱札伊被選來擔任書寫故事的工作，做為詩人，他名氣響亮，也是位優秀的書法家。歷史學家相信他是熱切地接受這項任務，而聖地牙哥州立大學歷史教授羅斯·E·頓恩（Ross E. Dunn）寫道，朱札伊非常可能「和旅行家發展出溫馨的友誼」。兩人似乎固定會面達大約兩年之久。他們的交談在各種場合發生——從巴杜達住家綠蔭遮蔽的庭院到朱札伊較簡陋的住宅，從花園到菲斯的其他雄偉公共建築，到清真寺的拱道，人們通常坐在這裡和朋友會面，或談生意。

手稿在一三五六年完成，年輕作家突然生病或是出了意外，在一三五七年，以三十七歲之齡辭世。我們對他的其他人生事蹟所知不多，但在《旅行》的導言中，他說書寫此書過程令人非常滿足。他寫道，巴杜達的口述故事「對心靈是種娛樂，為耳朵和眼睛帶來愉悅」。

手稿完成後（無疑被獻給蘇丹），巴杜達之後顯然在靠近首

都的某個城鎮擔任卡迪。頓恩教授寫道,「因為他在還沒滿五十歲時結束旅行,他很可能再度結婚,又生了更多子女,為遍布東半球的後代提供同父異母的弟妹。」

那本書似乎在宮廷中受到忽視,丟在某處的書架上聚積灰塵,因為學者發現在十四到十九世紀之間,沒人提到過它。反之,馬可·波羅的著作則名聲大噪。

五百年後,巴杜達的書出現在歐洲——巴杜達從未旅行到此。一旦被翻譯後,就像考古學家把滾滾沙土撥開,發現在義大利陽光下燦爛閃爍的磁磚碎片。巴杜達的作品驚人地展現古代世界色彩繽紛的細節,描繪當時的人們群像、他們的日常生活、習俗和飲食。

一三六九年,巴杜達過世,死時知道自己是他的時代中最偉大的旅行家。他在《遊記》的一個旁注中指出,他有次碰到一位虔誠的男人,「旅行過地球,但他從未去過中國,從未去過錫蘭島,從未去過馬格里布,從未去過安達魯斯,從未去過西非(Negrolands),所以拜訪過這些地區的我的成就超越他」。

沒錯。他旅行過全世界,在不知情的情況下,買下——很可能也吃過——這件 T 恤。

Chapter 4 │ 中世紀英格蘭

在一片混亂中，時尚的飲食場景出現在臭味燻天又骯髒的中世紀倫敦，而一樣東西改變了飲食經驗：桌巾。

......

我們歡樂地跳著舞步跳過歷史，探索披薩的源頭，思索是哪些自以為聰明的人最先想出分享佳餚的共餐概念，並檢視「殷勤款待」這個詞的深層意義，但有時候我們必須停下來，問一個這樣的問題：餐廳裡何時出現桌巾？現在，甚至連最機敏的三流作家、也就是在下我，都無法逃避這個問題——至少在揭開外出用餐的歷史面紗時。

桌巾象徵文化和文明。它保護用餐者免於受到木頭或任何用來做餐桌的材質的侵害——不管它是難以搬動的古老石頭或是現代折疊桌的塑膠桌面。就像石膏、油漆和壁紙使觀看者的眼睛看不到原始建築材料，並將功能性十足的房間轉化為時尚餐室，因此桌巾——加上精選的刀具和瓷器——也能將一頓飯從純粹餵食提升成盛會。

但若要追蹤到某個人啪地展開一塊布，並讓它在空中飄盪片刻後平鋪在餐桌上的原始時刻——不是在私人家中，而是在公共食堂——則需要偵探的鑑識技巧，更別提一點點運氣，也需要讀者在天馬行空的藝術想像中，發揮些許瞭解和容忍。

在這點上，讓我們跳到一四一〇年。或者這樣說吧，這是我們從歷史那灰塵滿布的木質地板下的瓦礫中所挑選的年代。

我們挑一四一〇年，是因為這是一首名為〈倫敦舔舔〉（London Lickpenny）的詩出版的年代。我們無法確定作者的身分，但有人認為他可能是約翰·萊德蓋特（John Lydgate），一名從薩福克（Suffolk）來的僧侶、詩人。

那首詩敘述一位來自肯特郡的男人在因某些騙局受害後，如何去倫敦，尤其是西敏——當時政府的確實所在，尋求正義，並遍遊今日稱之為倫敦市（City of London）各個地區的經歷。但他得到正義和補償的希望處處被擊得粉碎，他發覺，他碰到每個律師、法官和書記官時，都必須賄賂。因此他垂頭喪氣地回到肯特郡。法律界似乎和搶劫他的人一樣腐敗，除非一個人能掏錢解決問題，不然就什麼正義也得不到。他沮喪地說，「我不再涉足法律了。」

　　中世紀倫敦可能腐敗無情，但，當他描述他嘗試尋求正義時，不經意間為那些尋找十五世紀早期城市的色彩和細節的人，留下一道由美麗金塊形成的小徑，尤其在外出用餐方面。他在東屈普（Eastcheap）去過幾家廚店，那裡的廚師——在鍋子和白鑞器具、舞者、笛聲和豎琴聲嘎嘎作響的巨大噪音中——對著過客大叫他們賣的菜餚名稱：牛小排和派。而且，當他走過康希爾（Cornhill）[21] 時，酒館老闆對他又戳又抓，伸出魔爪，試圖賣他以品脫計量的酒。然後，在西敏他碰上完全不同的場景，這個風格和氣氛高雅的地方是直到歷史此刻才在英格蘭為人所見。

　　晨間太陽高掛天際，在靠近西敏門，他找到一家既沒戳他也沒拉他的餐館。那是個廚師「以良好意圖」給予他足夠尊重的地方，一頓牛小排提供麵包、麥芽啤酒和葡萄酒，他並指出，牛小排「肥滋滋又看起來不錯」。更關鍵的是，就像土耳其地毯叫賣商可能會以展示上好羊毛和絲的編織和小巧玲瓏的喝茶玻璃杯，來誘引顧客進門，我們的敘述者報導說，在進入餐館時，「他們開始將一塊上好的布鋪在餐桌上」。

　　我們倒楣的敘述者悲傷地環視餐館，然後急匆匆撤退。原因似乎是，他不但沒有準備好的現金來賄賂律師幫助他打官司，也沒有足夠的錢買新鮮麵包，啜飲葡萄酒，或讓他的嘴巴靠近賣相不錯的牛小排：「但因為缺錢，我可能買不起一頓。」他可不喜

---

21. 康希爾（Cornhill）：倫敦街道，位於歷史核心，現在則是金融中心。

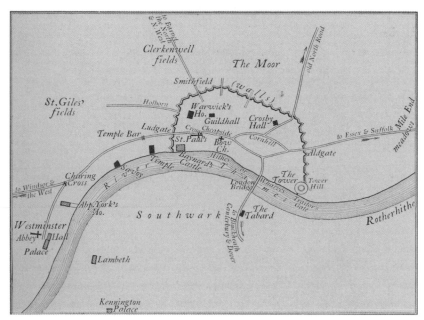

中世紀的倫敦腐敗而無情，但一位一四一〇年的訪客在西敏
發現一家酒館，提供麵包、麥芽啤酒、葡萄酒、排骨、牛肉，和——桌巾。

歡在飯後被逼洗幾個小時的鍋子，所以大步離開。

儘管如此，他留給我們寶貴的知識，那就是在一四〇〇年代初期，西敏一定有幾家高級餐館。在這方面來說，西敏遙遙領先，因為倫敦其他地方沒有時尚餐廳存在的證據，更別提在別的城鎮或全國境內。

事實上，在十三或十四世紀，相當稀少的證據可以顯示，沒有任何餐飲設施能被描述為高級餐廳。考量到在西元七九年，羅馬人就將帝國拓展遠至今日的蘇格蘭邊界，帶來時髦的別墅、地暖系統、筆直馬路和甚至格鬥士的概念，而在一千四百年後，甚至沒有複雜世故到如同普里穆斯客棧（參見第一章）般存在於世的餐廳此點，想來就令人失望。

那個大放異彩的歐洲文明開端顯然在英格蘭停滯不前。在一四〇〇年前，在英格蘭出外用餐根本就行不通。它就是不存在。倫敦人都在自己或朋友家裡用餐。而旅行者——像在小亞細亞到處遊蕩的伊本·巴杜達（參見第三章）——則經常仰仗宗教機構和修道院的殷勤款待。

當然，是有廚店和客棧（後者專為旅行者設立，常有馬廄，前者則服務當地貿易），但，以歷史教授瑪莎·卡林（Martha Carlin）的話來說：「沒有一家廚店提供大眾坐下來吃整頓的餐廳式餐點，廚店提供熱食，有時也有麥芽啤酒，但沒有葡萄酒，而且它們也沒有椅子或桌子。」卡林說，麥酒館是有椅子，但不供應餐點。而，酒館雖提供來客食物，卻不對一般大眾開放。

廚店的前身是攤子，在忙碌的市場裡找尋空間。食物是即食熟食：炸魚、用水煮熟的禽肉、熱鹹派、乳酪布丁塔和蛋糕。罰款的大眾記錄遭到公布則顯示——比如，在一二五〇年代的牛津——廚師在戶外為經過的路人烤和煮肉。「廚師不敢在門外水煮或烤任何食物，除非先給他二或三先令，」一項紀錄的細節說。

無疑地，人們藐視法律，他們不得不在戶外煮飯，因為他們室內沒有廚房。而如果連廚師都沒有廚房，窮人肯定沒有。因為，就像跟許多羅馬人一樣，大部分的人沒有烹飪設備，或足夠的錢

去買鍋子、平底鍋、燃料或食材。因此想吃熱食的工人利用攤子，而如果你納悶窮人和他們的小孩怎麼吃飯，吃什麼東西，卡林教授再度解釋：「對非常窮困和無家可歸的人而言，速食往往是他們唯一的熱食來源。」

察覺到這點，某些當局——包括，在一三七九年，倫敦市當局——允許某些攤子在當地貿易活動結束後，繼續營業到晚上。街道變得繁忙後，有些攤子為了不妨礙交通流和人流，開始設在建築物裡，變成實際的廚店。為了一窺這些地方可能會有的景象並得到籠統概念，我們可以找傑弗里·喬叟（Geoffrey Chaucer）的書來看。在一三八○年代寫的《坎特伯里故事集》（The Canterbury Tales）裡，〈廚師的故事〉（The Cook's Tale）提到重新加熱的食物（一份「太熱和太冷的」派），還有缺乏衛生（「這些店裡蒼蠅滿天飛」）的情景。

儘管如此，威廉·菲茨斯蒂芬的〈倫敦繪景〉提供了更早期的某些大眾吃食記載，寫於一一七○年，對卡林所說當時沒有公共場所可以坐下來吃飯的斷言，提出反駁。菲茨斯蒂芬是湯姆斯·貝克特（Thomas Becket）的當代人和朋友，後者是國王亨利二世（Henry II）的大法官，在一夕之間被拔擢到坎特伯里大主教，後來在坎特伯里大教堂遭到謀殺，菲茨斯蒂芬還親眼目睹此樁慘案。

在書寫貝克特的傳記時，菲茨斯蒂芬描述十二世紀晚期倫敦的景致，那地方擁有幾乎讓人心碎的美景。那是個「偉大和輝煌」之都，氣候「健康」，至於女士們，他則評論其「年輕女子的貞潔」。

我們必須想像倫敦市是個小都會區，由鄉村環繞。在城牆之外就是矗立於泰晤士河西岸的西敏宮，泰晤士河則是「滿滿是魚」的一條河流，而，毗鄰宮殿的是「住在郊區的人的花園，以樹林完美布置，遼闊而美麗」。西敏北部則是「玉米田、牧場和恬靜的草地，令人愉快的溪流交織於其上，屹立著許多磨坊……在它們之外，是個遼闊的森林延伸至遠處，樹木和樹叢十分美麗，到處是野獸、野味獵物、雄鹿、野豬和野公牛的獸穴和隱匿之處。」

土地肥沃，「能生產最大量的農作物」，他將這裡的小麥與羅馬女神克瑞斯（Ceres，穀物女神）的黃金捆相較。越過城市有水泉，「清水甜美、有益健康、清澈」。與此同時，人們則擁有無比魅力：「在整個王國中的各地，倫敦市民都獲得最有禮貌的好評，以他們的禮數、衣著和餐桌的優雅和輝煌著稱。」在傍晚，男孩們從視彼此為敵手的學校出來到街道上，跟彼對方用詩熱烈爭辯」（今日街頭饒舌爭霸戰〔street rap battle〕的一種文明先驅）。在冬季，他們則在冰凍的河流上滑冰。

儘管如此，在夏季，在泰晤士河兩岸，進口法國葡萄酒的船隻旁邊則有個地方，倫敦人可以到此獲得食物：「那是個公共食堂，對城市來說非常便利有用，也是其文明的清楚證據。」

在一七七二年出版的版本中，菲茨斯蒂芬的拉丁文原版的翻譯群指出，作者提到「整個都市只有一處」，在注腳裡添加：「這是難得一見之事。我們現在沒有這類東西，無疑它是一棟很大的建築。」

菲茨斯蒂芬繼續寫道，在建築物內，「根據季節變換，你可以找到各種食物和飲料，烤的，烘焙的，炸或水煮的。大或小魚，給窮人吃的粗糙肉菜（某種菜餚），給富有人吃的較精緻食物，舉如鹿肉、禽類和小鳥。」菲茨斯蒂芬解釋說，如果旅客抵達朋友的家，餓到無法等廚師端出食物，他可以去公共食堂：「他們會立刻向上述的河岸求助，可以馬上吃到想要的任何菜餚。」

顯然那是個相當有效率的機構。它日夜開放給騎士和陌生人，所以沒有人「必須餓肚子太久，這些人在離開城市時也不會沒吃晚餐」。

悲傷的是，這類神奇的食堂沒有再在任何文學內出現或得到提及，但菲茨斯蒂芬的回憶留下完美範例。對一位目睹朋友在教堂聖壇遭到謀殺的人來說，他似乎興高采烈地不像話。他對倫敦生活唯一負面的暗示是他所謂的「某些蠢人過度喝酒所造成的不便（一七七二年版本的編輯怪罪丹麥人引進『酗酒的習慣』），和頻繁的火災（令人驚異的是，一直要到幾乎五百年後，悲劇才

在倫敦的木屋和狹窄巷弄間開展，那就是延燒五日的一六六六倫敦大火[22]）」。

如果坐下來用餐的種子是在河邊大食堂裡播種，那要直到十五世紀早期才見其成長，使得我們那位來自肯特郡的男人，或他的詩的作者，在西敏有碰上桌巾的體驗。

有趣的是，西敏是我們能準確指出精緻餐飲萌芽之處，意味著我們也能說是議會之母催生出倫敦餐廳。Parliamentum 這個拉丁字能被翻譯成「討論」，而英格蘭古代議會就是那樣——當國王需要提高稅賦以資助戰爭時，就舉辦正式的討論聚會。剛開始時，聚會的是貴族，但後來城鎮代表，像是領導人物或神職人員加入，他們後來很快變成「平民」。會面的地點不定。比如，一二九〇年舉行的議會是在愛德華一世（Edward I）統治時期，地點在皇家獵屋，即北安普敦郡的奇普東（Chipstone）。當戰爭局勢升溫，變成中世紀生活揮之不去的固定樣式時，國王希望代表不斷增稅，因此需要更多議會。

最後，在西敏舉辦議會成為合理之舉，尤其是因為在十一世紀尾聲，威廉二世（William II）、即征服者威廉的兒子，建造了一座大廳，當時顯然是英格蘭最大的房間（如果不說跟整個歐洲比）。這房間仍舊過大到無法提供任何實際用途（一八三四年它在火災後得到重建）。

鄉村騎士和土地鄉紳與「自治市市民」——商人和律師——由於當時他們在議會的服務領薪，因此，衍生出行政人員。最高階是大臣，代表國王發言，解釋舉辦會議的理由，回覆對國王提出的特定請願，然後是公務員。到了一四〇〇年，議會在貿易、商業、國防和更多方面立法。官方議會登記簿記錄更多更多會議，等到會議在國家生活中變得根深蒂固時，圍繞著它的專業階級也跟著衍生。當然，那個階級需要餵養——但可不是在蒼蠅滿天飛，

---

22. 英國倫敦史上最嚴重的火災，從九月二日延續到六日，燒毀包括一萬三千二百餘戶住宅、八十七座教堂、聖保羅大教堂，以及多數市政府建築。死亡人數已經不可考。

沒有座位，派要重新加熱的廚店裡。

　　卡林教授寫道，那是「導向首都裡真正公共食堂發展的突破性濫觴」。因此，議會人員會去提供椅子、桌子和亞麻桌巾的食堂。那些人員是律師和公務員、鄰近修道院的工人、皇宮官員，以及來訪的商人和其他旅客。

　　這些食堂欣欣向榮，因為位於城牆外，倫敦市長和有力的公會無法越牆去控制人們的生活。但公會仍舊規範、壟斷和保護在那經營的貿易。公會小心監督和規範一切，從商店到食堂無所不包，但無法阻礙廚店的發展，後者慢慢開始提供座位。就在從肯特郡來的男人拜訪倫敦的同一年，有件惡名昭彰的晚餐事件在東奇普發生，有以下記錄可資證明。

　　故事大綱可以從分析《倫敦紀事》（*Chronicle of London*）推斷，那是十五世紀的文獻整理合集，包含從一〇八九到一四八三年的皇家信件、公眾事件記錄，和某些罪行和行為不檢的記錄等細節。其中有一個很短的記錄，部分詳述「在（一四一〇年），東奇普發生一件爭吵糾紛，兩造是國王的兒子湯瑪斯和約翰，以及鎮民」。當時的國王是亨利四世（Henry IV），他是自從諾曼人征服以來，第一位母語是英文而非法文的英格蘭國王。一四一〇年六月下旬，他六個小孩中的兩個，不過是二十幾歲的男孩，分別叫湯瑪斯和約翰，決定與一群男人一起在東奇普的一家廚店吃晚飯。他們在仲夏夜的傍晚抵達，而當時是十四世紀晚期，仲夏夜已經得到某種胡鬧的惡名。

　　傳統上，那是慶祝施洗者聖約翰的人生和殉難的日子。那天會以在教堂禱告為開始，進行沉思和點燃蠟燭，但，就像一位當代神職人員約翰·默克（John Mirk）解釋的：「早期，男男女女點著蠟燭和燈具來教堂祈禱整晚。結果經過時代的演變，男人離開這類禮拜儀式，唱歌跳舞，從事好色和貪吃行徑，將良好而神聖的奉獻轉為罪惡。」

　　王子和他們的朋友似乎就是這麼做。因為在《倫敦紀事》的額外注腳中，將「爭吵」描述為「hurlyng」。中世紀辭典將此翻

譯為一場「吵鬧」、一場「騷動」，或「暴動」。因此，我們可以假設在廚店的那場晚餐變成派對，然後場面失去控制。由於其結局發展到如此失序的地步，官方記錄寫道，「官方因此下令，酒館或廚店不得營業超過晚上九點，不然就要罰款或監禁」。幾個年輕男孩的不良行徑導致城市當局堅持廚店、客棧和麥酒館都得在晚上九點關門大吉。

我們不禁納悶，年輕王子是否得在隔天忍受宿醉疼痛外，加上被嚴厲痛罵一頓。那可能是皇室成員和其上流朋友最後一次出現在廚店這樣卑微的設施。想單然爾，他們的穿著或行徑會使他們在常客間格外引人注意。

王子們選了一家廚店來大鬧，因為酒館直到十五世紀才開始款待非旅客者。這項事實的最早記錄來自一四六一年，南華克（Southwark）一個教區教堂的郊區委員記載，三位用餐者在當地酒館的花費。在大約相同時間，西敏聖馬格麗特教堂——今日仍舊挺立在國會廣場——也有教區委員記載一個「稽核晚餐」（audit dinner）的類似記錄。而且，我們可以假設那不確切是個騷動事件，費用報表則顯示他們喝酒、吃麵包和羊肉派。最終，這類簡單的供應菜色變得有點複雜。一四八〇年有個花費記錄，是一群官員在倫敦市和坎特伯里聖奧古斯都教堂之間的爭論進行仲裁，它顯示，在幾頓早餐和宵夜外，一頓在派特諾斯特街（Paternoster Row）的餐點包括麵包、雞肉、兔肉和豬肉，以及啤酒和麥芽啤酒。

就在更多設施開始提供食物時，價格控制被引入，以保護窮人和士兵之類的人，他們的錢很少。比方，在十六世紀中期，約克市下令，客棧老闆提供士兵和陌生人「一般水煮和烤牛肉或羊肉」，價格不能超過四便士 [23]。

到了那時，「家常菜」（ordinary）的字眼已經變成便宜套餐菜單的表達方式，儘管它後來演變成一種非正式術語，衍生來指稱提供便宜麥芽啤酒和食物、遍布英格蘭的簡單餐館。一六〇九

---

23. 一六〇〇年的一便士相當於現今的二或二塊半美金。

年，湯姆斯・德克（Thomas Dekker）這位伊莉莎白時代的劇作家指出，在早上十一點半左右抵達簡單餐館，商家奉上一點鼻煙，之後邀請他加入一桌年輕男人，他跟他們分享燉羊肉、鵝和鷓肉大餐，最後還有水果和乳酪。葡萄酒要額外收費——費用是十二便士，而更窮的一幫人則坐在角落吃三便士的簡餐。

　　事實上，這個字眼也流入美國殖民地，那裡大部分的酒館變成以「便餐館」而知名。讓我們回溯一下英格蘭，一五六二年，一位來訪的威尼斯商人，亞歷山德洛・瑪格諾（Alessandro Magno）寫道，吃了四便士的「晚餐或宵夜定餐」，有蔬菜濃湯、一片烤肉、一片水煮肉、麵包和可選麥芽啤酒或啤酒來喝。他也說英國人「吃很多肉」，還說肉的品質和分量「卓越並驚人」。他那年夏天來訪時，顯然很高興地發現一家叫做「The Ball」的客棧，老闆克勞迪歐是一位義大利人。The Ball 提供「一餐中兩種或三種烤肉的選擇，或可以另外選肉派、鹹食、水果塔、乳酪和其他菜色——以及品質優異的葡萄酒。每當我們想要點別的什麼，我們只要開口，菜就會端上來。」

　　城市裡的菜單充斥著雞肉和其他家禽，還有野味、兔子、鹿肉和天鵝。瑪格諾特別喜歡倫敦提供的牡蠣，他寫道它們品質優良：「店家供應烤、燉、以奶油炸或各種可能方式烹飪的牡蠣，但最好吃的方式是以大麥麵包配生蠔——美味無比。」

　　可惜的是，在那時沒有口感酥脆的維蒙蒂諾特白酒——更別提一杯冰香檳——能搭配餐點享受，所以他得將就著喝英國啤酒，那讓他惱火。他說，「啤酒是很健康，但風味不佳。啤酒渾濁如馬尿，還有麥殼浮在酒上。」

　　伊莉莎白一世統治期間，在一五九九年，一位瑞士訪客湯姆斯・派拉特（Thomas Platter）寫道，倫敦的酒館主要提供單點菜單。這對他來說似乎是個嶄新概念，因為他估算個人點餐會比一群人集資分享菜餚和飲料貴上許多。他指出：「一個人只要點菜和估算分量，店家不會要求你付額外費用。確實，這對一個獨自用餐的人而言相當划算，他可以吃上一頓好飯，喝上好酒。」

這類地點在十六世紀初始就已發展成熟，而麥酒館和酒館的成長似乎是亨利八世鎮壓他當時認為是天主教會腐敗勢力的行徑之意外後果。

亨利與羅馬的決裂——部分是因為教宗不肯准許亨利與阿拉貢的凱薩琳離婚，好恢復自由身去和安妮‧博林（Anne Boleyn）結婚——以及他想成為英國國教最高領袖的嘗試，導致著名的修道院解散。一五三六至一五四一年間，各式各樣的法案和法律程序沒收或解散所有種類和大小規模的修道院、女修道院、隱修院和托缽修院。到了一五四〇年，總計有八百座修道院遭到解散，在這麼做的同時，旅客在英格蘭旅程中會感到的心安和期待的基石崩壞瓦解——而這在歐洲和更寬廣的世界可是存在了數個世紀之久。如同我們看到的，在小亞細亞（參見第二和第三章），伊本‧巴杜達的「同伴」能探索和超越已知世界，大都仰賴宗教組織的仁慈——特別是如果你分享他們的宗教信仰——他們會提供庇護、床和食物。

突然間，這類殷勤款待的傳統管道消失——遭到廢棄、拆除和燒毀。同樣地，新教改革者攻擊其他教會裡似乎永無止境的盛宴。在每個聖徒紀念日和宗教節日，社區的人魚貫進入教堂大廳或院落，縱情於飲食和酒類。確實，有很大數量的啤酒是為這類場合釀造，而人們猛灌幾品脫的酒，在墓碑間縱情狂歡的景象可不雅觀。

改革者在恢復神聖儀式秩序上取得合理的成功。但，這意味著社區的人想歡快聚會或喝一杯時，無處可去——他們無法再仰賴教堂提供他們場所和藉口。

這是個完美的風暴。沒被綁在木樁上燒死的前修道院人員需要地方工作。旅客需要過夜的地方。社區需要放鬆和社交之處。因此，修道院的餐飲工作者開設酒館，當地人和路過的旅客於是在此聚集。國家則以價格控制掌握大局。

不令人意外地，十六世紀的麥酒館呈現驚人的成長。一份一五七七年英格蘭的調查記錄到二萬四千家麥酒館，是每

一百四十二名居民就一家的比例。在隨後的五十年間，數字翻倍。雖然國家的人口有所增長（從一五四○年的二百七十萬到一六五○年的五百二十萬），酒館的成長仍舊呈現超越的趨勢。

在一五○○年代接近尾聲時，麥酒館成為英格蘭地貌上永遠的景觀。換句話說，我們可以如此定義，從中世紀開始的轉換，始於飲酒變成制度化的時代。確實，到了十七世紀，英格蘭以六大關鍵事物為代表，甚至以此界定：私人住宅、教會、法庭、皇室、議會，與──酒館。

而酒館所代表的意義不該低估，因為喝酒的地方（後來發展成提供食物的酒館）賦予人們共通點。他們不是卑微地從善意的僧侶那領取麵包和酒；他們是自己在為食物和飲料付錢，不管分量有多小。對一位受到壓迫的僕人來說，能在公共空間為一品脫的酒付錢的感覺一定帶來「自由」的感受。伴隨著那個權力而來的是和其他人社交的機會，還有兩性的交流。談話無疑會從天氣導向政治，因此，階級不對等的意識也抬頭了──人們察覺到存在的不平等，兩極化對立的感覺一定在許多人心中發酵。

但，如果鄉村麥酒館的貧窮常客在將麥酒灌下喉嚨時咬牙切齒，英格蘭城鎮和城市裡的新暴發戶商人和上流階級成員則會避開這類場所，閃躲不文明和過度的飲酒舉止，而後二者則開始使教會和國家領袖憂慮。儘管如此，所有人很快便發現外出用餐比較有趣──尤其是如果有讓人興奮的新理由出門，或是為了某種散發異國情調和非酒類的理由。

此時，一種神秘、魅力十足的飲品突如其來出現。那是你能喝的興奮劑，但又不會害你酒醉。它在外出用餐的歷史中引發革命，而它只有簡單兩個字：咖啡。

Chapter 5 ｜咖啡館革命

咖啡本非支撐人類存在的基本要素，它出現在歐洲後，很快就變成心理、肉體和靈魂的興奮劑，廣受歡迎。咖啡館也成為時尚的社交場所，爾後成為政治聚會的中心。

......

　　早期飲用咖啡的人——我們說的至少是十一個世紀以前的衣索匹亞——不管他們是怎麼喝的（想像一下濃稠、砂礫般的苦澀口感），不會知道他們攝取的咖啡因會加快身體裡的神經元，刺激腎上腺素的分泌。但毫無疑問，他們會覺得更有生氣。加上，在將咖啡從咖啡果變成咖啡豆，再變成飲料的過程中，他們發展了某種程度的儀式——因此，咖啡吸引著人類。咖啡是個迷人的消遣。我們與動物有所區別的屬性之一就是，我們不餓或不渴時，仍舊會飲食。我們從飲食上得到歡愉，風味、口感和更寬廣的經驗則會帶來滿足。

　　確實，外出用餐歷史的大部分便是奠基在它其實基本上是「本非必要」的這個事實。不管人們是怎麼告訴你的，我們不需要為了生存而踏進餐館——但它們的確讓生存變得更為開心。咖啡的故事是我們與動物的此類區別的優良範例：一顆無用的豆子建立起龐大產業，而對咖啡的明顯「需求」於是變得無可辯駁。

　　如果桌巾——基本上也是非必需品——的開展標示我們在一四一〇年左右脫離中世紀，那一七〇〇年代早期，咖啡館在倫敦的暴增則意味從血腥內戰到不流血革命的轉移。

　　去咖啡館喝咖啡變成合法地位的象徵，而那個象徵曾經只能透過出席法庭來達成。一六八九年的《權利法案》，以及引發它

的所謂光榮革命[24]——意味著貴族社會自君王個人領域中脫離後，漸增的獨立性。再者，如果咖啡館文化是公民自由的發展的關鍵推動力，那麼，咖啡豆本身或許就比它被標籤為「非必需豆類」，還要來得重要。

　　儘管一六五二年第一座咖啡館開幕在牛津，但是根據德國植物學家萊昂哈德・勞沃夫所言，咖啡豆（如我們在第二章所發現的）在距此一百年前就已抵達敘利亞，於阿勒坡蓬勃發展。此時，咖啡也在蘇萊曼一世的宮廷中站穩腳跟，那是在現今的土耳其。一位由蘇丹派去治理葉門的人顯然將咖啡引薦給蘇丹。勇猛無畏的威廉・畢杜爾夫（William Biddulph）[25]也提過咖啡，那是在他的《某位英格蘭人在非洲、亞洲等的旅行……始於一六〇〇年，某些則結束於一六〇八這年》（*The travels of certayne Englishmen in Arica, Asia, etc……begunne in 1600 and by some of them finished-this yeere 1608*）中（此書的書名可真冗長沉悶）。畢杜爾夫在土耳其咖啡館目睹人們如何啜飲這個飲料。

　　他寫道：「最常見的飲料是咖啡，那是一種黑色飲料，由像豌豆的豆子製成，叫做咖啡豆；他們在磨坊研磨它，以水煮沸，在能忍受的滾燙度下飲用；飲料雖很粗糙，他們卻喝得很開心，還搭配藥草和生肉。」

　　詩人喬治・桑迪斯（Sir George Sandys）[26]倒不覺得咖啡有多吸引人，他在一六一〇年於土耳其遇見這種飲料。相對於酒館在老英格蘭的到處充斥，他指出在那不能飲酒。「儘管他們沒有酒館，但他們有咖啡館，那有點類似於酒館，」他在書名平實的《桑迪斯遊記》（*Sandys Travels*）裡寫道，「他們整天坐在那裡聊天；喝一種（由咖啡果製成的）叫咖啡的飲料，以小瓷碟裝盛，燙熱到

---

24. 光榮革命是一場不流血政變，驅逐信奉天主教的詹姆斯二世，迎來瑪麗二世和威廉三世。威廉三世遂簽署《權利法案》，使英國建立一個穩定的政治制度。

25. 威廉・畢杜爾夫（William Biddulph）：生卒年不詳，是第一位書寫鄂圖曼帝國生活的英格蘭神職人員。

26. 喬治・桑迪斯（Sir George Sandys）：1578-1644，英國旅行家、詩人和翻譯家。以書寫黎凡特地區的旅行故事而聞名。

幾乎無法忍受的程度：像煤灰一樣黑，嘗起來的味道也很像。」他也指出人們喝咖啡以「幫助……消化，促進思緒敏捷」。但其穩定腸胃、理清思緒的益處似乎無法強大到吸引顧客上門，所以桑迪斯造訪的咖啡館老闆想出另一種他們知道會誘使當地男人上門的絕招：「許多咖啡館老闆雇用年輕貌美的男孩，吸引顧客上門。」

顯然，在蘇丹的葉門總督宣稱是他發現咖啡前，咖啡就已存在。但是蘇丹，以及圍繞著咖啡衍生的文化和人員則使得煮咖啡和喝咖啡變得時髦。沒過多久，私人住宅和越來越多公共咖啡館也開始煮咖啡。

咖啡逐漸傳播到歐洲，書寫記錄則記載在隨後幾十年內，咖啡在維也納、威尼斯、馬賽和巴黎到處可見。

然後英格蘭出現第一個記錄，一位叫納薩利爾·科諾皮歐斯（Nathariel Conopios）的希臘神父在行李箱裡帶上它。他出生在克里特島，最後在君士坦丁堡於資深高級教士西里爾·盧卡利斯（Cyril Lukaris）手下做助手。但科諾皮歐斯的老闆失寵於蘇丹穆拉德四世（Murad IV），後者在一六三八年謀殺他，事實上是絞死他。害怕本身生命安危，科諾皮歐斯收拾行囊和珍貴的咖啡豆，一路逃過歐洲。多虧他在英國國教會有認識的人（正是坎特伯里大主教威廉·勞德〔William Laud〕），最後在牛津貝里歐學院（Balliol College）得到個棲身之處。日記作家約翰·伊夫林（John Evelyn）在那認識了他，說「他是我第一位看到喝咖啡的人。」

也有其他人見過科諾皮歐斯，那就是安東尼·伍德（Anthony Wood），牛津大學墨頓學院的古物愛好者。「當他繼續待在貝里歐學院時，他為自己泡了叫咖啡的飲料，」伍德後來回憶這位希臘人說，「通常每早第一件事就是喝咖啡，他住的那棟宅邸的律師司法官告訴我，他在牛津喝的只有這個。」提供安全庇護所給科諾皮歐斯的勞德大主教在一六四五年一月十日遭查理一世（Charles I）砍頭。那天早上，或許科諾皮歐斯曾決定喝比平常更濃烈的咖啡。

另一位在牛津有喝咖啡習慣的人是英格蘭醫生威廉‧哈威（William Harvey），他是墨頓學院的院長。「他習慣喝咖啡，」傳記作家約翰‧奧布里（John Aubrey）寫道，「他的兄弟伊里阿德也是，那是在咖啡館在倫敦流行之前。」這些喝咖啡的人紛紛出現在十七世紀的牛津學術界，難怪英格蘭第一個咖啡館會在一六五〇年於牛津開張。

伍德寫道：「這年（一六五〇年），猶太人約伯在牛津東區聖彼得教區的天使驛站開了間咖啡館。有些人很喜歡這種新奇飲料。」天使驛站是歷史悠久的老派驛站，因此約伯可能在那拿到較低價格——除非他將整個地方都翻修成咖啡館。天使驛站離在貝里歐喝咖啡的希臘人只有半英里遠。

倫敦沒有落後牛津太久，第一間咖啡館出現在一六五二年的康希爾，就在聖米迦勒教堂對面的一條巷子裡。根據傳記作家威廉‧奧爾迪斯（William Oldys）在十八世紀早期寫的記錄，丹尼爾‧愛德華（Daniel Edwards）這位商人在拜訪士麥那（Smyrna）（現今土耳其伊士麥〔Izmir〕）時愛上了咖啡，於是帶回帕斯可‧羅賽（Pasqua Rosée）這個男人，為他在家裡煮咖啡給他喝——當然他還做別的家務。羅賽烹煮的咖啡如此美味，使得愛德華的朋友們便開始把他的家當作咖啡館。因此，奧爾迪斯記述，「這新鮮事物吸引太多人上他家，他於是允許這位僕人和一位女婿在倫敦康希爾的聖米迦勒巷開第一間咖啡館」。

這間咖啡館似乎是開在聖米迦勒教堂墓地邊的倉庫，後來才搬進旁邊巷子裡的一棟建築裡。在一六五〇年代早期，這類街道通常又窄又黑又髒。巷子裡也開了幾家酒館，酒館老闆擔心這座開在他們地盤上的惱人新奇事物。確實，可能是憂慮來自酒館老闆的威脅，羅賽在一六五四年找到一位生意合夥人，一位叫克里斯多佛‧鮑曼（Christopher Bowman）的男人。鮑曼是雜貨店老闆和倫敦市榮譽市民，他的參與可以阻止持反對意見的酒館老闆，而後者爭論咖啡館是否有權經營。

令人驚訝的是，這家咖啡館的一份廣告完整保存下來，今日

由大英博物館收藏，就在倫敦的布魯姆斯伯里（Bloomsbury）區。羅賽在廣告裡解釋咖啡的來源以及製作方式，並列舉它的好處：「咖啡非常能幫助消化；因此在下午三或四點或早上喝最有益健康。」咖啡「能提神」和「醒腦」。但他也提出警告，儘管如此，「在晚餐後不要喝……因為它會阻礙睡眠三或四個小時」。然後，由於缺乏三百一十年後當局會擔心的廣告規範，他有點得意忘形地推銷咖啡的健康療效。比如，如果你將頭放在冒著煙的咖啡上，「可以治療眼睛酸痛」，它能延緩「結核病」和嚴重咳嗽，「阻止和治癒水腫、痛風，以及壞血病」，可以治療「被風吹痛」的頭，它能穩定和治癒孩童的淋巴結核。還有，那些在土耳其喝咖啡的人，「皮膚異乎尋常地清澈潔白」，它也能「阻止懷孕女人流產」。

　　難怪那些販賣只會讓你變笨的麥芽啤酒的敵手會擔心！確實，歷史悠久的客棧老闆的焦慮在下面這件事上可見一斑：他們的一位艦隊街同行同時賣麥芽啤酒又剪頭髮，在一六五六年決定將他的店從酒館改裝為咖啡館。詹姆斯・法爾（James Farr）關上麥芽啤酒水龍頭，放下剪刀，開始在彩虹咖啡館（Rainbow Coffee House）烘焙咖啡豆──引發他的麥酒館鄰居極大的驚愕。一六五七年十二月二十一日，酒館老闆動員起來，集體提起一個叫「坊民會議起訴報告」的訴訟，列在一條法律條文恰如其分地叫做「紊亂與惱人」下，憤怒內容如下：

　　「同前，我們控告理髮師傅詹姆斯・法爾，他烘焙和販賣一種叫咖啡的飲料，在製造過程中，其惡毒的味道引得鄰居惱火，由於日夜大部分時候都得維持火苗，因此他的煙囪和火爐都曾著火，他的鄰居為此覺得危險，頗為驚嚇。」

　　但法爾的反對者沒能使彩虹咖啡館關門大吉，諷刺的是，儘管烘焙咖啡豆時他是有可能意外引發建築失火，但他和他的咖啡館卻躲過倫敦大火。

　　至於帕斯可・羅賽在康希爾的生意，日記作家山謬・皮普斯（Samuel Pepys）在一六六〇年提到他的咖啡館，可見生意在八年後仍舊蒸蒸日上。皮普斯在十二月某晚與一位朋友首度拜訪咖

The Vertue of the *COFFEE* Drink.

First publiquely made and fold in England, by *Pafqua Rofee*.

THE Grain or Berry called *Coffee*, groweth upon little Trees, only in the *Deferts of Arabia*.

It is brought from thence, and drunk generally throughout all the Grand Seigniors Dominions.

It is a fimple innocent thing, composed into a Drink, by being dryed in an Oven, and ground to Powder, and boiled up with Spring water, and about half a pint of it to be drunk, fafting an hour before, and not Efting an hour after, and to be taken as hot as poffibly can be endured; the which will never fetch the skin off the mouth, or raife any Blifters, by reafon of that Heat.

The Turks drink at meals and other times, is ufually *Water*, and their Dyet confifts much of *Fruit*, the *Crudities* whereof are very much corrected by this Drink.

The quality of this Drink is cold and Dry; and though it be a Dryer, yet it neither *heats*, nor *inflames* more then hot *Poffet*.

It fo clofeth the Orifice of the Stomack, and fortifies the heat within it's very good to help digeftion, and therefore of great ufe to be about 3 or 4 a Clock afternoon, as well as in the morning.

uch quickens the *Spirits*, and makes the Heart *Lightfome*.

It is good againft fore Eys, and the better if you hold your Head over it, and take in the Steem that way.

It fuppreffeth Fumes exceedingly, and therefore good againft the *Head-ach*, and will very much ftop any *Defluxion of Rheums*, that diftil from the *Head* upon the Stomack, and fo prevent and help *Confumptions*, and the *Cough of the Lungs*.

It is excellent to prevent and cure the *Dropfy*, *Gout*, and *Scurvy*.

It is known by experience to be better then any other Drying Drink for *People in years*, or *Children* that have any *running humors* upon them, as the *Kings Evil*. &c.

It is very good to prevent *Mif-carryings in Child-bearing Women*.

It is a moft excellent Remedy againft the *Spleen*, *Hypocondriack Winds*, or the like.

It will prevent *Drowfinefs*, and make one fit for bufines, if one have occafion to *Watch*; and therefore you are not to Drink of it *after Supper*, unlefs you intend to be *watchful*, for it will hinder fleep for 3 or 4 hours.

It is obferved that in *Turkey*, where this is generally drunk, that they are not trobled with the Stone, *Gout*, *Dropfie*, or *Scurvy*, and that their Skins are exceeding cleer and white.

It is neither Laxative nor Reftringent.

Made and Sold in St. *Michaels Alley* in *Cornhill*, by *Pafqua Rofee*, at the Signe of his own Head.

帕斯可・羅賽的咖啡館廣告詳細說明，
咖啡這種「提神醒腦」的新飲料的諸多益處。

啡館，評論道：「由於同伴和談話內容的多樣性，令我頗為喜歡咖啡。」儘管如此，帕斯可‧羅賽的咖啡館意外變成這位日記作家所寫日常事物細節中，最惡名昭彰事件的受害者。因為，在一六六六年倫敦大火中，聖米迦勒巷就像許多鄰近街道，木骨架建築毗鄰而建，而慘遭大火吞噬。康希爾區僅留下聖米迦勒教堂的鐘樓。

值此之際，讓我們返回牛津，第二家咖啡館於一六六四年開張，老闆是瑟克斯‧賈伯森（Cirques Jobson）。根據伍德的記載，他是一位「猶太人和詹姆斯二世追隨者」，咖啡館位於聖愛德蒙學堂和皇后柯爾角落之間的一棟房子。這地址就在雅各客棧（Jocob's place）對面，令人驚訝的是，它從那時開始就是咖啡館；它現在叫做皇后巷咖啡館（Queen's Lane Coffee House）。雅各客棧今天也是個咖啡館，名為大咖啡館（The Grand Café），從十七世紀以來就換過好幾次門面，從旅館到雜貨店到泰迪熊店。（雅各本人在一六七一年又出現於記錄中，在倫敦霍本〔Holborn〕經營一家咖啡館。或許他是跟著錢走。）

一年後，在一六五五年，伍德記錄第三家咖啡館的開幕。這家是由一位叫亞瑟‧提爾亞德（Arthur Tillyard）的藥劑師經營，顯然是在家中開張，或，根據伍德所言，「在違逆萬靈學院抗議的情況下，公開在家宅裡販賣咖啡」。

伍德繼續解釋，提爾亞德會進入這行都是幾位年輕保皇派的鼓動，他們的總部在牛津，可能是學生。英格蘭在那時受控於克倫威爾，國王查理一世隨後在英國內戰後，於一六四九年遭處極刑。當時英格蘭是個行之有效的共和國，克倫威爾在一六五三年進入議會，解散議長和議員，宣布自己為護國公。

或許這些抱著擁護君主制觀點的牛津學生覺得在強生或雅各的咖啡館碰面和喝咖啡太危險，而且他們知道提爾亞德熟悉醫藥，認為他能提供他們喝咖啡和討論政治的隱密地點，也就是他的私宅。常客們自詡是「很有美德或機智的人」，其中一位就是建築師克里斯多佛‧雷恩爵士（Sir Christopher Wren）。

伍德指出：「這家咖啡館繼續營業到君主復辟之後，然後他們變得更常來，導致被課消費稅。」確實，顧客經常上門不僅引起稅務人員的注意（經營咖啡館需要執照，那意味著當局絕對把你摸得一清二楚），但也意味著咖啡館的爆炸性成長——此時代精神現象見證全國城市和鄉鎮內咖啡館紛紛冒出，尤以首都倫敦最盛。咖啡館是男人——也只有男人——聚集和展現（男性）自由的場所，而且還是《權利法案》賜予他們的那份自由。因為那份法案不僅確認威廉三世和瑪麗二世的繼位，它也確立個人權利，提到「這範圍的自由」的重要性，並禁止「非法和殘酷的懲罰手段」。

咖啡館成為自由精神的表達方式，但只有受過教育的男人——掙脫千年來得對君主唯命是從的桎梏——才能縱情於此。它們在二十一世紀德國哲學家于爾根‧哈伯瑪斯（Jürgen Habermas）的大作《公共領域的結構轉型》（The Structural Transformation of the Public Sphere）裡，是「受過教育的中產階級前衛人士，學習批判性——理性公共辯論的藝術之處」。它們變成激烈討論的俱樂部，而常客則向妻子（也許也向地方教區牧師）保證，他們常去咖啡館之舉毫無可慮之處，因為咖啡館是受尊敬和不會喝醉的優雅設施。

再者，咖啡館數目激增，並根據他們的客戶種類，發展自己的特色和名聲。如同《咖啡的社交生活》（The Social Life of Coffee）的作者布萊恩‧科萬（Brian Cowan）所言：「有這麼多咖啡館可供選擇，倫敦人能選個社交或政治基調最適合他們的去光顧。」有些是來客背景的地區分類，有些則有國際關連。一七一〇年，一位在倫敦的德國訪客，撒迦利亞‧康拉德‧馮‧烏芬巴赫（Zacharias Conrad von Uffenbach）報告說，在認真勘查過首都後，他發現了確切合其品味的咖啡館，那是一座滿是他德國同胞的咖啡館，由法國人經營。其他咖啡館則吸引特定專業，從商人到醫生不一而足。當然，咖啡館也以政治屬性做分類。在一六九〇年代，輝格黨偏好理查的咖啡館（Richard's coffee house），而托利黨喜歡歐辛

達（Ozinda's）。

　　不久後，咖啡館變成人們能得到最新新聞的地方，不管是從聚集在那八卦的新聞記者，或從當時以同等快速成長的刊物和報紙，有些老闆甚至印刷自己的新聞。咖啡桌上有小冊，更多淫穢寫作則以原稿方式散布。倫敦麵包街（Bread Street）的一家咖啡館老闆每天和下議院的書記碰面，（非法）抄寫前一天議會的會議記錄。在牛津，人們認為在咖啡館所能得到的知識如此珍貴，因此許多設施開始收人們一便士的入場費（這便是「便士大學〔penny university〕」術語的由來）。在倫敦，你能購買代幣，然後在咖啡館贖回，如此便能減輕當時流通銅板嚴重短缺的壓力。常客也開始使用他們最愛的咖啡館寫信和收信。一六八〇年，一便士郵政制（Penny Post System）在倫敦啟動──這成功的作業由政府在一六八二年接手──無疑地，郵差要找到咖啡館，遠比送信到躲在巷尾的小公寓容易。

　　確實，咖啡館的能見度和得到規範的商店招牌，幫助它們變成鄰里地標。幾張在流通的地圖中，那是說，真的有的話，咖啡館都能幫助當地人或旅客確認自己的方位。

　　當然，咖啡館變成地標、郵局、學習中心、成為得到新聞和八卦的基本碰面場所，以及貨幣供應者，就別怪稅務人員激切的眼睛會盯上它們。更為不幸的是，還因此興起某種國內爭鬥。一方面，王室得益於從咖啡上徵收的關稅：在一六六〇年，製作和販賣每加侖的咖啡徵收四便士的關稅，這是對製造商徵收，此項稅收則是復辟財政支付的關鍵部分。另一方面，下議院則認為咖啡應該歸類為其他「外國飲品」，而統治時期從一六六〇年延續到一六八五年的查理二世也對咖啡館疑心重重。考慮到君主最近才成功復辟，可以理解他會憂慮異議和其流布方式──主要是透過出版品和聚會。在《權利法案》通過幾年前，咖啡館已經是人們積極發表意見之所，而在一六六六年，經過倫敦大火仍舊屹立不搖的咖啡館使得國王厭煩惱火。

　　所以查理二世冒險發出對咖啡館的禁令，他的大法官，克拉

倫登伯爵（Earl of Clarendon）熱切同意。克拉倫登怒吼說，咖啡館「允許對政府最骯髒的詆毀流傳」。他建議該送特務到咖啡館監視人們的談話，極端保皇派羅傑・勒斯特蘭奇（Roger L'Estrange）則被指定為印刷品的執照發放者。身為官方審查官，他率領小隊積極到處勘查，獵捕和查緝非法文宣。只要嗅到一丁點異議，他就進入書店或印刷廠突襲搜索，他宣稱「咖啡館醞釀煽動叛亂」。

隨後幾年，國王數次打壓新聞刊物，以及擺放它們的咖啡館。最後，在一六七二年，他發布公告（那是會使今日的美國總統[27]感到驕傲的公告），「以遏制幫助滋養陛下善良子民心中普遍的嫉妒和不滿的假新聞的散布」。一六七五年，他嘗試消滅咖啡館。十二月二十九日，查理二世發布〈查禁咖啡館公告〉，裡面寫道：

「最近幾年在王國中興起的眾多咖啡館顯然產生了非常邪惡和危險的效應。在這類咖啡館裡，有時透過在裡面的人的聚會，各式各樣的虛假、惡意和可恥的新聞憑空捏造和到處散布，用來詆毀陛下的政府，並在王國中對平和安靜的生活產生動盪。陛下仔細考慮過後，認為咖啡館在未來必須關閉和查禁。」

所有製造咖啡的執照宣布無效，甚至禁止在家中煮咖啡，而在國王堅持這樣做的同時，他也取締沖泡茶、巧克力和製作雪酪。那些不服從新法規的人會陷入「最危險的險境」，面對「最嚴厲的懲罰」。

公告以「天佑吾王」作為結束。它刊印在官方喉舌《倫敦憲報》裡，手稿通訊也在市面流通，咖啡館無疑有收到，消費者也吃驚地讀著內容。公告欄張貼公告，保皇派牧師對他們的周日會眾引述新詔令，並訓誡咖啡館的邪惡。

國王在那個十二月下旬的夜晚也許可以安睡，因為他相信自己已經成功阻擋煽動叛亂的潛在長路——但那條法律非常不受歡迎。以勞夫・凡尼爵士（Sir Ralph Verney）這位咖啡館常客和臨時國會議員的話來說：

---

27. 指當時的美國總統川普。

「只要英國人不犯法，還是能長期忍受悄悄聚會。我相信聚會還是會像以前一樣慣常和人數眾多……他們可以改喝鼠尾草、藥水蘇和迷迭香飲料，而不必是茶或咖啡，況且，那些本土商品沒付消費稅，也沒付關稅，所以王室會是這條不必要的禁令下的唯一輸家。」

由於消費者可以改喝其他飲品、並且改在別的地方聚會，因此咖啡館老闆的損失最大。許多老闆聯合起來向國王請願，一群代表在一月六日於白廳碰面，就在公告發布七天後。老闆們解釋投資的巨大，像是建築、股票和人員，以及與生意有關的相關人士的生計會遭毀滅。

國王又和樞密院開會，宣布六個月的緩衝。就在公告十一天後，它又遭有效廢除。但，查理二世從未放棄。有時候，他會發布各式公告──但咖啡館還是照開不誤。下一位君主詹姆斯二世（James II）也試圖禁止咖啡館，比如，要求咖啡館在不能保證禁止那些違禁出版物於館內流通時，得以吊銷執照。但在他失勢後，威廉三世和瑪麗二世並未攻擊咖啡館（儘管他們的確發布禁止煽動性假新聞的禁令）。但到了那時，在不流血的光榮革命後的《權利法案》帶動下，咖啡館──尤其是在大火後那幾年新蓋的大咖啡館──已經在英國城鎮裡紮根穩固。

回到一六六○年代，對咖啡館的抱怨也衍生自各種經濟因素，肇因於咖啡館大獲成功的負面效應。如同一位當代經濟學家說的：「咖啡館的成長大大阻礙了燕麥、麥芽、小麥和其他本土農產的販賣。我們的農夫面臨絕境，因為他們的穀物銷不出去，地主也連帶倒楣，因為他們收不到租金。」

把咖啡館當第二個家的男人，關上抱怨的農夫和惹人火大的君主（以及街道的骯髒和噪音）的門，他們卻面臨另一種威脅──對許多人而言，這難題可得更謹慎處理，那就是女人。

或許男人們認為，上咖啡館能說服他們的妻子，他們是把時間花在極度得體的地方，從事對國家未來的重要討論，而咖啡沒有任何不合宜之處，只會提神醒腦，讓他們進行清晰的理性討論。

但女人可一點也不領情。一六七四年，可能是在體驗過過多孤單的夜晚後，一群倫敦妻子也發行了自己的宣傳小冊。這些小冊抵達像倫敦皇家交易所附近的蘇丹皇后咖啡館之類的桌上，山謬・皮普斯有時也去光顧那些地方，可能也碰到驚異不已的顧客，他們吃驚的程度可能不下於國王要關閉他們的「俱樂部」時。

小冊封面以大寫寫道：〈女人反對咖啡的請願〉（The Women's Petition Against Coffee）。

請願裡說，這份請願「代表公眾思慮，過度飲用引發乾燥和衰弱的咖啡對女性所造成的巨大不便」。然後是幾頁詞藻過度華麗的散文，這些咖啡寡婦接著說，咖啡使得她們的男人變成「趾高氣昂的小男人」，更慘的是，咖啡還「法國化」他們。咖啡顯然使男人性無能——接近丈夫的妻子只能「擁抱一具軟趴趴的無用屍體」，以及只會發表愚蠢的無稽之談：「就像許多在水坑裡的青蛙，牠們喝泥濘的水，低鳴無意義的鼓哇鼓哇音符，直到六隻青蛙對著同樣數目的我們，發表愚蠢的八卦。」男人也被控將所有的錢花在咖啡館上，以至於他們窮到只能買麵包餵孩子。再者，至於他們宣稱他們是在討論國家大事，小冊卻認為「他們常常爭論的最重要課題是：紅海是什麼顏色」。何況，咖啡館也許不會讓人醉到不醒人事，但它們也讓男人越喝越多。女人寫道，喝咖啡是種「退化舉動」，因為一旦喝醉後，男人會「再接再厲，蹣跚走回咖啡館，用咖啡保持清醒」，然後再返回客棧。即使那些整天用咖啡保持清醒的人多有美德，也會在回家路上進入客棧啜飲些許烈酒，而「我們這些可憐的靈魂單獨煩悶憂慮到晚上十二點……他們最後終於回到床上，聞起來像隻煙燻過的西伐利亞豬頭[28]」。

男人閱讀和消化傳單後，印製了一份還擊（〈女人反對咖啡的請願之男性還擊〉〔The Men's Answer to the Women's Petition Against Coffee〕），文采沒有一半精彩，幽默感也遠遠不及。女人

---

28. 西伐利亞以產火腿聞名，豬隻以橡子養大。豬頭肉加上香草和香料是一道開胃菜。

保險公司倫敦的勞合社在勞合咖啡館開始設立講壇，
因此顧客就能聽到拍賣價格和船運的新聞發布。

的小冊被描述為純粹「詆毀」：咖啡「在預防和治療人類身體的大部分疾病上，的確有無可比擬的效果」。

女性初始攻擊所用的語言使得某些歷史學家質疑，那份小冊是否實際上是出自男性之手。那是因應王室的要求以鼓動對咖啡館的不滿嗎？或那是篇諷刺文，拿來逗逗愛上咖啡館的男人，自嘲嘲人？確實，在皮普斯拜訪咖啡館的年代，有數篇基於咖啡館的癖好或噱頭書寫而成的諷刺文和漫畫流通市面：描述後來演變成拳腳相向的辯論；啜飲的咖啡中摻入較烈的酒。儘管如此，質疑文獻的真實性並非是在說女性無法寫出這類機智文章，但毋寧該說，女性才不在乎。

儘管如此，咖啡館繼續成長。到了一七〇〇年，倫敦平均每一千名居民就有一座咖啡館（如同一位作家指出的，這是今日紐約咖啡館比例的四十倍！）。而保險公司倫敦的勞合社（Lloyd's）就是以在倫敦的勞合咖啡館起家而著名。咖啡館在一六九一年搬家時，還得設立個講壇，好來宣布拍賣價格和船運新聞[29]。

最初從廚店演變而成的咖啡館很成功，但廚店的生意也仍舊蒸蒸日上。它們很受那些被咖啡館排擠的階級的歡迎，但一些尋求較休閒餐飲的時尚人士也常上門。法國作家馬克西米連・米松（Francis Maximilian Misson）在他一六九八年裡的書《在英國的旅客的觀察和回憶錄》（*Mémoires et observations faites par un voyageur en Angleterre*）中描述此類地點：

「通常有四支烤肉串，一串疊著一串，每串都插上五或六塊鮮肉、牛肉、小牛肉、豬肉和羔羊肉；你可以選擇要切瘦肉還是肥肉，分量隨你高興，要全熟還是五分熟；盤子邊放點鹽或芥末，加上一瓶啤酒和一塊麵包，這就是你的整道餐點。」

每種流行都有其顛峰，十八世紀晚期，咖啡館逐漸變少則和

---

29. 勞合咖啡館成功的秘訣是因為提供了東印度公司相關人士一個辦公室兼休憩場所。咖啡館甚至請回國的船長發表演說，也定期舉辦商品拍賣會。一六九一年，開始發行有關商船和海外貿易資訊的報紙，東印度公司人員會在此討論船隻調度，甚至簽訂商船保險契約等。後來因為一般咖啡館中商業間諜出沒太盛，為了找一個可討論公事的安全所在，有人因此想出會員制的俱樂部概念。

茶息息相關。儘管如此，將咖啡館變成俱樂部的紳士決定更進一步。他們集資創設嚴肅設施，將其設立在恢弘的建築裡，他們便可以和志同道合的人碰面，那些建築的房間則模仿倫敦宅邸和英國鄉村豪宅。當然，他們在那能靜靜喝咖啡，也能品酒，享受佳餚，並堅決將女性排除在外——她們的小冊不再能干涉嚴肅樂趣的追求。許多這類俱樂部仍舊存在於梅費爾（Mayfair）的聖詹姆斯街。有些仍舊是女性止步，偶爾有些女性會嘗試入侵——如果她們在乎的話。

Chapter 6 ｜ 法國大革命

羅伯斯庇爾強烈厭惡貴族和其奢侈的服裝，並極有效率地將法國富裕菁英送上斷頭台。但，如果他曾看向未來，他絕對不會想到，時尚餐廳會是他無意之間創造出來的持久傳承。

⋯⋯

　　初萌芽的中產階級最早是聚集在十八世紀的英國咖啡館。咖啡館提供男人——就是那些受過教育、新近致富、旅行經驗豐富的男人，尤其如果他們是商人，剛從黎凡特之類的地區做驚奇之旅後返國——一個沒有起居室的沙龍。不是地主的他們或許沒有投票權（他們得等到《一八三二年改革法令》才行），但他們的確關心政治。他們交談、辯論、分享宣傳小冊，並和君主以及女人角力（參見第五章）。

　　但，咖啡館不是只是公務員、成功商人和暴發戶的排他性場域。英國貴族有時會上門，某些有抱負的勞工階級、至少是那些有本事借到男禮服大衣和假髮這身行頭的勞工階級也是。

　　一般來說，咖啡館裡的行為是文明親切，英國畫家兼版畫家賀加斯（Hogarth）對在科芬園破舊和臭名遠播的湯姆國工咖啡館（Tom King's Coffee House）的那些放蕩場景的諷刺描繪，則是例外中的例外。角力多偏向於智識和諷刺；抬高的通常是聲量，而非拳頭。即使口氣最兇狠的宣傳小冊都滿紙機智。

　　越過英吉利海峽，在法國城鎮裡，他們的中產階級同類有點不同。他們是資產階級（bourgeoisie）。字典可能會將這詞眼翻譯成「中產階級」，但它蘊含的政治意味較為濃厚。它的詞源來自市民（burgher），是中世紀的商人階級，努力奮鬥數百年，直到十八世紀末期嶄露頭角。職是之故，在他們的英國遠房表親以好鬥的輕蔑機智逼迫他人屈服，並在從咖啡館返家途中偷偷轉去客

棧喝點怡情小酒而變得微醺時，法國資產階級正處於盛怒之中，非常非常火大。

資產階級夾在貴族和農民之間，他們可不只是想要咖啡、茶、巧克力、雪酪和聊天。從此成長的是暴力、醜陋和血腥的革命：老秩序的大幅崩壞、貴族的毀滅。法國大革命的主角從未察覺的是——當然，從未意圖讓其發生的是——資產階級在扳下貴族的同時，也迎來精緻餐飲的時代。這是他們意料之外的結果，而在超過二百年來，歷史從效率高超的斷頭台的嚴苛殘酷中恢復過來後，我們則對這個結果非常感激。

一位不會浪費時間在咖啡館討論政治的這類法國人，就是馬克西米連・羅伯斯庇爾（Maximilien Robespierre）。他是位身分明確和完全忠實的資產階級成員，也是位律師、政治家、革命家。身為斷頭台的頭號粉絲，羅伯斯庇爾在一七九四年二月五日於國民公會發表演講。法國大革命的這個會議在大到幾乎不可思議的杜樂麗宮為背景開會。這可是很輝煌的地點。它是座巨大劇院，能容納八千人——大革命後建立的新體制（new regime）的開放證據——而羅伯斯庇爾站起身，絲製男禮服大衣、馬褲和銀製帶扣鞋襪托得一身華麗燦爛。他的灰色假髮更添色彩，既時髦又合乎時代調性，但也為他贏得人們對資深長者的尊敬。他大聲發言，拖長字眼；他想要那些常到廊台上聆聽（也提出質問和嘲笑）的人聽見他說的每一個字。

羅伯斯庇爾是革命的主角之一，這場革命從知識分子間普遍認為變糟的局勢，演變成嚴重的暴民攻擊，當時，一千名左右的暴民在一七八九年七月十四日衝進巴士底，那是座中世紀監獄和軍械庫。大約七年後，羅伯斯庇爾對著現今公認的新政府，也就是國民公會演說，並在隨之而來、後來以恐怖統治（Reign of Terror）聞名的氛圍中發表演講。在他的大力鼓勵之下，死亡的有效工具，斷頭台，忙著砍了大約一萬七千顆人頭。

某種程度上，羅伯斯庇爾的演說是為其司法屠殺提出正當辯護。「直到我現在講話的當口，大家必須同意，我們在如此激烈

動盪的情況中，是被對良善的愛和我們國家之所需所引導，而不是確切的理論和行為的精確規範，我們甚至沒那份空閒去鋪陳後二者。」他譴責道。他的意思是，老實說，到那刻，革命分子是邊忙著砍人頭，邊想出完善的治國辦法的。

他繼續說道，他們要邁向的目標是「和平享受自由及平等」。羅伯斯庇爾描述一塊土地，在那，會有「道德取代自我主義……理性的統治取代時尚的暴君……對光榮的愛取代對金錢的愛……天分取代機智，真理取代光鮮亮麗……也就是說，由所有共和國的美德和奇蹟取代所有君主制的邪惡和墮落」。

羅伯斯庇爾對他在貴族身上看見的貪婪、自私和輕浮，特別憤怒。他譴責「幾個家族的怪物般奢華」；而讓「一小群人……決定整個社會的命運」絕非正確。革命分子需要擺脫他們和他們的支持者。他們的頭、還有他們的服裝、豪宅、家具、奢侈生活、餐飲──所有這些都得被斷頭台和其姊妹，即政治機器，切成片片灰塵。

貴族表面上的招搖生活──私人廚師、奢華菜餚和昂貴的酒，很容易就經由無價的陶瓷和玻璃器具進入他們體內──特別惹惱羅伯斯庇爾。他喝咖啡，鍾情於水果，而根據一位歷史學家所言，他「似乎從不在乎自己吃什麼」。吃晚餐時，他「只限自己喝一杯葡萄酒，摻了很多水」。一個平等公平的社會不需要不必要的奢侈品來作為自己的特色。他宣稱，「所有聯合起來反抗共和國的暴君終將被擊敗。」

十八世紀末，法國貴族的權勢如日中天。自從中世紀開始就是如此，當時財富的唯一形式是土地：那些擁有土地的人能對在土地上工作和仰賴土地生存的人，行使全面的權力和權利。

但從中古時代開始，新科技、新貿易路線和新機會興起。手推車變成馬車，小艇變成大船，貿易機會帶來其他交易方式。那些敢離開村莊或城鎮，冒險渡海的人變成商人。其他則變成船家或製造商。他們擁有新的抱負和白手起家的錢。環顧社會，比方在法國，他們看見與他們醒覺後致力的目的──相互矛盾的社會

結構牢不可撼。

貴族和農民的封建階級之間沒有階級存在，這個新團體沒有容身之地；再者，階級體系造成阻礙，阻擋他們的資本企業。更糟糕的是，他們製造和進口的東西的主要顧客是貴族——衣服、食物、機械，而貴族與這些品項的創造毫無關係。

但貴族的地位不可動搖。他們保留他們對土地和勞工的權利。主人／僕人的秩序永遠不會被打破。資產商人和貿易商構成的新階級看出，貴族實際上在遏制進步的腳步，阻礙工業新時代的來臨。以法國歷史學家阿爾伯特・索伯（Albert Soboul）的話來說：「革命的基本原因是資產階級的力量臻至成熟，起而對抗死死抓住特權的頹廢貴族。」

但資產階級無法憑己之力讓貴族垮台。它得鼓動鄉村農夫和都會勞工。而無效率的交通運輸網絡，加上一七七〇年代早期幾個小麥歉收，使得飢餓被納入爭論之中。農夫以麵包為生，沒有麵包，他們會餓死。那就是羅伯斯庇爾點燃法國所需的燃料。

一七九二年，國王路易十六遭到逮捕和砍頭。他的妻子瑪麗・安東妮九個月後也遭逢相同命運。貴族垮台，經濟基礎遭到毀滅。但，當恐怖統治的觸鬚伸進宮殿和城堡門內，想抓住那些精心打扮的惡棍時，它可不只是將富裕的上層階級拖到斷頭台：總計四萬人面臨這種命運。

以蓋布里爾─查理・鐸延（Gabriel-Charles Doyen）為例，他是瑪麗・安東妮的私人廚師。在皇后上斷頭台後，鐸延失業了，所以他在六個月後去找羅伯斯庇爾抗議。鐸延要求羅伯斯庇爾給他工作，甚至付清這陣子沒能收到的薪資。但鐸延沒有得到他要的回答。他被指控「贊同對現存當局的危害，破壞共和國，以及企盼專制主義的回歸」。大革命不需要他的廚師技藝，因此他也被處以極刑。

同樣的，廚師尤金尼─艾勒諾・葛瓦斯（Eugène-Eléonore Gervais）也召集在他們的貴族老闆遭逢相同命運後不再有工作的家務雇員。他們遊說政府，要求新工作。但他們立即遭到逮捕，被

判在樂帆船的廚房裡做九年苦勞。

　　整個法國境內，廚師和管家、女僕及其同行，也就是前貴族的家務雇員，紛紛失業。對羅伯斯庇爾而言，這是個公正的結果。除了人們無法如此完美無暇地控制市場之外。廚師和管家有技藝，而不管羅伯斯庇爾的偏好為何，法國人民喜歡吃——而且吃得很講究。

　　攻陷巴士底監獄的那天（許多人將此事視為法國大革命的開端），據估法國有二百萬名僕人。法國總人口為二千八百萬，那意味著每十二個人之中，就有一位從事家政服務。

　　因此，這些被剝奪工作的勞工得在公共領域尋找工作。鄉村城堡的廚房遭棄置後，許多失業人口到巴黎圖口飯吃。就在這麼做的同時，發生了一場本質上是烹飪的革命，那是政治和社會動盪的意外結果。在這些前私人廚師抵達首都後不久，數家餐廳開幕。

　　這裡頭有波旁的路易斯·約瑟夫，康德親王（Prince of Condé）、也就是法國資深貴族之一的主廚，這位主廚曾負責親王的廚房，名字是羅伯特（Robert，姓氏已經在歷史的回音中迭失）。而身為那個家族的執行主廚，他監督家族的巴黎宅邸和尚蒂利（Chantilly）[30] 城堡兩邊的烹飪作業。

　　康德公館在巴黎有個龐大宅邸，建築物幾乎占據巴黎的整個第六區。在宅邸的好幾個側翼建築之間，有大批僕人工作，別忘了還有庭院和精心修剪的花園，裡面有整齊的樹籬、玫瑰花園和小藥草圃，這些都在忙碌喧囂的大都會中央提供安靜的避風港。

　　羅伯特是資深雇員，穿著顏色和鈕釦代表家族紋章的制服——他習慣於精準的宏偉高貴。在廚房與食品儲藏室外，他在繪製壁畫的挑高天花板的華麗房間內作業，那裡的牆壁上掛著掛氈和早於十八世紀的畫壇大師的名作，還有充斥著希罕珍本和更希罕的手繪地圖的圖書室。

---

30. 尚蒂利（Chantilly）：位於法國北部瓦茲省。

在賓客即將拜訪前，他也會被先派去家族的鄉村城堡，以確保一切都準備就緒。尚蒂利城堡離巴黎北方大約三十英里，是另一座雄偉大宅，為三層樓高的長方體建築，有個兩層樓的附加建築，全都覆以藍灰色鉛製屋頂。城堡後來在大革命期間遭到棄置，內部多處遭到破壞。

二十年後，親王流亡回返，拜訪房邸。年久失修的房子空空蕩蕩，布滿灰塵，成為悲傷的悠悠回音。令人驚異的是，幾位老僕人仍舊留守房舍，等他回家。「他返回城堡，流下眼淚，」一位十九世紀中期的作家寫道。親王帶著貼身老男僕與以前樵夫的兒子會面。樵夫的兒子尷尬地告訴親王，他小時候和父親一起盜獵野兔的森林如今已歸他所有，非常歡迎親王去那獵捕野兔——「像我父親一樣，要獵捕多少就有多少」。波旁的路易斯・約瑟夫在聽到這項土地擁有權轉換的新聞後，「很激動」，回答說：「謝謝你的邀請，我的朋友，但我從未在別人的土地上打過獵。」失去財產、地位和二十年的流亡並沒有抹滅他的貴族感性和高傲。

羅伯特監督的家務複雜，從食物和洗衣，到薪餉和維護，其經營的方式像企業，有包括以下的職位：秘書和會計師；負責客人、他們的交通運輸和進入宅邸的家務人員；負責非家人的訪客和送貨的門房；女管家；負責食物準備和服務的總管；以及負責酒窖、亞麻布和銀器的司膳。

一七八九年七月十九日，康德親王在評估自己在新體制下會有的風險後，倉促逃亡英格蘭。在那年年底前，擁有供應商和食物生意知識的羅伯特在黎塞留路（Rue de Richelieu）開了一家餐廳。他的廚師、烘烤廚師、醬汁廚師和糕餅廚師都在廚房裡，外場則是他還能找得到的管家和男僕，這是一個完美無暇的服務生陣容。他們選擇不穿制服的原因可能是怕冒犯他們的顧客——即那些殘忍的革命分子。

在大革命的混亂中，他的餐廳似乎是條井然有序的船隻，因此，剛從學校畢業的其他人也來了，他們會在餐廳工作見習幾年，然後離職去開自己的餐廳。十九世紀的大餐廳組織嚴密，此事因

此並不令人吃驚，畢竟他們的贊助者已在幾世代以來就以高標準照顧客人。

除革命分子之外，這些餐廳也有其他類型的顧客，包括他們曾經侍奉過的、奢侈極致的個人。在恐怖統治顛峰，斷頭台每天只能砍那麼多人的頭，因此，那些在城市監獄中徘徊、非常清楚自己即將到來的命運的數百名貴族，他們慘被剝奪財產，他們的衣服如絲質背心和白色長襯衫，無不破爛襤褸，骯髒不已。他們需要吃東西，所以他們叫外送。

根據當代法國戲劇家路易‧薩巴斯蒂安‧梅西爾（Louis-Sébastien Mercier）所言：「在監獄裡的受害者很照顧他們的胃，最精緻的食物則穿越狹窄的邊門，送來給那些命定要吃最後一餐的人。」警衛並不試圖阻礙食物的運送，落難的貴族可能以金袖扣作為交換。梅西爾繼續寫道：「從地牢深處，與餐廳做好安排事宜，兩方以特別條款簽署合約，指定當令蔬菜和新鮮水果。」顯然，去探望貴族囚犯的訪客都會帶上一瓶波爾多、一些異國利口酒或精緻冷盤。

而當地糕餅師傅也快速把握機會。「糕餅師傅非常清楚囚犯總是非常想吃甜點，會送價目表下去監獄地牢那裡。」梅西爾記錄道。

因此，大革命反而使餐飲市場擠滿員工，賦予其秩序、才能和動力。但在資產階級決定開始砍掉上流社會的人頭之前，有些餐廳就已經存在。

比如，有個叫布朗傑（Boulanger）的男人就在一七六五年開了一座設施，稱其為餐廳（restaurant）。此字眼來自他提供的恢復精力之物（restorative），展現他對濃湯和熱肉湯的專長。除了以肉和青菜煮成的提神清湯（bouillon）外，他也賣更紮實的菜餚，包括一道白醬羊蹄。這行徑使得「外賣」（traiteurs）公會十分惱火，這些外燴者設立了壟斷權，他們有賣熟食菜餚的獨家銷售權。布朗傑發現清湯在他們的控制範圍外，儘管如此，外賣者仍舊滿腹懷疑地觀察他。他在餐廳大門放上標語時，他們覺得他在嘲笑他

們，標語宣布：布朗傑賣配得上神祇的提神食物。如果他們懂拉丁文，那另一個標語會更使他們火冒三丈：肚子餓的人來我這吧，我會給你滿滿的營養。

當羊蹄在一七六五年登上菜單時，他們將布朗傑告上法院。在外賣者的眼中，白醬羊蹄是一道燉肉（ragout），因此屬於他們的職業範疇。但法院判決布朗傑的菜餚不是燉肉，因此，當巴黎食物公會打輸官司後，布朗傑的菜單卻越來越長。

某些學者將此案例視為餐廳演化的轉捩點，小商人失去權勢，以及賣肉、蛋糕、麵包和更多東西的獨家銷售權。其他人則抱持較為懷疑的態度。確實，以倫敦為主要工作據點的歷史學家蕾貝卡·斯龐（Rebecca Spang）宣稱細查過當代文獻，而除了在一七八二年出版的《法國人在其他時代的私人生活》（*The Private Life of the French in Other Times*）中有稍微提到外，布朗傑的傳奇沒有證據：「這些傳奇只是被作為傳聞廣為流傳到超出控制。」這很有趣，考量到其故事後來變得細節充斥。比如，布朗傑所寫的贏得官司的報告倖存下來，他說服法院，他分別準備以豐富蛋黃為基底的白醬，先調製好放在一邊，然後再倒在煮熟的羔羊肉上，這意味著他沒有踩到外賣者用慢火一起燉煮幾樣食材的燉肉紅線。

不管是不是有位叫布朗傑的男人在法國大革命的前夕打破公會的權勢，還有其他幾家法國傳奇人物經營的餐廳等著被蕾貝卡·斯龐打上問號。他們是包維耶（Beauvilliers）、羅伯特（Robert）、小行星（Bancelin）、莫埃（Méot）和普羅旺斯三兄弟（Trois Frères Provençaux），都是取代外賣者的「餐廳老闆」。而，令人驚訝的是，這無疑會讓現代法國美食家大為惱火，因為其靈感來自英格蘭。

當政治革命在法國確立地位時，長久以來有另一道強勢力量：英國時尚。法國貴族在衣服的風格品味上模仿英國貴族，也注意到有多少英國貴族是在酒館吃飯。因此，儘管法國在美食上領先，在隨後的二百年間，倫敦實際上領先巴黎。

相較於只能販售啤酒的麥酒館，人們可在那買到葡萄酒的英國酒館較為精緻，社交活動也較為卓越。到了十八世紀中葉，酒

館已經進化到提供食物，並且不像客棧，倫敦的酒館已經開始提供選擇。（客棧在許多年後仍舊提供簡單卑微的菜色；把馬綁好後，你將就吃廚房端出來的任何東西。）

主教門（Bishopgate）的倫敦酒館有響亮名氣，和聞名遐邇的主廚，約翰‧法利（John Farley）。河岸街的皇冠與錨酒館由兩位主廚掌廚，法蘭西斯‧科林伍德（Francis Collingwood）和約翰‧伍蘭斯（John Woollams）。一位叫理查‧布利基（Richard Briggs）的男人是艦隊街全球酒館、霍本的白哈特酒館和廟宇咖啡館的主廚。我們會知道這些是因為他們全都曾出版食譜。法利的巨著，《烹飪的倫敦藝術》（*The London Art of Cookery*）出版於一七八七年，特色食譜為燉肉、馬鈴薯餅、燉肉丁、醬汁、濃湯、清湯、蔬菜、布丁、派、鬆餅和油炸餡餅。他討論水煮、烤肉、烘焙、燒烤、油炸、醃漬、保存、肉捲、裝鍋和製成蜜餞的技術，還有提到如何釀造葡萄酒、烈性甜酒和利口酒。他希望他的書成為「王國內，每個管家、廚師和僕人」的基本指導準則。此書目前仍在發行。

作家山謬‧強森（Samuel Johnson）常去光顧這類地方，他在一七九一年寫道：「在私人居所裡人們享受到的歡愉遠不及在首都的酒館。」又說：

「在家裡，一家之主急切地想取悅賓客——賓客想和藹可親地迎合他，但沒有人，只有非常厚顏無恥的狗會在別人的家撒野，好像那是牠自己的家。然而，在酒館就擁有免於焦慮的自由。你確定會受到歡迎……老闆對一切都巧妙安排好了，一家好酒館或客棧會帶來如此眾多快樂。」

值此之際，一位法國作家路易斯—安托萬‧卡拉喬利（Louis-Antoine Caraccioli）造訪倫敦，驚愕地指出英國人出外用餐時比在家裡吃得好。「他們常帶來拜訪的朋友上酒館，」又說：「那是紳士該如何過生活的方式嗎？」當然，而且要不了多久，他的法國同胞就會以此仿效。

一七八〇年代，法國最大和最時尚的餐廳之一開幕，並清楚明白地對其靈感來源致上敬意。安托萬‧包維耶（Antoine

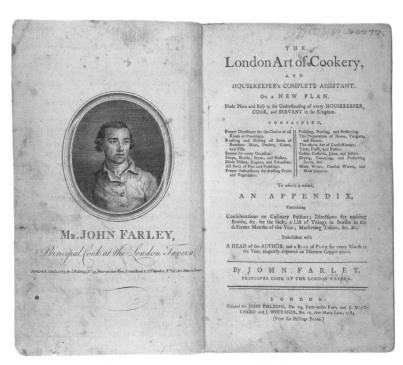

約翰‧法利主廚的《烹飪的倫敦藝術》裡
收納在主教門的倫敦酒館烹煮的食譜。

Beauvilliers）的餐廳開在黎塞留路，裡面的擺設是桃花心木餐桌、精緻亞麻桌巾、水晶吊燈、奶油塗紙包的烤小牛肉排菜單，以及令人印象深刻的酒窖，餐廳名則為倫敦大酒館（La Grande Taverne de Londres）。

包維耶顯然具備內場、外場經驗的早期廚師之一。當代英國作家，達德利·科斯特洛（Dudley Costello）記錄下一位法國人對主廚的評論：「看看他肥胖的身軀，他的三層下巴，他快樂的寬大臉龐，以及他大大灰眸裡閃爍的光芒。」他以在皇室廚房做廚房男役為職涯開端，慢慢爬高，變成科斯特洛的朋友口中說的「瑪麗·安東妮的宮廷偶像……在恐怖統治時短暫默默無聞，但在愛國主義和烹飪復興後，又再度閃爍新的光芒。」

事實上，在大革命期間，包維耶在一旦看見其他與貴族有牽扯的人遭到羈押後，立即流亡至英格蘭。他後來在塵埃落定後返國，寫了著名的《烹飪藝術》（*The Art of Cookery*），出版於一八一四年，其詳盡的指示包括：「主廚應該有廚房每項必要事物的充分知識，比如，肉的品質、熟成時間長短、健康外表、保存的最佳方式。」書也建議主廚聰明地運用閒暇時間，協助其他廚房，例如：「如果廚師得不斷參考食譜，那會非常費力，所浪費的時間也難以估量。」包維耶也寫到應該如何對待較低階人員：在採納防止他們在空檔賭博和喝醉的措施的同時，「人員應該吃飽和好好對待」。

在整個法國境內，特別是巴黎，餐廳快速成長以迎合可觀的需求。在首都，外省的革命使節湧入。他們雖然住在宿舍裡，但他們會外出，在巴黎皇家宮殿和黎塞留路周遭數目越來越多的餐廳裡用餐。他們很可能帶來或建議餐廳煮與他們背景相關的地方風味菜單，比如像普羅旺斯菜餚如馬鈴薯泥鹽漬鱈魚（焗烤鱈魚的療癒食物）和馬賽魚湯（豐盛的燉魚）。

但巴黎最輝煌的餐廳似乎是莫埃，在瓦洛斯路（Rue de Valois）的轉角。羅伯特的門徒之一在一七九三年開了這家餐廳，提供法國美食歷史學家尚─保羅·阿隆（Jean-Paul Aron）所描述的「非凡夜間景觀」。（更令人驚奇的是，在那年、也就是在食物

安東尼‧包維耶開在黎塞留路的倫敦大酒館以精緻亞麻、水晶吊燈和令
人印象深刻的酒窖為其特色。

短缺之後，革命派國民公會通過一條法律反對寄宿，迫使人們得尋找倉庫和地窖。）一位法國歷史學家在一八五四年描述莫埃的場景為：「堪比阿波羅宮殿，連盧庫魯斯（Lucullus）[31]（名字等同於奢華宴會的羅馬政治家）本人都會覺得自在！美妙絕倫的葡萄酒，新奇精緻的高雅，美食的迷人之地！」餐廳提供賓客小碗洗手，而，在特別的時刻，「天花板會突然打開，滿天的畫眉啪啪振翅，飛翔而出」。

這些新的法國餐廳為享受和歡愉——而非倖存——所創造出的輝煌料理，其出現的時間與另一個非革命現象同時，那便是資產階級美食家的出現。在最時尚的餐廳間來去的不是廚師，而是身為料理專家的個人，風格獨特的個人專精於菜餚口味，身兼飲食藝術的專家。有人將它看成藝術，其他人則認為這是一種貪婪。以作家和曾經是豎琴演奏家潔莉絲（Genlis）夫人的話來說（這位貴族女性在恐怖統治保持低調）：「雅各賓派（一個惡名昭彰、支持革命的俱樂部成員）廢除法國財產制，拋棄良好禮貌和優雅風度，開始暴飲暴食的時尚，這就是你對他們所能有的期待。」

但羅伯斯庇爾和革命心目中的理想則並非如此。確實，《共和國食譜》（La Cuisiniére Républicaine）出版於一七九五年，蔬菜的美德被提升到最重要的地位，尤其是馬鈴薯。作家們寫道，「蔬菜界提供的植物，沒有比馬鈴薯更健康，更方便，和更便宜的了。」

歷史沒有記載羅伯斯庇爾對他的政治傑作和夢想的這份反諷作何感想。他在對國民公會演說五個月後，他的專制恐怖政策失去人心，自己面臨遭到處決的命運。不同尋常的是，當他被帶到斷頭台，劊子手用鎖固定好他的身體時，他是被轉過來面朝上的。如此一來，他在這世上的最後一瞥，將是他摯愛、精準和精緻的刀刃掉到自己脖子上的畫面。

革命的建築師失去人心。就像常常發生的那樣，創新者引退

---

31. 盧庫魯斯（Lucullus）：西元前 118-56，羅馬將軍，從東方戰役中掠奪財富無數，對羅馬的藝術文化做出巨大貢獻，據說生活奢侈無度，使「盧庫盧斯」成為浪費的同義詞。

和破產——有時是道德上與經濟上同時並進——而其他人則衝進來想搶得好處。以阿爾伯特・索伯的話來說：「歷史是個辯證的運動。展開革命的資產階級已經不是那個後來從其中得利的資產階級。」確實，尚—保羅・阿隆寫道，革命分子想在一七九五年尋找一個計畫和重寫新憲法的場所，結果在莫埃餐廳找到一個私人包廂。無疑地，那些奢華的天花板和壁畫，精緻的食物和葡萄酒，在在都幫忙攪動了他們心中的憤怒，促使他們寫出猛烈攻擊其敵手放蕩和奢華行徑的文獻。

因此，當羅伯斯庇爾被斷頭台砍入遭人遺忘的境界，在巴黎，於數量越來越多的時尚餐廳裡用餐的人，有理由為他的政治崛起和死亡乾杯。

Chapter 7 ｜英國工業革命

當工業革命（約發生於一七六〇至一八四〇年間）在全英國境內紮根時，新機會興起，那意味著許多人會出於需要而外出用餐。這個外出用餐的先鋒形成未來餐廳的基礎。在全國境內，提供的餐點品質高低不一。在許多於路上需要飲食的人之中有位蘇格蘭地質學家——約翰・麥克庫洛赫（John MacCulloch）。當他在高地和西部群島研究和繪圖時，發現了類似石器時代的殷勤款待的證據。他也許是位地質學家，但透過他的描寫，他意外變成美食評論家。

……

那天在卡蘭德（Callander）周遭過得很漫長，那是在蘇格蘭珀斯郡（Perthshire）泰斯河（River Teith）河畔的一座村莊，北方就是卡蘭德懸崖。地質學家約翰・麥克庫洛赫勤勉於收集、分析、記錄和描述此地區的地質學和礦物學的工作，而健行到步道頂端，就在懸崖山巔超過一千英尺高處。

正值春天，卻看不出什麼跡象。透過低矮的雲朵、濛濛迷霧和毛毛雨，麥克庫洛赫選了在歐洲蕨叢生的一條路，穿梭在樺樹和松樹之間，無法辨識出真正的路徑。步道的某些路段是溫和的緩坡，他後來發現自己攀爬上顯然是蘇格蘭小溪而非道路的路線。他在健行中停下腳步往下看，探查迷霧中是否會出現景觀，當他抵達山巔時幾乎什麼也看不到。在走回來時路幾個小時之後，他抵達卡蘭德，往他聽說能提供休憩和庇護的兩家客棧之一前進。

身為地質學家的他身體硬朗。多年來，他健行過偏僻的蘇格蘭山丘和山脈，以及更偏遠的島嶼。但現在，已經五十一歲的他，加上潮濕的天候，多雨和陰鬱的天際，闃暗的山丘，地貌開始失去它們的魅力。「烏雲密布，暗灰，冷冽和淒涼的混亂。」他如

此描寫。最後,他看到前方的客棧,允許自己想像,只要他一脫下濕漉漉的衣服,喝個飲料和吃頓熱餐,身體就能恢復溫暖。

他以極為詳盡的文筆將隨後而來的住宿——他吃的食物和飲料、度過的夜晚,以及早餐——記錄下來。麥克庫洛赫不僅是一位挑剔嚴謹的岩石專家(維多利亞時代的作家菲特烈‧費格〔Frederick Fag〕描述他是精通「雲母、火成岩和花崗石的偉大男人」),他也發表自己旅行過蘇格蘭高地和西部群島時,所見慘況的深度批評。基本上,他是在一連串寫給朋友華特‧司各特爵士(Sir Walter Scott)[32] 的冗長信件中,寫下自己的經歷。後來這些信件被編纂為文集出版,成為一本詳盡和氣氛獨特的優異指南。在風格和文筆方面,他對所遇食物、飲料和款待的沉思,使他同時成為優秀和實用的旅遊指南參考源頭,以及最佳的旅行和餐廳評論家。

客棧由一位麥克拉地太太(Mrs Maclarty)經營。進入客棧時,老闆娘本人請麥克庫洛赫稍待,等她叫一位叫佩琪的女孩過來。「佩琪琪琪⋯⋯」她喊了又喊。最後,類似的回答終於響起,「我來來來了⋯⋯」

「你得很有耐心。」麥克庫洛赫指出。確實,堅忍不拔的必要性最後證實是客人的基本美德。

「如果你淋濕了,爐火會在你乾透時為你點燃,」他繼續寫道,「那是說,如果泥煤也沒濕的話。」他一身濕衣,坐在冷掉的爐火旁等晚餐,環顧四周,尋找撥火棒,看能不能攪動一些灰燼。結果他用雨傘代替。

最後,佩琪總算出現了,用她的襯裙為爐火搧風,還真攪起火焰,但也弄得整個房間都是濃濃的煙霧。

等麥克庫洛赫突如其來的劇烈咳嗽消退後,佩琪領他去一張桌子旁坐下。他等到天長地久,終於等到她端出一些食物。「叫羊排的羊肉及時出現,然後是芥末,」他寫道,「很快地,出現

---

32. 華特‧司各特爵士(Sir Walter Scott):1771-1832,蘇格蘭著名歷史小說家、詩人和歷史學家,為浪漫主義的代表人物之一,也是歷史小說體裁的創始人。

刀叉；盤子、蠟燭和鹽成功現身。」他請佩琪給他一些胡椒，「在羊肉冷掉時」胡椒才抵達，然後她給他拿來一些麵包和一杯威士忌。麥克庫洛赫寫道，這些東西都隨意放在桌子上，為了服務一個特定目的：「它們遮蓋麥克拉地太太的桌巾的缺點。」

晚餐後，他等了好久，房間才準備好，然後發現房間還是濕漉漉的。他蓋的毛毯厚重無比，「雖然重，卻不溫暖」。他在半夜因冷到骨裡而驚醒，發現所有床單都滑到地板上。他試圖將毛毯拉回蓋上，但，在黑暗和混亂中，「憑藉踢來踢去和拉來拉去」，每樣東西變得「毫無挽回希望地攪成一堆，分不清床單和一切」。

他在早晨五點起床，試圖洗臉，但找不到肥皂。刮鬍子時又是一陣掙扎，因為鏡子老舊，影像扭曲，他割傷自己的臉。他所能找到的唯一一條毛巾又濕又髒，最後只好用窗簾擦臉。

等待早餐的同時，他決定進廚房看有沒有辦法找到水壺，讓早餐來得快一點。他警告他的讀者，這招「無法加快早餐速度」。他看見一只沉重的水壺端坐在煙上，「而不是火上，可能明天才會煮沸」。

他環顧廚房。爐火的灰燼旁堆著一些燕麥餅，還瞥見一條鯡魚、地板上幾堆衣服、幾隻死雞、看起來像豬的東西，以及一隻睡死的貓。風笛和一桶水旁有一只裝滿馬鈴薯的鍋子。然後，在「某個難以理解的凹室深處」，他注意到「兩個赤條條的小孩」在偷窺他。

他下結論說，早餐「可能能在兩小時內備妥」。他認為讀者「可能也沒有興趣參與我的早餐活動」，所以快速離開。

儘管如此，麥克拉地太太的客棧依舊比麥克庫洛赫在更北方、於斯托諾韋（Stornoway）和斯凱島（Skye）碰到的場景還要先進一些。後兩處位於蘇格蘭人口十分稀少之處，在直徑一百英里內，「每個人都知道他鄰居的不管是小牛還是小孩的生日，鄰居的生意狀況，以及鄰居太太的喝茶時間」。

在蘇格蘭偏僻島嶼南羅納島（Rona），情況變得更加幽閉恐懼、更具史前感。南羅納島位於北大西洋，在蘇格蘭本土最北端

憤怒角（Cape Wrath）的北方四十四英里處。

那裡的人口在十七世紀末慘遭大批出沒的老鼠侵擾後，就幾乎消失殆盡，如今老鼠顯然又到處肆虐。五個家庭住在穴居般的地下住所——這意味著他們的牆壁不會被凶猛的海洋風暴吹跑——屋頂則是由草和麥稈混合搭成。

麥克庫洛赫發現這五個家庭每家都有六個小孩。不管他們的父母是誰，「孩子們在家庭間平均分配」，麥克庫洛赫寫道，「而且，當總數超過三十時，剩餘的會被送去（附近的）路易斯島」。

他們種植大麥、燕麥和馬鈴薯，飲食包括馬鈴薯、燕麥粥、（泌乳時帶來島上的母牛的）牛奶和鹽漬乾魚。他們在海邊岩石捕獲魚類，但從不趁新鮮時吃。

麥克庫洛赫受邀去和族長肯尼斯·麥克肯吉（Kenneth MacCagie）（「一位和善的傢伙」）及其家人共進晚餐——他們中大部分的人，至少男人和小孩，都「胖嘟嘟」。麥克庫洛赫說，他們吃得很好，或者——和類似的古老文化做比較的話——是很富裕，因為他們擁有所有想要的食物，儘管他們幾乎沒穿什麼衣服，但卻很自在滿足。

那是說，除了女人以外。麥克庫洛赫寫道，「妻子和母親看起來和一般高地妻子和母親一樣悲慘和憂鬱。」

快活和藹的肯尼斯·麥克肯吉領著訪客入內。前方就是個「曲曲折折的漫長走廊，有點像礦坑的走道，但沒有門，引領我們進入這個洞穴的最深處」。他可以看見房間內有處地方作為放床處，床不是以麥稈覆蓋，而是灰。房間中央是個「老邁的祖母」，在悶燒的泥煤火焰旁照顧一個嬰兒。

那是個悲慘的景象，「值得研究的人類生活變種」，他以委婉的輕描淡寫如此評論。外面是個「永遠不死的冬季」，「雨下個不停，狂風不見止歇」，於其下，則是一個「煙霧瀰漫的地下洞穴」，裡面有「八十高齡的耳聾祖母、半裸的妻小，和，雪上加霜的是，孤獨，以及沒辦法逃離的監獄」。

麥克庫洛赫被贈與一些紮實的大麥蛋糕（barley cake）[33]。他曾在之前的聖基爾達島（St Kilda）看過，那些大麥蛋糕「厚實難吃」。他看看實在引不起胃口的大麥蛋糕，聽著外面狂風哭嚎，喃喃低語著熟知的諺語：「疲憊的風開始吹起後，海洋便開始潰敗。」他後來寫道：「那是該思索著離開此地的時候了，幾小時的輕忽延宕可能就會讓我整個冬天都困在這裡。」所以他告辭，婉拒當地美食，天殺的只想趕快離開。

　　稍後，麥克庫洛赫發現自己身處倫敦的波特曼廣場（Portman Square）──城市的時尚之處。他在一間高雅的起居室，「周遭大概有二十位左右的女士，穿著白色麥斯林紗，戴著羽毛和所有適宜的飾品，就像在溫室裡盛開的花朵，邊呼吸邊冒汗。」他將這片景觀映入眼簾時，不禁回想起在維多利亞不列顛其他處的某些人，稱之為家的陰暗骯髒的地下破敗小屋。他思索著這份強烈對比，寫道：「請讀者想像我身體和心靈的極端困惑……我從煤坑鑽出後立刻進入炫目耀眼的陽光。」

　　幾年後，一八三〇年代，南羅納島的社區再度消散。或許，一旦肯尼斯的祖母過世後，他就受夠了。島嶼自那時開始就遭到遺棄。也許肯尼斯搬去附近的路易斯島，那裡的地主每年會付他相當於兩英鎊的衣物，在島上照顧羊群和種植作物。或許他有另類選擇，他可能聽說了在全國城鎮裡發生的事，由於工業革命而蓬勃有力，因此，就像許多其他人，他前去追尋新前景和新夢想。

　　這時期是西方文化的重要轉捩點。比如，工業革命使得紡織品的生產從家庭轉移到工廠，創造出導致勞工遠離他們家鄉和城鎮範圍之外的工作。他們不再在當地農田做苦工，也不能再於中午回家吃飯。

　　從歷史上而言，勞工的生活和農業緊密交織，犁田、播種和收穫形成永無止休的循環，他們的存在則受到天候和雇主的擺布。他們時時刻刻想著要獲取食物，因此南羅納島人鹽漬他們的魚

---

33. 大麥麵粉、蜂蜜和橄欖油做的一種糕點。

——因為你永遠無法確定下一次大撈捕是什麼時候。

但工業革命帶來大轉變。英國歷史學家艾瑪‧格里芬（Emma Griffin）寫道，自從智人在二十萬年前以亞種之姿出現以來，沒有人類社會社群「在我們的工業時代之前，決定性和永久性地成功保護每個成員免於受到餓肚子的威脅。不列顛工業革命的濫觴，開創了相較過去經驗的既定範圍的卓越差異。」而這個改變則以我們外食和外出用餐的經驗為醒目的指標。到了一八四〇年，英格蘭和威爾斯總共有大約一萬五千五百位旅館和客棧老闆、大約三萬八千位酒館老闆，和五千五百位啤酒屋（beer-shop）老闆。

確實，十九世紀見證不列顛人生活方式的巨幅改變。尤其是，家庭的功能改變了。以簡單的術語來說，在前工業時代，家是個基地，家人、親屬和家庭核心成員不會離開家太遠。在傳統鄉村背景中，人們在村莊裡或周遭找到工作，「家」本身則被經濟歷史學家喬爾‧莫基爾（Joel Mokyr）描述為「生產的基本單位」。這個世界與我們今日的完全不同。食物不只是烹煮，人們還栽種和收穫食物。想當然爾，購買的行為很罕見，儘管它被拿來與其他貨品交易。在家裡，食物會被保存——鹽漬、醃製、風乾……，啤酒則會在村莊裡較大的房子裡釀造，因為那裡有足夠空間安置麵包烤爐和釀造室。

工業革命則見證這類家庭經濟體的死亡，因為傳統家庭活動轉而在其他地方發生。人們在離家更遠的地方找到工作，其結果是，社交活動也在其他地方發生——從飲酒到娛樂。以莫基爾的話來說就是：「不列顛的家庭受到不小的震撼。其中最戲劇性的是，它從生產單位轉變到成為主要消費實體。」

另一個發生在家庭外的活動是教育。從北安普敦郡南方的韋斯頓（Weston）和洛伊斯威頓（Lois Weedon）兩座村莊的合併便可見一斑。先前，想讓孩子受教育的父母會帶小孩去教區牧師的住家上課，或是在夏季，讓他們坐在聖瑪麗和聖彼得教堂門廊的長椅上聽課。但，一八四八年，村莊牧師山謬‧史密斯（Rev. Samuel Smith）和當地仕紳亨利‧黑利‧哈契森上校（Col. Hon. Henry

Hely Hutchinson）創立了聖洛伊學校，開放給所有人，不管富人或窮人。當然，這個全國境內可見的改革行動不但改善識字率，也提高對人生的期待。

長勞動工時逐漸縮短，引入強制的法定假日。休閒從工作上非常需要的休息，搖身變成一種活動；休閒活動本身的意義從中世紀改變為現代。這改變的部分動力來自道德派的新興團體：福音派和基督教社會主義者，衛斯公會派教徒和禁酒運動團體。他們的運動導致飲酒時間有所限制，以及奧術娛樂的終結，包括公開處決（最後終於在一八六八年廢除），以及鼠下料[34]和牛狗鬥[35]。而上教堂、運動和閱讀這樣的活動則受到鼓勵。顯然不是每個人都喜歡把血淋淋的絞刑景觀換成讀本好書，但其普遍效果促進重大改變，尤其是在像倫敦這種城市。

當雜誌和新聞出版業拓展時，創造出數千個新工作。同理，旅館——對十九世紀而言是個新概念——興建，音樂廳也大興土木，更關鍵的是餐廳。但，在經濟歷史學家教授麥可·波爾（Micheael Ball）的筆下：「最耗費時間的非工作活動……不是奉行宗教規範，而是飲酒。」畢竟，從那得到的樂趣稍微低於絞刑，但比閱讀有趣多了。

猛喝琴酒在十九世紀仍舊廣受歡迎，儘管十八世紀下半葉制訂的規範舒緩了過度行徑。反之，啤酒變成大家偏好選擇的酒類，一八○○年代早期，在英格蘭和威爾斯，平均每人年喝三、四加侖。勞工階級將收入的三分之一花在啤酒上——喝啤酒比喝水安全，許多酒館要比家溫暖舒適多了。

在十九世紀早期，都會酒館有五花八門的功能，有些被作為貿易公會和協會的聚會場所，其他則被拿來當歌唱沙龍；還有幾個，比如倫敦自治市鎮高街（Borough High Street）和皮卡地里的

---

34. 鼠下料（Rat-baiting）：一種賭博遊戲，將狗、鼠放在同一坑裡，賭客以狗能在多久時間內殺死所有老鼠來下注。

35. 狗牛鬥（Bull-baiting）：使公牛與狗對峙，以狗咬住公牛的鼻子或脖子來壓制公牛，結果通常會導致公牛死亡。

十九世紀英國禁酒運動的推廣結束了公開處決的活動，
鼓勵人們上教堂和閱讀。但，飲酒仍舊頑固地成為最受歡迎的休閒活動。

酒館，則作為驛站旅行和馬廄的票務辦公室。

除了首都境內可供使用的大眾私人寓所，旅館也在驛站周遭紛紛大量興建。當代指南顯示倫敦西區、靠近牛津街和科芬園存有大量旅館，至於其所提供的食物品質，約翰・費爾瑟姆（John Feltham）對此則樂觀評估，他在其一八一八年出版的《倫敦圖片》（*Picture of London*）中說：「或許這世上再也找不到如在這個大都會般，勞動階級和中產階級能共同深度分享生活上的必要和〔瑣碎〕舒適之處。」

這本《倫敦圖片》呈現首都娛樂、郵局、教堂、監獄、畫廊、醫院和更多更多設施的鮮活描述。費爾瑟姆指出，常吃的肉是牛肉、羔羊肉或豬肉，「家禽通常只出現在富人餐桌，肇因於農業狀況，其供應不適合一般消費，價格又很昂貴。」

英國首都也以和巴黎相同的方式得益於法國大革命（參見第六章），幾位法國主廚到倫敦執業。就像他們在巴黎的同業，他們往往是來自家庭成員被縮減的私人廚師。他們的顧客是嘗過法國貴族生活滋味的富裕英國人。前貴族管家和廚房主廚證實是保證品質的誘人和新奇結合。

亞歷山大・格利隆（Alexander Grillon）於一八〇二年在梅費爾的雅寶街（Albermarle Street）開了格利隆旅館。他逃離法國後就在英國家庭找到工作，然後於倫敦開設旅館。由於他資歷顯赫，流亡的國王路易十八在一八一四年返回法國前，曾將旅館當成倫敦基地，也許就不會太令人驚訝。數十年後，旅館仍在運作，《布雷克指南》（*Black's Guide*）則將它列入「貴族和傑出外國人投宿的第一流家庭旅館」之列。

工業革命啟動重大改變，有錢人吃得越來越好。但，或許由於改善很不普及，費爾瑟姆的倫敦觀點是過於樂觀、不切實際。你不用住在偏遠的南羅納島才能發現，進步和成功的滴漏效應似乎違抗地心引力。下面是經濟歷史學家查理・費恩斯坦（Charles Feinstein）在他名為〈延續的悲觀主義〉（Pessimism Perpetuated）不太樂觀的文章中的看法：

「對大多數的勞工階級而言，歷史事實是，他們在真正能分享任何他們幫助創造的經濟轉變所帶來的利益前，得先在低矮的社經地位上，忍受幾乎一世紀的辛勞工作，並取得很少或幾乎沒有進展。」

學術界在英國勞工階級在一七七〇到一八三〇年間的生活水準問題上，確實存在大量辯論。有些記錄顯示對許多勞工而言，薪資的確有增加，甚至是翻倍。平均身高也增高，代表飲食中食物改善，攝取更多蛋白質，嬰兒死亡率也降低。但從鄉村農夫到時髦城市人的轉變，真的改善了人們的生活水準嗎？

科技創新，比如小麥打穀機的發明，導致農業勞動者過剩。那些勞工很快就在城市和工廠裡找到工作，隨後是在鐵路。這個都會生活和工會勞工改善了取得教育的途徑，社會自理秩序，並發覺受過教育的小孩意味著他們將是更優秀的勞工。

儘管如此，生活水準在全國境內各異，十九世紀開端的不正常天候造成幾次歉收。戰爭和國際貿易中斷也影響生活水準，物價被抬高，創造信貸緊縮。十八世紀下半葉和十九世紀之交，戰爭的時日幾乎超過和平時日的兩倍。

至於城市裡的新「家」，許多純粹是貧民窟。薪水也許提高了，但家族成員也增多了，這意味著，要養的嘴更多了，可運用的錢變得更少。當然，所有這些沉重的工作讓人們變得更餓！確實，一位從事農活的女性曾經對維多利亞時代早期作家亨利·菲爾普斯（Henry Phelps）表示：「在農田裡工作讓人們吃更多更多。」

恩格爾在他一八四五年的《英國工人階級的狀況》（*The Condition of the Working Classes in England*）中也有記載。他到處勘查城鎮中的家庭，報告說，「各地勞工住所都沒經過完善規畫，建築粗糙，維持在最糟糕的狀態，通風不良，潮濕和不健康」。他和「衣衫藍縷的群眾」交談過，至於他們的飲食，他直言，「勞工食物本身就難以消化，完全不適合孩童」。他也寫到喝醉的父母餵食孩童酒類，甚至鴉片。工作結束時，「男性勞工從工作後精疲力竭地返家，發現自家不舒適、潮濕、骯髒、令人作嘔⋯⋯

酒類是唯一能帶來歡樂的東西，而所有以上這些使得他們更仰賴酒類」。

每個研究似乎都報告著，最難熬的困難也是發生在工業革命的新工廠裡。

當然，有錢階級享受著越來越有趣的食物和殷勤款待，比如賽馬和跳舞等娛樂變得越來越時髦時，他們的社交生活也越來越生氣勃勃。確實，瘋狂流行的時尚需要支撐。洋裝需要縫製──而且是很多洋裝。「資產階級女士的個人裝飾造成勞工健康的最悲哀結果。」恩格爾說。

據載，十九世紀中葉的倫敦女裝製作使得大約一萬五千名年輕女孩離開鄉村到工廠做工。她們在工廠吃睡，會在連續上幾天的班後走路回家，而那對某些人來說，是每周走六十英里的路。那些女孩很少能夠休息，大約一天工作十八小時，有時一晚只睡兩小時，甚至有女孩連續九天沒空更換衣服的案例──「現代奴隸主的道德鞭子鞭策著那些不幸的女孩」。至於她們吃的東西，恩格斯發現，「食物端上時已經切成小塊，以便她們用最少的時間吞下」。

一八三三年國會的議事記錄記載：「工廠裡工人們在獨棟房間裡盥洗、清潔和吃飯……有時候是用小孩夜間上課的教室，在白天挪用來做成人的更衣室和食堂。但在很多案例裡，沒有梳洗、更衣或煮飯的房間。」

不受監管的工廠老闆往往只為工人提供最少量的食物，不管他們是男人、女人或小孩。恩格斯引述他碰到的某些小孩，他們在英格蘭中部斯多克（Stoke）周邊的陶器廠工作。「吃得不夠，大部分是馬鈴薯加鹽，從來沒有肉和麵包，不能去上學，沒有新衣服。」一個小孩說道。另一個則又說：「今天晚餐沒吃什麼，從來沒有在家裡吃過晚餐……」

根據恩格斯所述，在斯塔福郡（Staffordshire）如伍爾弗漢普頓（Wolverhampton）地區、也就是鐵區（iron district）中央地帶提供的食物，「幾乎都是病死或自然死掉的動物的肉，不然就是受到

洋裝製造工廠雇用的年輕女孩一天工作十八小時，「供應給她們的食物被
預先切成小塊，這樣她們就能以最短的時間吞下」。

污染的肉，或是魚，或是太年輕的小牛，要不就是運載途中被悶死的家豬肉」。其結果可想而知，食用後常常拉肚子和生病。

理查・阿克萊特爵士（Sir Richard Arkwright）在一七七一年於達比郡克雷姆福德（Cromford）為棉紡興建第一座水力棉紡廠時，雇用了大批童工──還有女人和一些男人。（一般而言，女人和小孩被視為容易管訓的工人，比男人溫馴，由於男人在工業革命早期失去在家工作的頭號地位，往往缺乏紀律，又常常喝得爛醉。）在十九世紀的第二個十年間，阿克萊特的兒子，小理查，跟隨父親的腳步，成功賺了比他更多的錢，並記錄下棉紡廠的生活和飲食模式。

工人通常一天工作十二小時，夏天從早上七點，冬天從八點開始。吃晚餐時機器才會停下來。阿克萊特寫道，「至於早餐則非常不規律。」鈴聲會在八點半響起，除了在紡紗的工人外，所有人都會吃個半個小時。他繼續寫道：「我們有個叫『餐屋』的房間，裡面有各式各樣的熱菜或火爐，和紳士的廚房沒有兩樣；工人的妹妹或母親（往往是整家人在同一間工廠裡工作）會將早餐帶進這個房間。一旦鈴聲響起，幾個男孩就會將這些早餐帶進工廠的不同房間。」

那是個先來先吃的體系。據阿克萊特所言，許多工人覺得他們不能離開工作站，「很少人會吃茶點，比例也許不到五分之一」。他們怎麼餓著肚子上工是個謎團，但，既然阿克萊特如此成功，工人應該是多少有想辦法吃飽，無論是吃得多麼少。

工業革命也見證縱橫鄉村的路徑開通，因為更多人為工作旅行，而相關產業乘勢而起。實際上，十八世紀中葉發展迅速，英格蘭開闢出遍布的馬車路線。第一個驛站馬車的廣告出現在一六六七年──在倫敦和巴斯間旅行的「飛翔機器」。兩個城市的兩間客棧牆壁上都貼上了廣告，宣稱：

「所有想從倫敦去巴斯，或在半路上任何地方下車的人，請去倫敦路德蓋特山（Ludgate Hill）的『野蠻鐘』（Bell Savage）和巴斯的『白獅』（White Lion），在這兩個地方每周一、三和五都

一八〇〇年代早期的浪漫蘇格蘭高地提供旅行者無垠和沉鬱的地貌、
龐大壯麗的山脈、永恆的惡劣天候──以及糟糕透頂的食物。

有驛站馬車可搭，整趟旅程需要三天（如果上帝允許的話），清晨五點出發。」

旅行極端危險，臨時道路遍布倒下的樹枝和不穩定的坑洞，它們和攔路搶劫的男盜匪（或女盜匪）一樣險惡，盜匪會跟蹤馬車。郵務馬車起始於一七八四年，為了讓旅途更能夠忍受，客棧沿著路線紛紛冒出。馬車能在這裡換馬或休息，並提供飲食給疲憊的旅客。到了十八世紀中期，每七到十英里就有一家客棧。北方大道（Great North Road）沿途更是多不勝數，它從倫敦延伸至德罕（Durham），是今天 A1 公路的前身。

最忙碌的客棧之一是林肯郡史丹佛（Stamford）的喬治（George）。如果你從那裡開始你的旅程，購票後你可以在兩間候車室的其中一間候車：一間標誌著「倫敦」，另一間則標誌著「約克」。

這類客棧僅提供簡單食物，當然沒有選擇餘地。客棧的成長在蘇格蘭特別普遍，尤其是在一七九〇到一八四〇年間的高地和島嶼。那地區的旅客數目大增，許多人是前去尋找他們在當代小說裡讀到的蘇格蘭荒野，比如，傳記作家詹姆斯‧博斯韋爾（James Boswell）的創作或詩人詹姆斯‧麥佛森（James Macpherson）的詩作，他們都浪漫化蘇格蘭地貌——無邊無際的海洋、廣袤和沉鬱的天空、龐大的山脈。威廉‧華茲渥斯的妹妹陶樂絲‧華茲渥斯（Dorothy Wordsworth）也旅行過高地，描寫魔幻空靈的朦朧迷霧、風暴肆虐的岬角、遺世孤立的茅屋、鬼影幢幢的遺跡，和延伸至黑暗無窮遠的土地。觀光客想重踏這些文學主角的腳步——或旅行得離交戰的大陸越遠越好，而如春筍般新近成立的客棧樂於提供他們所需。

根據加拿大學者泰瑞莎‧馬凱（Theresa Mackay）研究，大部分的客棧是由女人經營。馬凱找到大約六十位女客棧老闆的證據，許多是單身或寡婦，其中一位是麥克拉地太太，約翰‧麥克庫洛赫就是在她那亂成一團的客棧裡度過悲慘的一夜。

但麥克庫洛赫的見解獨樹一格，他對所見證的不同生活和地

貌有其獨特和罕見的觀察。他精彩的散文在寫給朋友司各特爵士的信件中，閃爍著文學光芒，照亮一頁又一頁。他見證和體驗窮人的落魄，以及存在於新機械時代中的巨幅不平等，而後者又似乎是藉由此類時代而得到延續。但他沒有無禮到對後來在倫敦目睹的新式高雅嗤之以鼻。

確實，如果他從倫敦冒險往南，他可能會更驚異於在巴黎廚房裡發生的事——尤其是在馬利—安東尼・卡漢姆（Marie-Antoine Carême）的餐廳……

Chapter 8 | 卡漢姆與《新巴黎指南》

法國大革命變成遙遠的記憶後，貴族回返，暴發戶急著灑錢，巴黎精緻餐飲形成的餐廳榮景蓬勃發展。

......

如我們所見，十八世紀見證大量增加人們外出用餐的契機。廣泛而言，那是在執行功能性止饑任務，所以比較貼切的描述是「外食」，那些大都是必要性活動。雖然外食有時能帶來一些樂趣，卻不是主要目的。因此，在家之外的地方所吃的食物和在家吃的沒什麼太大不同。一頓飯通常包含一碗濃湯、一片備有胡椒和芥末的羊肉、以及一些麵包——用啤酒、葡萄酒或威士忌灌下肚，既能填飽肚子，又熟悉到令人覺得療癒。

菜單沒得選擇。比如，法國政府透過給予客棧執照作為控制的一種方式，並堅持客棧得從特定餐飲承包商——全能的公會控制的糕點業者和屠夫——購買特定農產品。

濃湯師傅布朗傑成功挑戰這項權威後（參見第六章），他在不知不覺間為更現代的餐飲服務鋪平道路。法國大革命的私人主廚在進入公共領域後，為餐飲業注入創造力和靈巧技藝。再者，雖然革命沒有創造出餐廳的概念，它確實為其提供動力。一七八九年的巴黎總共有五十家餐廳，十年後則有五百家。

到了一八二〇年代，掙脫革命的桎梏後，回返的貴族嘗試取回城鎮裡的原有財產和土地開採使用費，巴黎於是變得時髦，勇於追求時尚。波旁王室在拿破崙戰敗後的復辟創造出一個更和平的時代。後革命法國更為平等：中產階級成長，成功商人購買曾僅屬於貴族的寓所，人們有錢可花。奢華商店搭建有蓋拱廊，提供危險、骯髒和沒有鋪路的街道所缺乏的尊嚴。那些商店販賣珠寶、皮草和繪畫。理髮沙龍出現，想當然爾，還有餐廳。

許多餐廳的靈感來自一個在民營企業掌廚的男人,他編纂法國料理,將其變成美食,持續影響廚師,甚至直到今日仍舊如此。

他的名字是馬利—安東尼・卡漢姆。出生於一七八四年,他是十九世紀早期最具意義的烹飪界人物,不是因為他為婚禮作外燴——他會在婚禮上以其非凡的建築糖雕塑和冰雕,將食物轉化為一種藝術——而是因為他創造了家庭和專業烹煮之間的不同。身為美國主廚、教師和美食作家的韋恩・吉斯倫(Wayne Gisslen)曾在一九九九年反思道:「卡漢姆的實際和理論傑作,使做為食譜作家和創造者的他,負起將烹飪從中世紀帶進現代的責任。」

火爐在十八世紀晚期的出現使廚師能控制熱度,而那是以前用明火所不可能辦到的。商業廚房也在發展新秩序。吉斯倫解釋說,商業廚房畫分出三大範疇:控制烤肉架的燒烤廚師(rôtisseeur),負責烤爐的糕點廚師(pâtissier),以及負責火爐的廚師(cusinier)。

但卡漢姆對此添加程序和秩序,還添加得得心應手。自從中世紀開始,貴族的豪華料理都著重於講究複雜和排場:越大越好。但卡漢姆不管幕後的工作有多繁複,都堅持外觀要簡單。他的醬汁是製造來強化食材的新鮮,而不是掩飾其缺點。

再者,他雖然從未真正為餐廳管理過廚房,但其影響力在他發明廚師帽和對醬汁的分類和創造上,歷歷可見。完善菜餚上桌次序的功勞也是歸功於他——從所有菜全部同時端上桌(傳統稱之為法式上菜)到一道一道照著菜餐次序上菜(俄式上菜)。他也寫了好幾本書,它們後來在超過一百五十年間都維持著被推崇為餐廳服務業聖經的地位。

卡漢姆對自己的才華很有自信,相信法國烹飪的優秀,並確定其在未來的地位。他的開創性巨著名叫《皇家巴黎糕餅師傅和甜點師傅》(*The Royal Parisian Pastrycook and Confectioner*),他也寫了一本《法國烹飪藝術》(*L'Art de la Cuisine Française*),在其中詳盡記錄心目中的完美法國料理。在他死後,《法國烹飪藝術》由他人另外加寫了幾冊。他的料理努力不但畫時代,且深具歷史性。

「這本書……絕對會讓讀者耳目一新,」他驕傲地寫道,「並

會為我們的法國烹飪添加額外光輝，外國人長期以來尊敬我們的烹飪是非常正確的舉動。」他繼續寫道，法國烹飪「總是得到法國貴族的重視和鼓勵，法國貴族的精緻口味使得他們真正有能力欣賞精緻美味和優異菜餚。我們的現代烹飪已經變成烹飪藝術中真正美麗的典範。」這偉大烹飪的重心就在他自己的廚房。他以絕大的信念下結論：「法國烹飪在十九世紀的實踐藝術會在未來成為楷模。」

卡漢姆的書堪稱激進，因為他坦言說，它們是為專業人士寫的。書籍的書名都包含有「藝術」此詞，有些直接寫上「建築計畫」。他的現代烹飪的點子很複雜，極具挑戰性，因此膽小者勿試。廚藝的秘訣是勤奮、耗時和非常嚴謹的態度。但對用餐者而言，其效果是敬畏、驚奇和歡愉。

值此之際，卡漢姆在英格蘭的當代同行是像伊麗莎‧阿克頓（Eliza Acton）[36] 這類廚師。她的《現代烹飪的各個分支》（*Modern Cookery in all Its Branches*）堅定地落在家庭場域。她在教授羊脂的同時，卡漢姆在製造布莉歐（brioche）。阿克頓寫下「水煮鴿」的食譜，卡漢姆則提供「松露香烤鴿」。在精緻飲食前線，英國人顯然還得大力追趕。

區分卡漢姆和過去廚師——以及許多未來廚師——的是他不遵循傳統烹飪，而是反而發展創造最佳結果的手法。這是他之所以能真正聲稱自己的作品新潮的原因。他唯一謹守的傳統是對法國無敵味覺的信念。至於他服務的是最有錢和最高貴的顧客這點，並不令他感到羞愧。確實，在他職涯位於顛峰時，他會對法國大革命已經成為過去一事感到滿足。他驕傲地提供食物的客人不再受斷頭台的威脅。但，就像許多主廚，他的背景和那些有幸品嘗他食物的人形成鮮明對比。

他的父母有十六名子女，他的父親是酗酒的工人，我們則對

---

36. 伊麗莎‧阿克頓（Eliza Acton）：1799-1859，英國美食作家和詩人，寫了英國最早的烹飪書籍之一，書中提到的她的著作是針對英國中產階級所寫。

他的母親所知不多。他父親在他八歲時就將他趕到巴黎街道上，可能是覺得——後來證明非常正確——他的兒子如果離開骯髒的家，會更有發展機會。

他在巴黎一座城門旁的旅客會常上門的那種儉樸餐廳找到工作和住宿，在那做了六年學徒。十五歲時，他跟隨當時首屈一指的糕餅師傅希爾萬‧巴里（Sylvain Bailly）工作，糕點店位於巴黎較時髦和繁華的區域。這加快卡漢姆的驚人崛起。他努力工作，他的糕點實驗令巴里印象深刻，並得到賞識。巴里鼓勵卡漢姆讀書識字，並要他到當地非常雄偉壯觀的國家圖書館消磨時間。（它的館藏在革命時期遽增，因為從貴族處沒收的書籍都收藏在那。）

隨著時間流逝，卡漢姆豪華的糕點——有些模仿古希臘的廢墟或最著名的法國建築——吸引了拿破崙的注意。皇帝在一八一○年與奧地利的瑪麗‧路易絲（Marie Louise of Austria）大婚的婚禮蛋糕就是由卡漢姆設計。

卡漢姆後來也為喬治四世攝政王子，以及沙皇亞歷山大一世烹飪。他的著名創造性盛宴是一八一七年一月十八日，在布萊頓行宮（Brighton Pavilion）的一百二十道菜餚款宴。那場款宴的主人是攝政王子，慶祝俄羅斯尼古拉大公的來訪。

卡漢姆以數本書和其最出名創造的設計，賺了大錢，並流芳後世。他的成就是定下四大母醬：貝夏梅醬（béchamel）[37]、白醬、褐醬和德國醬，他也狂熱相信擺盤的重要性。他曾經寫道：「我追求秩序和品味。展示得宜的餐點在我眼中會變強一百倍。」

數世紀以來，人類對食物的基本需要從未使廚師有餘裕過於專注外觀——儘管強調高超的口味和口感——但卡漢姆永遠改變了這點。他也從不畏懼將自己置於舞台中央。在他創造的餐點圖解旁邊，他收納自身衣著的草圖，後來那變成沿至今日最高超主廚的制服：白色的高廚師帽（toque）和雙排扣白色廚師服。

卡漢姆於一八三四年死於肺部疾病，僅只五十歲——在不通

---

37. 貝夏梅醬（béchamel）：將一比一的奶油與麵粉煮成的麵糊放入牛奶中煮製而成。

卡漢姆為攝政王子和俄國沙皇設計的饗宴是
總共有一百二十道菜的奢華景象，菜單則是畫時代的烹飪成就。

風的廚房裡辛勤工作的惡果──以後見之明，他毫無疑問是第一位現代明星廚師（celebrity chef）。二十世紀之交的法國詩人洛朗‧泰勒哈德（Laurent Taihade）寫道，卡漢姆「被其天才的火焰和烤肉叉的煤炭焚燒殆盡」。

但卡漢姆不是單獨作業，他不是巴黎唯一的名廚。在宮殿和歐洲豪宅關起來的門後，他的私人作品大受激賞，而巴黎的用餐場景也被熱烈點燃。

一八二七年是個關鍵時刻，這年是加利納尼（Galignani）的《新巴黎指南》（New Paris Guide）第十五版出版，宣布首都優良餐廳的激增。這指南也叫《陌生人旅遊法國大都會手冊》（Stranger's Companion Through the French Metropolis），由兩位義大利兄弟出版，而其書店仍舊屹立在今日巴黎的里沃利路（Rue de Rivoli）──是為有錢和雄厚資本在法國首都旅遊的貴客所寫。（在那些時日，你能在出遊一周前，去拜訪法國大使在倫敦波特蘭坊〔Portland Place〕五十號的住所，要求辦理護照。你可以在隔天去領護照，上面還有大使的親筆簽署。）

這本指南宣布，在巴黎，「以相同的價錢，美食家可以比在倫敦吃得更奢華」。咖啡館的數目也使作者吃驚。他寫道，它們「在街頭到處林立，沒有其他城市比得上」。確實，他數過總數有大概二千家，並評論說，「那裡有巴黎人和很多異鄉客幾乎整天泡在咖啡館裡」。他指出，英國人和法國人之間的另一個重大不同點就是這些咖啡館：「在巴黎，所有階級混處一堂，陌生人彼此交談，有人玩骨牌，有人讀報紙和期刊。」

大部分的咖啡館也雇請穿著時髦的接待女士來管理外場，她在入口處的一個制高點主導經營。抵達和離開時沒有脫帽對她鞠躬致敬是極不禮貌的行徑。「穿著非常優雅，常戴上珠寶裝飾，她坐在一個墊高的座位上，」指南報告說，「在花花公子過度的讚美和粗俗男子的凝視下，她指揮服務和負責收錢。」

當時倫敦的餐廳和咖啡館一般設計成好幾處隱密的雅座，相較之下，巴黎的設施則是開放式格局，通常桌子排得緊緊的，到

處是檯燈、雕像、頂端放置有花瓶的柱子，和很多很多鏡子。非常吵雜──交談和笑聲不斷交會──但可能還記得法國大革命仍舊是遙遠記憶的《新巴黎指南》警告訪客：「拜訪這類地點時，建議最好避免聊政治議題。」

至於餐廳，書中的評比是，倫敦餐廳也因沒提供太多菜單選擇而落後。指南解釋，巴黎的新奇之處在於，「在餐廳，通常會呈上附有價目表的菜單，每樣菜都標注價錢，有些菜單還包含超過三百道菜」。說到酒，建議是點餐酒，因為那和昂貴的一整瓶一樣好。整體而言，人們感覺「可以在這個首都同時得到奢華和經濟實惠」。

時尚餐廳的晚餐大約要二法郎。更儉樸的餐廳提供固定價碼的菜單：一頓飯有麵包、濃湯、三道主菜的選擇、甜點和葡萄酒，總價是二十二蘇斯（sous，大約一法郎）。那大概是今天的十英鎊，所以真的是既奢華又經濟實惠。

旅遊作家法蘭西斯・柯格蘭（Francis Coghlan）在他寫於一八三〇年的《法國指南》（*A Guide to France*）中也提到，巴黎有許多等級便宜的餐廳，但他建議讀者避開它們：「巴黎有許多餐廳號稱包含四道菜、半瓶葡萄酒、甜點和麵包的一頓飯只要三十蘇斯，但那些起碼重視乾淨的人應該避免涉足這些骯髒的輝煌之地。」

加利納尼說餐廳和咖啡館一樣多，他的指南特別選出最佳的十六家。一家包括在皇家宮殿（Palais Royal）的波西爾（Boissier）。

路易斯・波西爾（Louis Boissier）的餐廳位於前皇家宮殿其輝煌燦爛的環境中。餐廳至今仍在營業，名字已改稱大韋富爾（Le Grand Véfour）（波西爾的前任者的名字）。餐廳最初在一七八四年開幕，一八二三年為波西爾買下，後來變成《新巴黎指南》裡描寫的時髦有蓋拱廊的部分，是「巴黎娛樂中心」。除了奢華商店外，此區也是上流賭場，暴發戶商人可以擲骰子、玩撲克牌和羅盤。但皇家宮殿也有另一面。指引愉悅之所的指南喃喃傾訴，它是「終極享樂和罪惡，歡愉和墮落之地……那是那些只活著追

求感官享樂的人……其人生可以得到充分滿足的天堂。」

波西爾的餐廳呈現一片奢華，天花板有高雅的石膏作品和繪製戴花環的女人以及玫瑰的壁畫，牆壁鑲著鍍金鏡子。食物同樣豪華無比，提供的佳餚像是灑上松露的馬倫哥燉雞（慶祝拿破崙一八〇〇年勝利的煎炒雞肉），或擺盤美麗但較簡單的菜，如小羊排或牙鱈。

時髦糕點做成的甜點，如卡漢姆呈現的那種，仍舊只在私人場合中端出，但餐廳裡有餅乾、馬卡龍、蛋白酥和異國水果，以及醋栗、（巴黎南方）楓丹白露的葡萄，和（首都北部）薩爾塞勒（Sarcelles）溫室栽種的鳳梨。

在巴黎第二區，蒙托格伊路（Rue Montorgueil）和格雷納塔街（Rue Greneta）交叉口，有另一家上流餐廳。那是包瑞爾（Borrel）主廚開的唐卡勒的懸崖（Au Rocher de Cancale）——餐廳提供生蠔和海鮮，至今仍在營業。倫敦《哈潑雜誌》編輯數十年後寫道，包瑞爾「在廚房裡是個偉人」，但他「有位妻子，漂亮有餘，聰明不足……花得比包瑞爾賺得多」。他最後破產，妻子「和俄羅斯浪蕩子跑了」。

故事是這麼說的。幾年後，一位俄羅斯人抵達巴黎，尋找名聞遐邇的包瑞爾，想在他的餐廳吃晚餐。聽說那地方已經關門大吉後，他在巴黎的其他餐廳裡找主廚，直到一位巴黎咖啡館的服務生為俄羅斯人指出包瑞爾住的宿舍，外觀非常卑微。俄羅斯人找到主廚，給他錢和衣服，說服他去俄羅斯。然後他在聖彼得堡一間餐廳的廚房為包瑞爾安插職務。

再次地，包瑞爾福星高照，變成城市的新烹飪巨星。他對其贊助者的背景所知不多，有天去拜訪他的豪宅，剛好他不在家，包瑞爾和女管家聊起天來。她告訴他，她的老闆先前曾去過巴黎，帶回一位法國女人，她後來得知，那女人是當時某位名廚的妻子……

包瑞爾等在豪宅裡，後來當面和俄羅斯人及前包瑞爾太太對質。但他們成功將這件事搞定。俄羅斯人覺得法國女人——以《哈

潑》編輯的話是說——「已經不再鮮豔欲滴」，所以他放棄她，另找其他情婦。包瑞爾之後和太太再婚，後者因可能會惡名昭彰而寢食難安後，變得對她丈夫的錢小氣再三！

另一家在《新巴黎指南》中提到的餐廳是皇家宮殿對面、小冠軍街（Rue Neuve-des-Petits-Champs）的格里尼翁（Grignon's）。一位以「五十道陰影的男人」為筆名的作家在一八六〇年於《佛雷澤的城鎮與鄉村雜誌》（*Fraser's Magazine for Town and Country*），將場景拉回四十年前的一八二〇年代，他寫道，當時「格里尼翁……是巴黎最高朋滿座的餐廳」。人們可以在那吃頓三或四道菜的優異晚餐，加上一瓶馬貢酒，大概四法郎。他甚至保留了幾張收據，記錄他吃了一餐塞松露餡料的紅鷸鴣、烤鵪，和香檳醬煮鰈魚，以一瓶梧玖莊園的美酒佐配。那是從勃艮第葡萄園產的酒，由僧侶在十二世紀創立。從這莊園來的酒傳統上是紅酒，釀自黑皮諾葡萄，但如果選來的酒是要搭配他的魚，而不是書內未具體透露的肉類佳餚，那可能該選那座城堡來的白色勃艮第夏朵內更為合適。

當時其他優良餐廳包括黎塞留路一百號的勒馬德萊（Lemardelay），作曲家艾克托·白遼士（Hector Berlioz）在一八二〇年代晚期是其常客。而小說家巴爾札克是馬汀主廚在沙特萊廣場（Place du Châtelet）的法國燉小牛頭（Veau qui Tete）餐廳的常客。

指南也提到兩家由英國人經營的餐廳：頓之家（Dunn's）在薇薇安街（Rue Vivienne）；和在樂佩勒提爾路（Rue Lepelletier）的提布盧克之家（Tilbrook's）。柯格蘭描述提布盧克之家提供「英式料理」。其他記錄則匱乏，所以我們只能猜測餐廳可能是什麼樣子，但它得到推崇，被列入巴黎最佳餐廳之列。無疑地，這類餐廳能讓面對城市裡繁複菜單的疲憊旅客鬆口大氣。確實，有些菜餚明顯使英國人坐立不安，因此《新巴黎指南》覺得有必要挺身捍衛某些法國習性，包括大啖青蛙。它寫道：

「英國對法國本地人吃青蛙一事仍舊保有荒謬的偏見，英國

包瑞爾主廚在巴黎第二區的餐廳提供生蠔和海鮮。
它是法國首都十九世紀開張的眾多餐廳中，幾家仍舊營業至今的一家。

人認為這是貧窮和悲慘的標誌。但真相是，法國人的確愛吃先用奶油煎過後加入白醬燉煮的青蛙，那是一種特別養殖的品種，故意養肥，而一小道菜需要許多隻青蛙，因為這道菜只用得上大腿。蛙腿被認可為精緻奢侈佳餚，由於價格過於高昂，因此還很少見。」

但巴黎餐廳不需要仰賴英國作家吹捧它們的優異，或解釋為何法國首都在烹飪界變得傲視群倫，並在世上似乎毫無敵手。一八二〇年代末期，一位二十多歲的美國女作家從她美國麻薩諸塞州的家，啟程去法國和西班牙旅行。她以寫給父親的無數封長信記錄她的旅行，後來編纂成書出版。

儘管卡洛林·伊莉莎白·偉爾德·卡辛（Caroline Elizabeth Wilde Cushing）是位愛冒險的獨立女性，她仍舊想念父母，說著「分隔我們的廣袤海洋」。她在旅行回來後變得更聰穎，更堅決相信女性該被更嚴肅對待，不該因受限於社會，而被排除在商業和公共生活之外。她特別受到在巴黎遇到的女性的啟發，她寫道，她們「在密集商業組織或非常大的旅館裡，扮演活躍的角色，有時甚至是主要指揮」。她們「完全能承擔她們丈夫的事業的管理事務，並在他生病、缺席或死亡時，有能力整個接管過來」。

她在餐廳碰到某些這類女性。就像在許多旅館，似乎是她們在經營事業。她也注意到，某些坐在時尚餐廳入口高椅上的接待女性。她「掌管整場」，卡辛寫道，「在你吃完飯後收錢，也端出水果，她的身影在倚靠大桌旁時真的非常賞心悅目」。儘管卡辛的確承認：「她通常是因美貌而被挑選，為了吸引顧客，做為餐廳的裝飾之一。」

卡辛也注意到女性一起在餐廳用餐的不尋常光景，還有單獨吃飯的紳士，以及許多共進午餐和晚餐的伴侶。再者，她宣稱巴黎餐廳如何做了某件美國家鄉仍舊聞所未聞之事：它們結合功能與娛樂。它們不只是在主廚或老闆想開時開，而且使她意外的是，它們還提供比任何地方更多的佳餚。

她造訪的每家餐廳都以提供濃湯為開場暖胃（「法國晚餐必

不可少的開場」），然後──甚至是在最便宜的餐館──端上「三道不同菜餚，還有葡萄酒、水果、麵包和一小杯不加牛奶的咖啡，但可以加很多糖，以此你的餐飲就結束」。她在皇家宮殿看到的餐廳「給予你法國的奢華，以最完美的烹飪藝術準備」。這些地方全都高朋滿座，所以她很快就體會到「能在最後一刻鐘搶到好晚餐的便利」。

巴黎的餐廳展示一種新現代性。因它們而繁華的城市在幾十年前還籠罩在血腥的革命陰影之下，但現在似乎優雅自在、開放、唾手可得和洋溢著民主精神。卡辛注意到，「人們可輕易接觸到任何在巴黎值得觀賞的東西」。公共和私人機構主辦的展覽「免費，尤其是對外國人……沒有其他城市能找到這類相同的好處，不管是為了研究或娛樂，而在其他城市也不如巴黎般如此隨手可得。」

返鄉兩年後，卡洛林・卡辛以三十歲的英年逝世。幾個月後，她的家書信件出版。今日讀來，它們提供是什麼使得巴黎的餐廳欣欣向榮的洞見──是什麼讓外出用餐變得愉快。更關鍵的是，信件顯示餐廳變成像藝術、博物館、建築、繪畫和音樂一般，是文化的重要部分。

單靠才華洋溢的個人無法創造華麗的餐飲場景，也需要開放和自由的精神。就像世界會在二十世紀看到的，在摧毀食物文化方面，共產主義傲視群倫。同理，若是社會只被有錢貴族控制也會限制其成長。為了繁盛昌榮，經濟需要新錢[38]（new money）──對，粗俗的商人在時尚的餐館裡灑大錢。

一八二〇年代的巴黎鞏固其在世界上擁有最佳餐廳的名聲，這頂皇冠在未來超過一百年內不會受到挑戰。確實，在英吉利海峽對岸幾乎沒有競爭對手，當時英國人沐浴在新維多利亞時代──在這個時代，如果年輕男女想在社會階級的階梯上往上爬，絕對不會選擇食物作為聊天話題。甚至連表達出對吃布丁時的愉

---

38. 此處亦有暴發戶之意。

悅幾乎都會被視為一種罪惡，外出用餐變成狄更斯其輝煌筆觸下的悲慘愁悶。

　　但狄更斯筆下也有對前程的遠大期待⋯⋯

Chapter 9 │ 維多利亞時代

維多利亞女王漫長統治的開端見證不列顛從文化到工業的長期重大轉型，但是，當維多利亞主義精神沒顯現在餐廳上時，另一種初初萌芽的機構及時對外出用餐產生巨大效應——即無論是為貴族或勞工開的俱樂部。

......

英國在維多利亞時代發生重大轉變，但它的影響並不只是始於女王於一八三七年六月二十日登基，終於一九〇一年一月二十二日過世而已。

工業革命的效應加快和扎深了改變。我們見到政治改革，和平與繁榮，但貧窮也普遍存在。餐廳和美食故事發展的背景很複雜，從十九世紀到二十世紀之間發生了很多事。

運動法規編纂；橄欖球、板球和槌球的法規出版；鋪設鐵路，蒸汽船興建；麻醉改變醫學。在新聞採訪的世界裡，攝影從一種藝術形式變成專業，而報紙，如《每日電訊報》和《衛報》創刊。〈改革法令〉（Reform Act）[39] 擴展民主政治的選舉權；馬戲團蒸蒸日上，樂團和露天音樂台也不遑多讓；罐頭肉類從美國和澳洲輸入，開罐器也順道被發明出來；乳酪工廠開張；蘇伊士運河開通，使得從印度和亞洲的進口貨船到英國的航程變得更快速安全，冷凍技術使得食物得以在這些貨船上保存；香蕉從加那利群島抵達；公共湯廚房開始供應食物給窮人；〈食物、飲料和藥品摻雜法案〉推動健康和安全；一九〇二年大都會水務局的創立確保飲用水會流經首都。

英國緩慢但明確地從農業轉向工業。英國食品歷史學家科林・

---

39. 英國在一九三二年通過的法令，擴大英國下議院選民基礎。

史賓塞（Colin Spencer）舉出格外顯眼的統計數字，在一八〇〇年，英國人口百分之八十住在鄉村地區和小鎮，但到了一九〇〇年，數字占比顛倒過來：人口的百分之八十住在主要城鎮，只有百分之十二的人從事農業。

這轉變對食物界有深遠意涵。鄉村前工業時代是個大部分人能接觸土地的時代，儘管很少人擁有土地。如前所見（參見第七章），農業生活使得勞工住在家附近，往往從土地謀求生計，栽種和收穫蔬菜，並保存過剩的農產。他們照顧牲畜，養豬，和家人及鄰居分享香腸和火腿。他們吃捲心菜、胡蘿蔔、蕪菁、小黃瓜和豌豆。他們不吃雞。無論貧富，大部分的人在家裡的飲食類似，它變化多端，富含蛋白質。套用《維多利亞英國的食物與烹飪》（Food and Cooking in Victorian England）的作者安德烈雅·布魯姆菲爾德（Andrea Broomfield）的話來說：

「無論階級和教養，大部分的英國男人和女人會享用烤肉串串成的牛肉或羊肉，伴隨著棕醬[40]，搭配摻有香料和果乾、口感豐富、煮過的聖誕布丁。他們會開心地用好幾馬克杯的麥芽啤酒灌下這類大餐。」

移居去城市不見得是出於自願，許多家庭發現工廠搶走了他們的生計。比如，紡紗的村莊工業在機器一旦能做得更快更便宜時就開始衰退，就算他們能在像曼徹斯特或伯明罕——後者的人口在一八〇〇和一八五〇年之間膨脹五倍——這樣的都市找到工作，他們仍舊無法擁有土地所能提供的職業穩定性，而以前他們在土地上能不斷播種、收穫、保存⋯⋯

空間也往往變得較小，那不只意味著家庭可用房間變小，他們曾用來製造和保存食物的工具也沒地方存放。沒有空間存放奶油攪拌器或保存鹽漬肉類的木桶。結果是飲食變得不均衡。證據顯示有為數可觀的人顯然只吃馬鈴薯和淡茶充飢。

許多勞工的貧民窟住宅也令人窒息，共享床位，放鬆空間不

---

40. 棕醬（Brown gravy）：以烤肉的油脂和麵粉製成的醬汁。

足，不是辛勤工作一整天後吸引人的返家之所。單身男人往往只被允許在睡覺時才能進入住所。

因此，不令人驚訝地，許多男人選擇在下工後聚集在客棧或一種新興機構：俱樂部。這是勞動男人能去的地方。去的人志同道合，在處於抱持類似人生觀之徒的聚集地，自尊、身分和幽默感得到大力強化。不像酒館，俱樂部的存在不是為了讓老闆賺錢，而是為了在那擺脫衣衫藍縷的小孩，和逃避嘮叨不休的妻子。

我們所知最早的勞動男人俱樂部（working men's club）開張於一八五〇年，位在斯托克波特（Stockport）地區的雷地須（Reddish），現在此區則隸屬於大曼徹斯特。這地區在工業革命期間得到迅速發展，紡織廠需要勞工，城鎮裡到處興建排屋，提供勞工和其家庭住所。

雷地須勞動男人俱樂部是個男人能在工作後，社交和放鬆之所。事實上，當地紡織廠老闆，羅伯特・海德・格雷格（Robert Hyde Greg）創辦它時，原先是拿來做技工聚會場所，他在父親山謬於一八三四年去世時，接管事業。紡織廠事業非常成功，到了一八三一年，有五座工廠，雇用二千名勞工，每年將四百萬噸的棉花紡織成布。在隨後的二十年內，羅伯特擴張企業兩倍。他與立法機關奮鬥，遏制雇用童工，儘管據說他令人非常不快，又好於爭辯，但卻致力於確保他的工人接受教育和上教堂。

他創立的俱樂部有個圖書館，很快地，不僅是技工，更多勞工歡迎入內。俱樂部就位於格雷格的紡織廠內，提供大部分的工人在家裡無法感受到的慰藉和溫暖。

類似的俱樂部於是在全國境內創立開幕。許多位於南部城鎮，後者堪稱工業革命的動力室，但早期的成長實際是見於英格蘭中部地區和倫敦周圍各郡。

俱樂部陸續於一八五五年在英格蘭東部哈特福郡（Hertforshire）、一八四九年在格洛斯特郡的卓特咸（Cheltenham）創立，而倫敦東部的沃爾瑟姆斯托（Walthamstow）和西密德蘭郡的考文垂（Coventry）兩地的勞動男人俱樂部則於一八六〇年

創立。北安普敦郡的俱樂部熱潮也正逢此時，當時俱樂部紛紛於數個城鎮創立。一八七五年於柴郡（Cheshire），大曼徹斯特的哥德萊（Godley）是一八七二年，羅奇代爾（Rochdale）則是一八七七年。然後，更往北處，俱樂部在一八八〇年代於諾森伯蘭（Northumberland）和蘇格蘭紛紛創立。一八六八年，大約有七十二個勞動男性專屬俱樂部。到了一九〇一年，數目則超過一千。

食物不是最重要的事物，但許多俱樂部的確提供食物。儘管如此，只有幾個俱樂部擁有非常專業的廚房，有些則雇用流動外燴。

在二十世紀之交，包伯·盧德蘭（Bob Ludlam）是這類餐飲供應商，他在全倫敦提供服務，並在勞動男人俱樂部的刊物上刊登廣告。盧德蘭於一九一一年刊登的一份廣告中承諾，「提供優質晚餐、茶點、宵夜等等，費用適合任何種類的口袋深度」。幾家俱樂部也鼓勵男人將小塊農地集合起來，這樣他們就能自種食物，並拿出一些在俱樂部分享。

當然，這些俱樂部不是由加入的成員創立或資助的。就像格雷格在雷地須的俱樂部，許多是由男人工作的工廠老闆創立的。它們不是勞動男人造訪的酒館那類免入場費的機構，而二者之間往往有非常關鍵性的差異：俱樂部不提供酒類。

所以，這類寬闊乾淨的環境的全國性拓展，實際上是種社交工程的小心管理形式嗎？畢竟，相當長一段時間以來，勞工階級贏得飲酒過量的惡名。不管這個名聲有無根據，也不管男人是否真的在工作日於薪水允許範圍內飲酒，然後在星期五收到薪水後縱情狂飲，維多利亞時代有很多人視此為一個問題，並決定著手解決。其中一人是倫敦本地人，亨利·蘇利（Henry Sully）。

蘇利在鐵路生意上大穫成功後，變成一神派（Unitarian）[41] 教

---

41. 一神派：否認三位一體和基督神性的基督教派別，強調上帝只有一位，聖父才是唯一真神。

會牧師，成為改善勞工階級的堅定信徒。但有件事使他的改革之路受到阻礙：即蘇利所謂的「酒吧的悲慘和卑劣束縛」。

眼見俱樂部紛紛在全國創立，蘇利決定採取行動。一八六二年，他創立勞動男人俱樂部和機構公會。他在倫敦河岸街設立辦公室，並徵召貴族和國會議員支持他。他號召他們響應他的理想，意欲結合俱樂部的社會理念和機構的教育功能。他甚至出版了詳述其計畫和理想的簡章，以此來協助提高社會興趣和募資。

他的頭條計畫目標是勞動男人「能藉由娛樂和茶點，聚集來交談、做生意和改善心理，並免於受到酒精飲料的殘害」，並聲稱：「儘管在英國，在用來改善勞動階級的人格和條件上，我們做了極大努力，但不加節制、無知、揮霍和宗教淡漠仍舊存在於他們之間，到了一種可悲的程度。」

他讚揚禁酒運動——在此時已經在招募人們贊成其絕對戒酒理想上，紮穩腳跟——以及其巨大的成就。但他指出，「它往往無法阻止那些戒酒的人再度不加節制，因為它沒有提供人們先前花在酒館的休閒時間的替代娛樂和嗜好」。他又說，人們使用酒館作為與工作相關的聚會場所時，即使沒有飲用酒類，他們很可能還是會在事後上酒吧，「尤其是年輕男人」。

蘇利鼓勵俱樂部將教育理念寫進它們的章程，所以你或許可以看見男人聚集在一個角落玩撲克牌、骨牌或克里比奇牌戲，在另一個角落安靜地讀俱樂部提供的報紙或雜誌（不然他們自己負擔不起），或甚至低調地上識字課。典型說來，俱樂部都有個供應茶點的房間，其他房間則包括撞球桌、閱覽室和主要大廳，另一頭常有個講台，如此一來，那個房間也能拿來供辯論或討論之用。

根據記錄，受歡迎的俱樂部巡迴演講者包括一位大學學院的J・T・A・海恩斯，講「改革」主題，還有另一位萬靈學院的E・M・沃克牧師，主講「農夫夥伴關係」。

在蘇利提出其理想的第一年，十三家俱樂部創立，另十三家組織（如格雷格的技工機構）則遭合併。後續幾年則有大約三百

家俱樂部在蘇利的支持下於全國紛紛冒出。

　　蘇利的章程雖然建議百分之五十的委員應該包含勞動男人本身，但會員和贊助者兩方漸增的感覺是，蘇利的干涉有點過於高傲。確實，其中一位贊助者、蘇格蘭貴族羅斯伯里勳爵（Lord Rosebery）就說，「勞動男人應該自己努力從事自我培育，而不是得到恩庇、扶養和照顧」。斯卡布羅勞動男人俱樂部的一位元老會員甚至鼓動一場對贊助人的反叛，創立新的委員會，只由勞動男人組成。論及新委員會時，勳爵談到「對勞動階級所展示的過度降尊紆貴」。俱樂部普遍瀰漫這種感覺，到了一八六〇年代晚期，根據在百年後書寫的歷史學家約翰・泰勒（John Taylor）所述，「對贊助者的反叛如火如荼」。

　　俱樂部採取行動，從董事會驅逐非會員，然後他們用選舉來趕走所有的贊助者。想當然爾，他們需要資助俱樂部，而先前是由他們的工廠廠長或上流社會贊助者出資。所以會員做了兩件事：他們引入負擔得起的微薄會費，以及自己募資──靠賣酒。

　　有經濟概念的精明頭腦很快就領悟到，因為它們是俱樂部，它們可以在不獲利的情況下賣啤酒，因此報價得以低於酒館，吸引更多會員上門。羅斯伯里勳爵進一步讚揚他們的這個步驟，他宣布說，俱樂部「應該免於所有繁瑣惱火之事，免除於酒類消費的幼稚限制」。

　　蘇利也承受來自另一位貴族的攻擊。史坦利勳爵在《泰晤士報》裡批評蘇利的高傲和一神論派干涉。他說，勞動男人想要的是社交俱樂部，而不是「偽裝的學校」。萊特頓勳爵（Lord Lyttelton）也在《星期六評論》（*Saturday Review*）裡投書譴責，他寫道，蘇利和他的同行能做的最佳之事，就是「完全和永遠退出，不再插手，讓工藝匠自行管理」，起因是他們「令人受不了地盤旋」在俱樂部和其成員之上。

　　一八六八年七月，蘇利坐下來寫了一封憤怒、冗長的公開信，糾正他認為是針對自己深愛的俱樂部網絡而廣為流傳的謊言。長信的名稱是〈與勞動男人俱樂部和機構相關的真相和謬論〉（Facts and Fallacies connected with Working Men's Clubs and Institutions）。他在其中捍衛他和自己的同行對會員降尊紆貴的罪名。「我們的首要目標是引導勞動男人為自己建立這些俱樂部，」他生氣地說：「我們只想幫助勞動男人幫助自己，而不是任何事都為他們代勞。」他也針對媒體攻擊而發。「《泰晤士報》、史坦利勳爵和《星期六評論》沒有保持新聞該追求完善的精神……反而摒除了正確資訊。」他咆哮說。

他爭論道，加入這些俱樂部的男人需要他：「在缺乏中產階級的幫助下（請記得，不僅是金錢），他們沒辦法創立或使俱樂部運作。」這些男人中有許多需要他的幫助，因為他們碰到同類的抗拒，後者嘲笑他們在俱樂部、而非在酒館聚會的點子，並諷刺鼓勵這點子的人：「總是有許多勞動男人……並不喜歡俱樂部提供的理性娛樂和安靜社交談話的環境，許多人偏好揶揄那些品味比自己高或追求井然有序的男人，並從此中得到樂趣。但不列顛勞動男人只畏懼幾件事，可惜其中就有嘲笑和繳什一稅。」

他繼續說，他們情願在戰爭中面對死亡，而不願承受「迫害……那是說，當他們嘗試引導同伴朝更文明的方向邁進時」。

所以，該是由像他這樣的男人，即「有公共精神和良好社會地位的」男人，出手幫助會員走出嘲諷、金融困窘和行政複雜的迷宮。他又說，當他處身於勞動男人之中時，嘲諷會停止，勞動男人會自動注意舉止。他甚至引述一個男人告訴他的話：「哎呀，蘇利先生，有紳士在我們之間時，我們對彼此的態度合宜多了。」

至於萊特頓在《星期六評論》的攻擊，蘇利譴責，這攻擊是荒謬的，「難道你要預期軍隊進行征服時沒有軍官嗎？」

蘇利下結論，他很自豪，「能夠提供勞動男人街角或酒吧的替代物」。但我們不禁懷疑真正使他大動肝火的是，那些攻擊的語氣，還有攻擊不是來自像他自己的富裕中產階級男人，而是貴族成員——他瞧不起的紈褲子弟——的事實。或許他假設他們是聚集在另一種機構內編造對他的攻擊，而那個機構是他也不被歡迎入內的，那就是紳士俱樂部（gentlemen's club）。

勞動男人俱樂部的成長和紳士俱樂部的拓展相互輝映，後者只存在於英國。在十八世紀末，紳士俱樂部衍生自咖啡館文化（參見第五章）。就像勞動男人俱樂部，這裡也有撞球桌、裝滿文學書籍的書架，和食物。裡面當然而堂而皇之地有酒類，而且是很多酒。

歸功於贊助者的慷慨，許多勞動男人俱樂部位於相當得體的建築物內——我們今日會歸類於典型的「維多利亞式」新建築，常常以紅磚打造，遵循哥德復興式風格。當然，紳士俱樂部更為雄偉。確實，許多是模仿他們大部分成員所擁有的鄉村豪宅。

咖啡館的顧客群拓展時，紳士開始環顧在他們同伴外圍一副疲態的某些人——有時後者還偷聽他們的交談——因此判定他們的品味與此地有點格格不入。有些咖啡館的確有俱樂部的氛圍，卻從來沒設立入門的正式障礙。因此，當紳士們越來越受倫敦吸引時，不管是為商業或社交理由，他們想要符合他們品味的地方——感覺起來像他們自家圖書室、書房和餐廳的房間。因此，紳士俱樂部得以興建，並以類似風格裝修，在裡面服侍的男人則穿得像私人家庭的管家和門房。再者，紳士可能希望自家的圖書室或書房能不受女性侵擾，在他們倫敦的俱樂部，女性被禁止加入。確實，如果女人膽敢試圖進入俱樂部，她們會遭到肢體上、而非只是言語的驅逐。

有些紳士俱樂部在十七世紀即已存在，接著在十九世紀下半葉快速成長。一八五〇年，《英國年鑑》（*The British Almanac*）中列了三十二家（其中三十家位於倫敦西區，大部分沿著帕摩爾街直到聖詹姆斯街）。到了一九一〇年，數字暴增到八十一家。

至今，歷史最悠久的俱樂部仍舊是懷特俱樂部（White's）。根據倫敦俱樂部歷史學家愛咪·麥爾內—史密斯（Amy Milne-Smith）的研究，「懷特是俱樂部的原型。」它原先是家巧克力店（而非咖啡館），就在梅費爾的科曾街（Curzon Street）旁，於一六九三年由一位義大利人，法蘭卻斯可·布朗科（Francesco Branco）經營。他決定，如果他為這店取個更輕柔和更英國化的名

字，應該更能吸引顧客上門，所以他取名為懷特太太的巧克力店（Mrs White's Chocolate House）。

一群男人定期聚在懷特賭博。然後，就像其他咖啡館發生的情況，他們將自己與其餘顧客隔離開來，因為他們希望和同類賭博，這樣他們才可以信任對方會付賭債。懷特的記錄顯示，這些男人自己在一六九七年創立一家俱樂部。麥爾內—史密斯說：「懷特俱樂部因此創立，許多年間都存在於巧克力店內，直到買下整家店。這個過程在幾家咖啡館和酒館也可觀察到。」

大概九十年後，挾著擁有活潑貴族成員的賭場名氣，俱樂部搬到聖詹姆斯街一棟以帕拉第奧式[42]風格整修的建築內。天花板挑高的餐廳，其醒目猩紅的壁紙上掛著皇家成員畫像，被叫做咖啡室（Coffee Room）。

俱樂部變成托利黨的非正式總部，後來演變成密友間經常出沒的秘密地點。懷特的委員會對試圖加入的任何人，或任何將此地當商業用途的成員，抱持非常謹慎的態度——至今俱樂部仍舊謹守這些價值觀。

由於人們尋求隱私和隔離，更多紳士俱樂部創立，並開始出現對這個特別機構的認同：「俱樂部會員」（clubman）變成代替「紳士」的新字眼。俱樂部使得那些沒有鄉間雄偉貴族建築的上流社會成員，在倫敦時能住在這類風格的豪宅裡。俱樂部如春筍般冒出——比如像布德氏（Boodle's）[43]、布魯克斯（Brooks's）[44]，十九世紀早期是改革俱樂部（Reform Club）[45]、旅行家俱樂部（Travellers Club）[46]和雅典娜神廟俱樂部（Athenaeum Club）[47]——俱樂部也擴展散布至整個大英帝國。

---

42. 帕拉第奧式（Palladian）：一種歐洲建築風格，靈感來自文藝復興晚期建築師帕拉第奧，講究建築物的對稱性、透視性和展現價值。
43. 成立於一七六二年，由當時英國首相謝爾本勳爵在帕摩爾街成立。
44. 創始於一七六四年，倫敦最古老的紳士俱樂部之一。
45. 一八三六年成立，位於倫敦市中心，最初成員是激進黨和輝格黨。
46. 創立於一八一九年，位於聖詹姆斯街。
47. 創立於一八二四年，為有知識愛好的男女性開設的俱樂部。

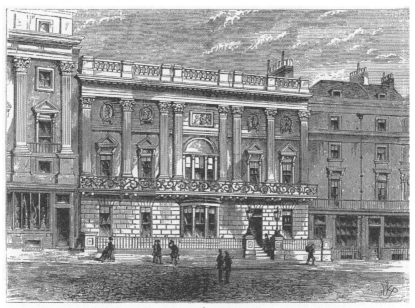

WHITE'S CLUB.

位於倫敦聖詹姆斯街的懷特俱樂部剛開始時是在梅費爾的一家巧克力店，
它後來成為貴族的庇護所，因為他們討厭咖啡館的龍蛇雜處。

印度服役軍官得以躲避邦加羅爾（Bangalore）[48]或孟買的悶熱和漫天塵土，在那裡的俱樂部尋求英式風格的舒適而得到慰藉，當地許多俱樂部都創立於十九世紀下半葉。他們可以與同類在這類庇護所裡，於喝一杯時彷彿重返英國，遠離討人厭的當地人。對享有這類特權的意識的強化，形成統治帝國的根本骨幹。這個精神直接來自聖詹姆斯街的排他性中心意識。那些俱樂部的優勢結構象徵了它們所立足的倫敦地區——即離維多利亞女王的白金漢宮僅幾百碼遠——是財富和影響力的核心。因此，帝國版圖遼闊是事實，你會說它實際上是世界的中心。

但並非每個人都對此印象深刻。數十年後，愛德華・盧卡斯（Edward Lucas）在他的書《倫敦徘徊者》（*A Wanderer in London*）中說，他在潮濕的一天走下帕摩爾街。他出生於肯特郡，來自貴格公教徒的普通家庭，在一九〇五年拜訪那條街，卻覺得它很狹隘，甚至是讓人產生幽閉恐懼的，兩旁有如此嚴峻的建築，遮得街道看不見半點陽光。他改天回返，當時陽光燦爛，卻與前幾日沒什麼不同。「這些叫俱樂部的巨大、陰沉、像修道院的建築，構成最佳陽剛形式的嚴肅廟宇，由紳士和服務生，至高尊嚴和奴性組合而成，帶給人不寒而慄的感覺，」他寫道，「它們讓我覺得壓迫。帕摩爾街沒有甜美的樹蔭，只有一片陰鬱。」

隨著時間流逝，盧卡斯成為成功的作家和出版商，他後來似乎克服對這些遙不可及的堡壘的那份初始焦慮，因為在他於一九三八年逝世時，一份訃聞出現，揭露他是四個此類俱樂部的會員：雅典娜神廟俱樂部、牛排俱樂部（Beefsteak）、巴克俱樂部（Buck's）和蓋瑞克俱樂部（Garrick）。

但是就在幾十年前，在這些使盧卡斯煩憂的建築立面之後，進行著不僅是賭博的活動，也縱情於談話和喝飲料，還有食物，而有些的確非常美味。

事實上，十九世紀倫敦幾位最傳奇的廚師就來自俱樂部區。

---

48. 邦加羅爾（Bangalore）：印度卡納塔卡邦首府，為印度第三大城市。

比如，亞歷克西斯・索耶（Alexis Soyer）。他的廚房位於改革俱樂部，可能是倫敦最棒的。

索耶的故事和卡漢姆的有些類似（參見第八章）。他是勞動階級法國人，後來變成卓越的主廚，他的某些才華展現在巨大烹飪技藝傑作上，從十英尺高的甜點到三十道菜的宴會不一而足。他是最暢銷食譜書的作者，巧妙廚房用具的發明家。但他死時，那些縱情於他所供應飲食的大人物沒有人發表任何謝辭。他的喪禮於八月十一日在肯薩格林公墓舉行，隔天，輝格黨喉舌《晨報》（*Morning Chronicle*）報導說，「沒有大人物或貴族站在他的墳墓旁」。

索耶出生於一八一〇年，在巴黎東北的莫城（Meaux），這城鎮因布里起司[49]聞名。他在十幾歲時搬到首都，在個性形成的那些年間，在薇薇安街的里格翁（Rignon's）度過。然後，他變成某些時尚巴黎家庭的私人廚師，之後，成為法國首相私人廚房的全職二廚。

但一八三〇年七月的政治動盪[50]使他煩憂，因此他離開巴黎來到倫敦，他的技藝使劍橋公爵搶著雇用他。他之後為幾位貴族工作，然後落腳於改革俱樂部。

他在改革俱樂部職涯的開端剛好迎上俱樂部的主要建築計畫改建。那是三年的建築工程，文藝復興式的輝煌雄偉會搶盡其他俱樂部的光芒。如果義大利風沙龍和列柱長廊會讓敵手俱樂部成員印象深刻，那麼布德氏和布魯克斯的雇員絕對難以相信幕後廚房的光景。索耶在一八三八年的維多利亞女王加冕宴會上的表現，讓進食的二千名貴族拍案叫絕，之後被賦予全權委託，和建築師查爾斯・巴里（Charles Barry）[51]共同設計廚房。

---

49. 布里起司（Brie cheese）：一種軟起司，以牛奶或羊奶發酵製成。因起源於布里地區而得名。

50. 指七月革命，法國人民趕走查理十世，立憲派選出路易—菲利普加冕為國王。史稱七月王朝。

51. 查爾斯・巴里（Charles Barry）：1795-1860，十九世紀英格蘭名建築師，英國議會大廈為其代表作之一。

他的點子包括：採納新的先進溫度控制火焰的烤箱；用流動冰水冷卻的烤魚盤；以蒸氣推動的機械烤肉叉；和從廚房送去兩層樓以上的餐廳備餐台的食物專用小電梯。就像作家露絲·考恩（Ruth Cowen）在她的索耶傳記《津津有味》（Relish）裡寫的：「在接下來三年中，建築師想像力豐富的天才和年輕廚師的務實獨創力會結合起來，產生歐洲當時最有名和最具影響力的運作廚房。」

當建築在一八四一年四月二十四日開幕時，俱樂部會員瞠目結舌地參觀壯觀的新設備，然後他們做了某件當代前所未聞之事——他們去地下室參觀廚房。索耶的勢力範圍是幾間相互連接的房間，沒有門，戴著紅色天鵝絨貝雷帽的他就能在房間之間敏捷移動。烤房有兩大區域，其中一個甚至可以烤整隻羊，其他房間則有專放烤舒芙蕾的小烤箱，和放置爐排、輕便爐灶、蒸氣加熱爐和沸水爐的空間。大片錫板屏風附有滾輪用來保護廚師和訪客免於直接承受火焰的高熱。考恩寫道，「索耶常把屏風用來做派對道具，將它們砰地打開，訪客因此震驚地發現，他們完全不知道他們剛才站得離熊熊火焰有多近。」

廚房有個火爐專門烤野味和家禽，還有煮濃湯和醬汁的大型隔水燉鍋。還有獨立空間的屠宰室，保持在三十五度恆溫，整具動物屍體在裡面被支解，野味則清除乾淨並備妥。一間冷房專門放置糕點和甜點，另一間則存放蔬菜。

廚房人員有各自的房間，比如管家室、人員餐廳，和廚房書記的專用房間——他可以使用一套傳聲管監督送到一樓的菜。

但索耶最大的成就是煤氣爐。它們乾淨、無煙，可加以控制。再者，由世界第一座煤氣廠運送煤氣，它們是工業革命如何進入維多利亞時代，改變文明生活的完美範例。

索耶寫道，「那是曾引入任何烹飪格局的最大慰藉」。索耶崇拜的卡漢姆之所以英年早逝，就是因為暴露在廚房的煙霧和不良通風中。索耶在創造烹飪藝術品的同時還能正常呼吸。「煤氣爐點燃後，你得忍受和煤炭相同的熱氣，但火從不需要搧風，沒有極其有害的碳酸，又不會創造塵土或氣味。」

索耶的廚房成為倫敦各俱樂部的談話話題，新聞和雜誌競相報導。《觀察者》（*The Spectator*）頌揚它是「無可比擬的烹飪格局」，其他雜誌則說「索耶是此地標之光」。

在創造無可比擬的廚房中，亞歷克西斯・索耶做到了維多利亞時代沒有人認為可能之事：他讓上流社會談論食物。

從他的廚房端出法式清湯和濃湯，輕淡的水煮魚——從歐洲比目魚到鮭魚——伴隨著精緻的醬汁、龍蝦、小火雞拼盤、各類醬汁的野兔、從紅醋栗到西洋菜、複雜的糕點、松露到處舞動、烤和餡料雞，以及上汁的小牛胸腺。還有蛋糕和酥皮、糕點和巧克力、切好並以藝術方式展示的水果。每樣從廚房到餐桌的菜餚都放在閃閃發光的大金屬托盤上，由各種尺寸的玻璃罩罩住，以美麗的瓷盤端出。

埃及的攝政王易卜拉欣帕夏（Ibrahim Pasha）在一八四六年造訪改革俱樂部，見證麥爾內—史密斯所謂的「英國最奢華和最讓人印象深刻的一餐」。宴會中最重要的餐點是一座二點五英尺高（約七十六公分）的酥皮金字塔，以糖線覆蓋，裡面填滿鳳梨鮮奶油。

但造成最大衝擊的不是這類絕妙宴會，而是索耶設立的新標準。現在他們看到佳餚的可能性——午餐的食物可以和同伴及葡萄酒一樣宜人——俱樂部不再能忍受平庸的烹飪。

這個風潮很快就從俱樂部區流出，慕名者與營業壓力倍增。改革俱樂部資助索耶的傑作廚房後，急於將其收入最大化，因此增加了座位和餐點的數目。索耶自評無法維持品質，因此在一八五〇年辭職。一年後，他的戈德故居（Gore House）[52] 開幕，那是在肯辛頓的餐廳，他希望那年來參觀萬國博覽會的訪客會蜂擁至此。但那裡的廚房未能符合他的期待，加上他做廚師又比做生意人能幹，儘管餐廳很受歡迎，還是賠錢，很快就關門大吉。

---

52. 原先是政治改革家威廉・威爾伯德斯（William Wilberforce）的住所，後來這片莊園被貴族挪用，一八五一年五月，索耶將它拿來做為餐廳開業。萬國博物展結束後，又由政府買回。

索耶的廚房達到維多利亞時代想像不到的成就：讓上流社會開始討論美食。

在服務過有錢人後，他將注意力轉向服務英國陸軍，自己籌募資金到克里米亞旅行。他與南丁格爾合作，重新組織野戰醫院的食物供應。後來在一八五七年返回英國，他將餘生花在建議陸軍外燴事宜上，並偶爾發表演講。

他永遠地改變了倫敦餐飲場景，但沒有任何貴族出現在他的喪禮上。因為，雖然食物是一頓豐盛饗宴的關鍵，但對英國人來說，那不是最重要的東西。維多利亞上流社會還沒準備好要全力擁護一位主廚和其美食，並讓他成為談話中最重要的話題——這類風潮的形成還要再等上一百年。

Chapter 10 ｜ 不列顛尼亞公司在孟買開業

這是餐廳關於移民、忠誠、身分認同、融合與長壽的故事，歸根究柢，也是餐廳如何提供所有階級、性別和宗教的人分享空間的故事。

......

　　二〇一九年二月，某天午餐時間，孟買南部斯波洛特路（Sprott Road）的不列顛尼亞公司（Britannia & Co.）裡，九十三歲的老闆正對一桌英國觀光客使出得意本領。

　　「請代我們把愛傳達給你們的女王，」齒縫很寬、戴著圓形眼鏡的博曼‧科希諾（Boman Kohinoor）說，「這家餐廳就像孟買，有點窄，但請告訴她，我們會盡我們所能讓她在此覺得寬敞舒適。」

　　然後，他揮舞著自己和現任的劍橋公爵及公爵夫人的合照。「我遇見他們時，肅然起敬。王子魅力十足。凱特王妃如此美麗。他們問我，我在餐廳裡工作了多久，我都端出什麼樣的菜。」他也秀出一份剪報，一封《印度時報》的投信，名稱是「讓我們把英國佬帶回來」。

　　對一位現代左傾的千禧世代英國人而言，這種對一度是殘酷殖民體制的奴隸般忠誠也許很古怪，這份情緒甚至無法被餐廳裡最受歡迎的現代菜餚抵銷，即使是美味的甜漿果肉飯（berry pulao）[53]。

　　這家餐廳是一個活生生的象徵，是階級、性別、宗教、品位、想像力的結合體。一幅伊莉莎白女王二世戴著帝國皇冠、身著皇家禮服的畫像就驕傲地掛在聖雄甘地旁邊。她一度是世界最大殖

---

53. 甜漿果肉飯（berry pulao）：以伏牛莓調味的印度香米飯。

博曼・科希諾在不列顛尼亞公司餐廳。這家伊朗咖啡館由他父親
在一九二三年開張，起初供應簡單的食物，藉此吸引對飲食挑剔謹慎的英國人。

民者的鮮活代表，而甘地是獨立運動的領導人，主張非暴力反抗英國統治。

餐廳滿是男女顧客，不分階級和宗教。菜單混合了傳統帕西手抓飯（米飯）和當薩（dhansaks）（以扁豆為基底的菜餚）、穆斯林印度香飯、南亞瑪撒拉[54]、印度肉醬咖哩，和絕對是英國菜餚的雞蛋三明治。

印度和伊朗國旗加框彼此並列。大型標語以英文寫上，卻絕對是印度口吻。「這個餐廳符合消防標準」，一個標語寫道。「請勿和管理階層爭執」，另一個標語寫道。

菜單最頂端是雞的畫像，被字圍繞著：「愛吃最大——開業自一九二三」。那是博曼的父親開設餐廳的年分。餐廳正是一個移民社區如何在孟買的脈絡中變得根深蒂固的證明，透過菜單，也顯示其對英國統治者的強烈忠誠：供應的菜是歐陸式。套用博曼的話來說：「英國人不喜歡辣味食物，所以我們專為他們的口味烹飪。」

餐廳也展現英國建築品味，這在帝國延展其殖民觸鬚時表露無遺，因為它是由興建印度門（Gateway of India）的同一位設計師所設計。蘇格蘭出身的喬治·威特特（George Wittet）打造了那座大型拱門，以紀念英國皇帝喬治五世和他妻子瑪麗皇后在一九一一年拜訪孟買。紀念碑的完成和餐廳的開業剛好同時發生在一九二〇年代早期。餐廳開業兩年後，威特特感染痢疾，但應該不是在不列顛尼亞用餐的關係——畢竟餐廳意圖吸引當地英國居民上門，因此對乾淨和非辣味食物有高標要求。痢疾轉而變得嚴重，威特特嚴重腹痛，發著高燒。當他躺在病床上全身冒汗時，拉布風扇的人幾乎無法舒緩他的不適。也許他回想到在布萊爾·阿索爾（Blair Atholl）度過的童年，那是位於珀斯郡格蘭扁山脈（Grampian Mountains）的一座小村莊，籠罩在蘇格蘭阿索爾公爵（Duke of Atholl）那座龐大莊嚴的布萊爾城堡（Blair Castle）的陰

---

54. 瑪撒拉（masala）：一種由多種香料混合起來的調味料。

影之下。也許他想到加里河（River Garry）的冷冽溪水，它流過村莊，給為生產燕麥的磨坊提供動力，而那些燕麥則在他家餐桌成了燕麥粥。當他躺在炙熱的印度天候中悶熱難受時，他會苦苦思念那些新鮮的空氣、綿綿細雨和蘇格蘭的儉樸食物，然後終於不敵可怕的病痛。

不列顛尼亞公司是巴拉德地產（Ballard Estate）的一部分，隸屬於愛德華新古典主義風格街區，當地人都說（只有少數人是仰賴親身經驗），多虧威特特，此地區感覺起來像倫敦。

顯然，餐廳的名字就是大英帝國的化身，「不列顛尼亞公司」顯示了餐廳所蘊含的象徵意義。

如果僅將餐廳創辦人拉希德・科希諾（Rashid Kohinoor）描述成一位移民，這種說法會有點不夠完整。他是一位帕西人（Parsi），祖先在阿拉伯征服伊朗的幾個階段逃離伊朗，或說波斯，部分是為了避免他們的宗教在六三六至六五一年間遭伊斯蘭消滅。帕西人也是瑣羅亞斯德教徒的同義詞，因為這些特定帕西移民是為逃避宗教迫害而流亡。拜火教是神靈和神、歌曲、詩歌，和希臘人所知的瑣羅亞斯德先知的思想之古老傳統所加總下的複雜組合。瑣羅亞斯德則出生於西元前一五〇〇年左右。

帕西人來到印度後，逐漸在各個城鎮安頓下來，直到有些人在十九世紀移居孟買。他們人數變多，地位變高。對分散印度各地的帕西離散社群而言，孟買的帕西人變成主要社群，成為帕西領導者，他們的祭司則繼承文化衣缽。他們融合入孟買生活，變成此城政治文化的一部分。但他們對任何統治政權都展現忠誠。帕西傳統偏好生活的持續改善——此邏輯說服追隨者支持任何掌權者。

因此，隨著時間流逝，他們相繼對印度教統治者、蒙兀兒皇帝，然後是英國人，展現忠誠。這也許會讓他們在當地人中不受歡迎——那些遭現任統治者鎮壓或削弱的人——但帕西人心安理得。經驗教導他們這是獨善其身和保存身分認同的最佳方式。反抗的結果可能是種族滅絕，對社群毫無幫助。就像歷史學家傑西・

帕爾塞蒂亞（Jesse S. Palsetia）在《印度的帕西人：在孟買市保留身分認同》（*The Parsis of India: Preservation of Identity in Bombay City*）寫道：「他們永遠保持警覺，覺得需要捍衛和區分他們的少數族群認同。」

　　拉希德的餐廳開業時，英國統治權力已經紮根穩固。自從東印度公司於一六〇〇年創立以來，英國已經逐漸在這片次大陸站穩腳跟，拓展統治權。公司進行貿易的同時，也對擋住財路的當地人發動戰爭——從絲到茶，香料到鹽，不一而足。經過幾次關鍵戰役後，權力鞏固，而在一八五七年的印度譁變（Indian Mutiny）[55] 後，英國人想出一個法案，從倫敦強制施行對印度的直接統治，開啟後來大家所知的英屬印度（British Raj）時代。英國王室對印度的統治存續至一九四七年印度取得獨立為止。

　　帕西人從十八世紀末就將自己併入英國經濟和政治權力的世界裡，那對他們大有益處。帕爾塞蒂亞指出，「這顯示帕西人從各邦裡的少數族群，搖身變成孟買新都會裡影響力強大的殖民菁英，是一種成功轉型。」

　　帕西人在與英國價值同化這點上看見機會，而透過這個過程，帕爾塞蒂亞寫道，「二者相互競爭，在帕西人致力於保存傳統身分認同時發揮功能。」

　　拉希德·科希諾在這種合作和機會處處的氛圍中嶄露頭角。餐飲業是他的家傳。他的父親在靠近孟買總郵局附近曾有家餐廳，名字就簡單叫做科希諾。

　　科希諾這家餐廳就像其他帕西人開的咖啡館一樣，可能是從麵包店演變來的。葡萄牙人在十九世紀於孟買引進製作麵包時放的酵母，許多帕西人採納這種作法而開了麵包店。《印度帝國地名辭典》（*The Imperial Gazetteer of India*）是本關於商業、行政和經濟的詳盡編年史，它說，在一九〇一年，孟買總共有一千四百家

---

55. 印度譁變：一八五七至一八五八年間，印度反抗英國東印度公司殖民統治的失敗起義。東印度公司雖平定叛亂，但其領土從此後由英國政府直接管理。

帕西人安頓在印度各地，熟練地融入各時期統治者的文化中。

麵包店。帕西麵包師傅那時藉由開咖啡館來販賣他們的麵包。

不管是為了什麼理由，老科希諾的店後來賣掉了，但從餐飲業退休後，他仍舊開心地鼓勵自己的兒子，因此給了他從收益得來的創業資金，讓兒子可以獨立開店。

拉希德在尋求地點時，碰上由孟買港信託公司擁有的巴拉德地產開發案。那裡嶄新俐落，全然不像城市裡的其他建築物，且該地區有大批英國人居住，他們為英屬印度政府工作，職業從銀行到貿易、政治和陸軍都有。他開始協商租約，但他首先得向當地英國行政官員拿到執照。

一九二〇年代的孟買是一百萬人的大都市，建築物興建於維多利亞時代，仍舊處於良好狀態，閃耀如新。維多利亞哥德式建築——比如最高法院、維多利亞火車站和克勞福德市場（Crawford market）——為城市憑添一份輝煌，儘管幾座這樣的建築物兩旁都是貧民窟，這使得英國人為之惱火。他們有時會清理貧民窟，開設新開發案，比如巴拉德地產。幾個街區外就是雄偉的泰姬馬哈酒店，在此前二十年前開張，由賈姆希德吉・塔塔（Jamsetji Tata）興建，他是今日印度龐大的塔塔企業集團的創始人。泰姬馬哈酒店是印度第一家有電的酒店，電梯是德國製，風扇來自美國，最高級的套房有英國管家。

當地人在街道上摩肩擦踵，許多人穿著白色寬罩衫和長便褲，戴著白色小圓帽。年輕印度公務員是推動英屬印度的齒輪，他們在傳統衣著外面套上深色西裝外套，拿著書和文件。男人推動或拉著手推車，好幾頭牛慢慢拉著牛車，還有小馬拉著跑的馬車。幾輛汽車沿街呼嘯而過，在靜止的牛群中穿梭，牛隻在街道中因熱氣而停下來休息，衣衫藍縷的小孩則手挽著手到處走動。石製紀念碑有雕刻的噴嘴，水龍頭會噴出水來，男人用水洗浴，女人則排在街道兩旁，蹲著叫賣寬大圓形籃子裡的草藥和香料。

「十五世紀一直與二十世紀擦肩。」美國電影製片人兼導演詹姆斯・菲茲派崔克（James Fitzpatrick）在他於一九二〇年代拍攝的孟買旅行紀錄片裡說道。菲茲派崔克也注意到他在孟買賽馬場

看到的帕西人：「他們被視為印度最富裕的階級，顯然他們是最進步的。」他們是他感覺到的非凡大熔爐的一部分。他看到「帕西商人、阿拉伯貿易商、阿富汗人和錫克人、華人、日本人、馬來人、美國人和英國人」雜處。

菲茲派崔克思索著，透過孟買的印度門，「一個帝國的商業流動而過，寬闊大道兩旁是宏大的商業房舍、莊嚴的公共建築和教育機構；從印度每一邦的鐵路覆蓋至此，蒸汽船路線則散布至地球盡頭」。

在這片忙碌景象中的是英國行政官員，在涼爽和免受城市的塵土侵擾的建築中工作，管理龐大官僚制度，後者不斷成長以維持孟買運作。拉希德就是走進這樣的一間辦公室，他進去時納悶怎樣才能最容易取得開業執照。當時也許不是帝國顛峰，而且對英國統治的抱怨如火如荼。聖雄甘地以社運分子之姿於一九一〇年代出現；孟買是他的行動中心，而在關於薪資和惡劣工作環境的個別抗議中，一九一九年於是出現第一次紡織工人的重大罷工。

事實上，拉希德的答案顯而易見。他願意放棄以家族姓氏取餐廳名，而去取悅當地行政官員。根據普莉亞·巴拉（Priya Bala）和賈延斯·納拉亞南（Jayanth Narayanan）、也就是印度偉大餐廳的編年史家所言，拉希德「聽說當地行政官員偏愛和英屬印度有關的名字」。

為適當的文件排隊後，拉希德之後填滿一張長長的表格，描述他的提案，最後加上新餐廳的名字，這家新餐廳會提供英國人乾淨和簡單的食物，就叫不列顛尼亞公司。

他繳交文件，回家等候消息。拉希德知道這類生意的執照可能等上好幾個月。但幾天後，他就被叫回去，屏息地看著英國官僚准許，然後為他的執照蓋章。巴拉德地產的擁有人，孟買港信託公司同意九十九年的租約，拉希德·科希諾這下可以準備開業。

不列顛尼亞公司馬上受到當地英國人的歡迎，他們身處天花板挑高的餐廳中，彷彿回到家鄉般自在，有嗡嗡響的電風扇，報時鳴響的老爺鐘，和他們認得的菜單。那些菜餚允許他們安全地

一九二〇年代的孟買是座建築閃耀的城市，也是全球文化的大熔爐。

度過那天的剩餘時光，而不用急著找骯髒的廁所。

　　菜單上有三明治、奶油麵包、羊肉排、烤雞腿，甚至還有巧克力慕斯。很快地，孟買最有錢的印度人開始上門。他們在服務生裡會看見幾位年輕男孩和女孩，他們幫忙清理餐桌，把盤子和杯子端回給廚房雜務工。他們是老闆拉希德九名子女中的幾位，其中一位是博曼，一九三九年時他十六歲，從臨時幫手變成全職員工。

　　自那之後，博曼就在餐廳裡工作。他的弟弟之一，莫萬（Merwan）在二〇〇〇年代早期加入他，當時莫萬關閉另一家博曼也有股分的餐廳。他比博曼年輕，個性上卻較為拘謹，所以他總是坐在餐廳前面的高椅上監督人們的來去。莫萬後來在二〇一八年以八十六歲高齡去世。

　　莫萬的餐廳也曾是家帕西咖啡館，叫巴斯塔尼公司（Bastani & Co.）。那地方只有一個大告示，而它使得不列顛尼亞公司請顧客不要和管理階層爭執的要求，看起來小巫見大巫。確實，它不僅只有一條守則，而是二十一條，都值得在此關注：

　　禁止和收銀員說話／禁止抽煙／禁止打架／禁止賒帳／禁止帶外食入內／禁止久坐／禁止大聲喧嘩／禁止吐口水／禁止討價還價／禁止拿水給外面的人／禁止使用零錢／禁止打電話／禁止使用火柴／禁止討論賭博／禁止讀報／禁止梳頭／禁止吃牛肉／禁止把腿翹在椅子上／禁止飲用烈酒／禁止詢問地址……依次排序。

　　巴斯塔尼公司在孟買也開業很久，創立自一九三〇年代晚期。就像它的姊妹餐廳，吸引了廣大的顧客群。「每個人都去巴斯塔尼公司，」《印度商業》（Business India）在一九九五年報導，「地方法院的律師、大都會電影院的觀眾、從隔壁火廟來的帕西人、聖沙勿略學院學生、新聞記者……」這家伊朗餐廳是「孟買大熔爐的一部分」。它於二〇〇四年關門時，印度報紙《電訊報》有位讀者投書，哀嘆「我們這下永遠失去生活的一部分了」。

　　常客會想念餐廳傳統的曲木椅、有缺口的茶杯、方格圖案桌

當創立於一九三〇年代的巴斯塔尼公司於二〇〇四年關門大吉時，
甚至有當地讀者投書媒體，哀嘆「我們這下永遠失去生活的一部分了」。

巾、鑲嵌鏡子的木柱，以及裝有餅乾的巨大玻璃甕，驕傲地挺立在架上。他們只能緬懷咖啡館的馬瓦蛋糕（mava cakes）（以牛奶製成，小豆蔻調味）、奶油軟麵包（bun-maska）（塞滿奶油的麵包三明治）、印度香飯（混合米飯），或羔羊肉包（kheema-pau）（以香料調味的碎羔羊肉）。

　　儘管如此，你還是可以在另一家取名為「精益求精」（New Excelsior）的伊朗餐廳享用羔羊肉包。凱雅尼公司（Kyani & Co.）則有好吃的烘焙。二十世紀初期有數十家伊朗咖啡館開幕，提供帕西人熟悉的各類菜餚。

　　在近幾年，不列顛尼亞公司最受歡迎的菜色是甜漿果肉飯，那是博曼的妻子，巴查（Bacha）創造的。她對博曼描述其為印度伊朗的菜單有深厚影響，博曼說他們家的菜餚有伊朗起源，但也符合印度味蕾。

　　當然，因為在一九四七年獨立後，印度人不再需要那麼擔心英國口味。英國陸軍在第二次世界大戰期間徵用餐廳，而當博曼拿回餐廳時，巴查便得以在菜單上大展身手。

　　「英國人離開後，我們逐漸捨棄歐陸菜餚，開始賣帕西菜。」博曼說道。幾道不辣的菜餚仍舊保留下來，像是三明治和奶油軟麵包，但菜單上現在熱門的是手抓飯、當薩、印度香飯以及扁豆湯。

　　今日，這類咖啡館卻為孟買的現代世界所威脅。比如，一九九〇年代的建屋熱潮使得開發商和歷史悠久的餐廳老闆形成對立。那些不值錢的土地突然變成正好位於印度最有價值的房地產中央。如果地主拒絕出讓產權，他們最後會被告上法院。一個著名的受害者是一家帕西咖啡館，新帝國（New Empire），它多年以來就位於維多利亞火車站的正對面，如今它已成為一家麥當勞。

　　新的連鎖咖啡店也侵蝕收益，古老咖啡館打著寶萊塢電影拍攝地這一點則毫無助益。許多咖啡館已經開始在販賣啤酒，但相較於有著資金撐腰的新酒吧，昂貴的執照費對古老的咖啡館來說還是吃不消。

即使博曼的兒子已經接棒擔任經理，高齡九十三的博曼仍定期在不列顛尼亞公司工作。「我九十三歲了，我仍然每天來餐廳五到六個小時，」他說。「我到處看看，和顧客閒聊，我很喜歡這樣。大家都說我該退休了，但我不喜歡待在家裡。我早上起床梳洗過後就覺得坐立難安。我就是想來餐廳。」

二〇〇四年，凱雅尼公司的老闆法哈德・歐圖瓦利（Farhad Ottovari）滿懷憧憬地看著對街門窗關閉的餐廳，那是他的前敵手，巴斯塔尼公司。對方的損失就是他的收穫。「時間是毀滅者，但時間也是最好的治癒者。」他說。

根據印度作家沙拉達・德維維迪（Sharada Dwivedi）所述，像巴斯塔尼公司這樣的餐廳關門大吉，是「我們文化和料理傳承的巨大損失。伊朗咖啡館象徵孟買的族群和諧，沒有東西能比得上它。」

任何因博曼對英國王室奴隸般的愛而感到尷尬的現代英國訪客，不妨將不列顛尼亞公司放進歷史脈絡裡，視其為象徵這類地方的融合力量。在文化甚至連膚淺都稱不上的咖啡店新浪潮接管的此時，不列顛尼亞公司應該受到重視。它代表幾百年來建構而出的和諧訊息。

但時間也讓博曼・科希諾籠罩在一個難題之下。九十九年的租約將於二〇二二年到期……

Chapter 11 ｜塔可餅機的發明

美國郊區和擁有汽車的人的戰後成長幫助加快速食革命。企業家從汽車生產線得到建築住家和烹飪食物的靈感。漢堡店開張，對餐飲的新胃口擴展全美國。移民帶來某些食譜的靈感，而紐約市一位墨西哥人發明了塔可餅機，促成文化混淆的雪崩現象。

⋯⋯

　　對種族主義的反移民者而言，看到大群棕色臉孔擁擠地遮蔽地平線，然後發現自己開心地對他們的咖哩、炒飯、炒麵或塔可流口水時，著實會令人惱怒萬分。

　　歷史顯示，遭到輕視的移民餵養他移民所在國家的憤怒公民，眼睜睜看著他的家鄉菜餚被奪走，經過同化以吻合那些公民的口味──也就是說，經過在地化（bastardise），因此它們變得經濟實惠，然後給它們貼上本土標籤，從而遮掩和偽裝了其初始的外國根源。

　　未來的用餐者則將這些外來菜餚視為當地菜，在街角販售、甚至外送到家門口。他們不僅不知道這些菜的根源，而且還由於他們和他們認同的家人以及朋友都喜歡這些食物，結果現在他們反倒覺得那些是他們的菜餚，代表他們的國家。

　　食物的文化挪用故事既新又舊，也很複雜。但全球化、交通運輸和後勤補給的效率和速度，意味著今日比以前更能有效遠播。有些人為此煩惱憤怒，其他人則垂涎三尺，有些人更高興地看著銀行帳戶存款的數目增加。

　　食譜的分享能夠發生──無論好壞的挪用，都要歸功於歷史上那些勇敢的旅人，包括殖民者和征服者。十六世紀，西班牙殖民者埃爾南·科爾特斯（Hernán Cortés）在他從南美洲帶回可可豆、番茄和火雞等類食物返回歐洲時，為西方世界帶來食物革命。

紐約二十世紀早期的義大利移民對家鄉食物的滋味念念不忘，
爾後在地化某些代表性的料理傳統。

科爾特斯跟隨著克里斯多佛‧哥倫布在一四九二年的航程，航去美洲。隨後的歲月見證現在所謂的哥倫布大交換。這可不是幾本筆記和一小袋白胡椒粉的交換，而是食物、人們、觀念和疾病的大交換，發生在舊世界和新世界之間。歐洲是舊世界，似乎在這場交換中占上風，得到玉米、甘蔗和馬鈴薯，以及做為香菸的煙草、做冰淇淋的香草，和琴通尼的奎寧。舊世界報答的方式就是派遣歐洲人去美洲原住民之間，帶給後者天花、麻疹和霍亂，新世界的回馬槍則是送回了感染梅毒的歐洲人。

　　儘管如此，許多歷史旅人不是意在征服，而是逃跑，被強迫拋棄家鄉，在倉皇之間，同時將口袋塞滿會讓他們思念家鄉的種子和豆子。他們並不需要食譜，因為食譜已經深深烙印在旅人心中，其文化上的意義則和宗教、歌曲，以及記憶一樣重要。

　　二十世紀早期逃離俄羅斯的猶太難民抵達紐約時，口袋裡就裝著罌粟種子，用這些做了罌粟餅乾（mohn cookie）。那在非常陌生的新環境中，給了他們家鄉的簡單風味。

　　湯姆‧伯納丁（Tom Bernardin）以前是埃利斯島（Ellis Island）的觀光導遊，那個島在歷史中是進入紐約的入口站。他在整理《埃利斯島移民食譜》（*The Ellis Island Immigrant Cookbook*）時指出：「我知悉食物對（移民的）經驗來說變得非常重要，不僅是在營養層次上，而且透過帶著它們，保留了早期生活的部分。」

　　在其他地方，有些農夫在一九九〇年代逃離剛果，長期在納米比亞的難民營裡尋求庇護，結果從他們帶在口袋裡的種子成功種出茄子。逃離一九七五年柬埔寨種族滅絕的人帶著種子到泰國的難民營。其中一位名叫文塔特（Voeun That，音譯）的難民，後來搬去德州達拉斯，她用原先帶離家鄉的種子，種柬埔寨蔥。身為像她這樣逃離內戰或經歷種族滅絕的人，總想方設法帶著些許家鄉一起走。唐‧蘭伯特（Don Lambert）在二〇一八年在東達拉斯經營鼓勵社區菜圃的計畫，他說：「大部分的人在從一個國家搬到另一個國家時，往往會帶著小撮種子，可能就藏在身上各處的口袋裡。」

某些國家的食物文化也許會在其他國家得到發展，而這是農作物和動物一般出口的結果。比方，十九世紀晚期，美國的加利福尼亞州和佛羅里達州出現很多水果、堅果和柑橘類的果園。當地的土壤和氣候適合這些農產品，而前來尋求新天地的義大利農夫移民到這兩州，在那裡的農地上施展他們的技巧。

　　根據明尼蘇達大學歷史系教授唐娜・加巴奇亞（Donna Gabaccia）所言，在一八七〇和一九七〇之間：「超過二千六百萬人以移民身分離開義大利，典型動機是想在國外尋找工作。義大利人長期以來很貧窮，但直到十九世紀晚期，貧窮才成為他們進行長途旅行的動機。」

　　這些移民中，三分之一去了北美洲，四分之一去了南美洲，百分之四十則移民至其他歐洲國家。

　　到了一九二〇年，單單在紐約就有五百萬名義大利移民。在這些義大利人中，許多人在食品業工作，因此創造了如西西里和帕爾馬（Palma）地區的番茄、橄欖油和義大利麵的外銷需求。但肉類是太昂貴的外銷產品，因此許多人仰賴便宜的牛肉；尤其牛肉剁碎後還可以掩飾腐敗的味道，紐約的義大利咖啡館於是用碎牛肉做成肉丸，和上蕃茄醬汁，拌著義大利麵端上。

　　在阿根廷的布宜諾斯艾利斯，更窮的義大利移民把牛肉打薄成像米蘭小牛排（Milanese veal cutlet）[56]，然後與在拿坡里裝罐的罐頭番茄一起烹煮。在此市的鄉村義大利餐廳中，這道菜叫拿坡里風味炸牛排（milanesa alla napolitana）。紐約肉丸番茄醬義大利麵或布宜諾斯艾利斯的炸牛排都不會讓拿坡里街道上的義大利人認出來。由於環境和條件的限制，但又急切於創造祖國佳餚，移民於是在地化他們自己的家鄉菜餚。

　　考量到進口的高昂價格，美國生產者開始製作類似帕馬（Parma）的硬乳酪，加州農夫則栽種和拿坡里品種類似的李子形

---

56. 將小牛肉肉片打薄，裹上麵粉刷上蛋汁，再覆蓋上麵包粉和帕馬森起司，放入平底鍋中煎炸至深金黃色。

狀的番茄。

　　義大利移民赫克特·波亞爾迪（Hector Boiardi）將美國生產的義大利麵拌上新鮮的自家種番茄裝罐，然後發行他的新「波亞爾迪廚師」品牌罐頭。波亞爾迪在俄亥俄有家餐廳，非常多顧客問他，可不可以供應他的義大利麵醬，他那時已經開始生產，並裝在二手牛奶罐裡販賣。如此平實簡單的產品賣得嚇嚇叫，引發一位美國陸軍主要供應商的注意，後者得在二次世界大戰中餵飽一千五百萬名軍人，發現它是不可思議的方便食品，波亞爾迪的賓夕凡尼亞工廠因此每天得二十四小時運作生產。

　　陸軍男孩愛死它了，甚至連那些義大利移民的小孩都是。之後，這個罐頭義大利餐被口耳相傳，流傳遍布全美境內。今日，波亞爾迪廚師產品的製造商是以芝加哥為總部的美國包裝食品龍頭，康尼格拉食品（Conagra）販售十幾種義大利食物，從義大利餃和通心粉到披薩醬汁和義大利餛飩，不一而足。

　　但這是義大利食物嗎？那必勝客呢？它於一九五八年在堪薩斯州威奇塔（Wichita）賣出第一份「義大利」披薩。那確實會冒犯義大利純粹主義者，毫無疑問地，他絕對會驚呼「我的媽呀！」（mamma mia），好像義大利人真的會這樣說似的。

　　這是個焦慮和複雜的普世故事，但墨西哥食物最能證明此點。

　　一九五一年，一位叫格倫·貝爾（Glen Bell）的男人在聖貝納迪諾（San Bernarlino）賣漢堡已久，那是在加州洛杉磯以東，而掛在他店外頭的新告示寫著：「塔可只要十九分」。

　　貝爾的漢堡店離另一家漢堡店只隔了四英里的路，後者由一對兄弟，理查和莫里斯經營——那是最初始的麥當勞（一九四〇年開業）。三年後，雷·克洛克（Ray Kroc）與這對兄弟成為生意夥伴，開始在全美拓展事業。

　　麥當勞的天才精神在於它一九四八年的品牌改造。不像城市裡其他漢堡店，它的菜單特別短。店裡只提供漢堡、炸薯條和奶昔；它不販賣任何需要炊具，又會噴得一臉的食物。廚房裝設加熱燈，所以漢堡可以預先製作好，顧客不必等任何東西烹煮。唯一額外

的工作是飾菜：番茄醬、洋蔥和醃小黃瓜，還有，不用盤子，每樣東西都裝在紙袋或紙杯裡，因此不需要廚房雜務工清洗收回來的陶瓷。

這些省錢方式使得麥當勞能將漢堡的價格降至十五分錢——對手價格的一半。這是非凡的革新之舉，而快速移動的隊伍從櫃台一路排出門口，直到街道上。克洛克在一九五四年買下加盟連鎖權。到了二〇一八年底，全球超過一百個國家有大約三萬七千八百五十五家分店，服務六千九百萬名顧客。

貝爾在早期時日嫉妒地看著麥當勞兄弟的生意蒸蒸日上。「你可以在餐廳後面的車棚看見他們新的凱迪拉克。」他有次曾說。這對兄弟也擁有和分享一棟有二十五個房間的豪宅。

貝爾沒有這麼好的運氣。他隔成小隔間販賣的小店是自己搭建的——看起來也是——顧客對要排十五分鐘的隊才能拿到餐點沒有興趣。然後，在一九四八年，暴風雨襲擊城市，倒是證實他的小店偷工減料——時速八十英里的狂風完全摧毀店面建築。

得到美國銀行的重建貸款後，他在兩個月後重新開業，在菜單上添加熱狗和麥根沙士。他從早上五點開始工作，在晚上十一點服務最後一位顧客。這個工作行程使他太太桃樂絲無法忍受。他們的孩子誕生後，她說服他收掉生意，在當地加油站找個工作。

他照辦了，但沒辦法將自己的想法趕出腦海。他在加油站努力工作，但當他替顧客的車加油時，他會不斷凝視對面的那塊空地。然後，在妻子毫無所悉之下，他放手租了那小塊不毛之地，蓋了個新店面。他的妻子後來察覺此事，不情不願地同意他辭掉加油站的工作。

同時，他持續觀察麥當勞，麥當勞的現象顯示他落伍了。這對兄弟的不斷創新——從紙杯和現代醬汁自動販售機——使他挫折萬分。他也得到另一個結論，這城市裡的漢堡店已經太多。

他需要另一個點子。在幾家墨西哥餐廳（尤其是附近的密特拉咖啡館〔Mitla Café〕）用餐過後，他認為，如果他能複製他們的塔可，但以生產線的方式生產，他或許能賺大錢。

一九四八年，品牌改造過後的麥當勞菜單簡易，所有食物都預先做好，
不需要餐具，只賣十五分錢。

「如果你點了十幾個（塔可）……你就得等上好一會兒，」他後來回憶道。「他們先塞餡料，很快地油炸它們，然後用牙籤把它們固定在一起。我認為它們很好吃，但是得改良準備方法才行。」

他對桃樂絲解釋他的點子，後者還沒從發現他偷開新漢堡店的震撼中恢復過來。「塔可可能會是新的流行，」他在家吃晚飯時告訴她，「塔可會使我們的店獨樹一格。我只需要想出能快速製造塔可的方法就好。」

她說了他們兒子雷克斯（Rex）的未來，並說她的人生憧憬不是將剩餘歲月花在貧窮的西班牙裔社區掙扎賺錢，和讓他繼續作夢。但貝爾聽不進她的請求。他整天想著要說服一個做雞舍的人幫自己創造小鐵絲架，有了小鐵絲架，他可以將塔可浸在炸油裡，在外殼炸脆的同時，可以順便固定塔可的形狀。鐵絲架後來製作好了。貝爾一次可以炸六個。他的下一步則是發明不用油炸的預製塔可殼，只需要在顧客下訂單時塞滿餡料。他的塔可不會搞得像漢堡一樣油膩膩，每個塔可都一模一樣，棒透了──也不需要額外的洋蔥或乳酪。

剛開始時生意沒那麼快好起來，但顧客需要變得喜歡那個點子。「生意不錯，」他告訴桃樂絲，「不是很興旺，但有賺錢。塔可是未來。」

桃樂絲想著，或許吧，但你不是。

一九五三年，她訴請離婚。貝爾讓步，給她所有的財產：房子、銀行帳戶和餐廳。然後他搬到七十英里遠處重新開始。他停止販售漢堡，只專賣塔可。

今日，塔可貝爾（Taco Bell）展現餐廳加盟連鎖模範的驚人力量。全球有超過七千家加盟店，全球收入超過二十億，遍布的國家從俄羅斯到中東，從美國到芬蘭。

貝爾的生意的成長是戰後消費主義急促激增的現象的部分。在美國，於一九五四至一九六七年間，餐廳食物的販賣翻倍。這風潮是和食物加工業的成長一起並進。電視晚餐變成國民習慣，

有很多錢可賺。貝爾的實驗變成巨大的成功故事——尤其是美國白人中產階級對異國料理越來越有興趣,特別是那些根據他們的味蕾而改變的在地化口味——但許多實驗中也有無數的失敗。

速食失敗的蹤跡悲傷一如拋棄的包裝紙、漢堡盒和飲料杯垃圾。有些甚至沒超過第一家店,其他則在開分店時倒閉。許多——比如那些占據主要零售商據點的——被大品牌買下和併吞。美國速食愛好者在聽到以下品牌時,或許會傷感一下,如,喬治雞(Chicken George)、VIPs、Doggie Diner、紅色穀倉(Red Barn)、本尼根(Benningan's)、G. C. Ritzy's、Pup 'N' Taco 和豪生餐廳(Howard Johnson's)[57]。這些餐廳的故事是熱情、希望、努力、成功和失敗的香濃混合,創業的一路上有很多搖著手指不表贊成的桃樂絲,而大部分的後者被證實講對了。

同時,深入塔可帝國之旅後,貝爾再度墜入愛河,與瑪莎(Martha)結婚,再生了兩名子女。有次有人問他,是什麼最先使他受瑪莎吸引。「她對塔可的興趣。」他回答。

儘管貝爾專賣塔可,店早期的名號卻叫 Taco-Tia,所販售的塔可和在墨西哥的墨西哥人想的塔可完全不一樣。貝爾的塔可很硬挺。在墨西哥,托斯塔多(tostado)才有硬殼,無論過去和現在都是扁平的。貝爾的餡料是冷的牛肉塊和沙拉,除此之外什麼也沒。墨西哥人可能會告訴你塔可是扁平的,是加麵粉的玉米餅,在烤架上加熱,在肉準備好前,先加上切丁的蔥和芫荽。然後是放上滋滋作響、流著肉汁的牛肉條(carne asada),先醃過,再放下去現烤。貝爾沒有烤肉——那就是他的優勢。他的確也沒灑任何芫荽葉。

---

57. 喬治雞(Chicken George)為速食連鎖餐廳,創立於一九七九年巴爾的摩,一九九一年宣布破產解散。VIPs 目前仍在經營。Doggie Diner 是加州一九四八至一九八六年間的熱狗和漢堡速食連鎖餐廳。紅色穀倉(Red Barn)的最後一家威斯康辛州連鎖店關閉於二〇一五年。本尼根(Benningan's)是以愛爾蘭酒吧為主題的休閒連鎖餐廳,曾一度關閉,目前又在全球營運。G. C. Ritzy's 目前仍在營業。Pup 'N' Naco 是南加州私人連鎖快餐店,於二〇一三年關閉。豪生餐廳(Howard Johnson's)在一九六〇和七〇年代曾一度是美國最大餐廳連鎖店,最後一家店於二〇二二年關閉。

如果要描述貝爾如何從墨西哥塔可製作者得到靈感，然後發展他自己的塔可的過程，可以寫成一本書——確實，市面上有好幾本——而那是個文化複雜性、新世界遇上舊世界、和常識的故事。長久以來，人們就一直用麵粉或玉米為基底的產品來將肉或蔬菜結合在一起。儘管如此，以傑佛瑞・皮爾謝（Jeffrey Pilcher）這位《塔可行星：墨西哥食物的全球史》（*Planet Taco: A Global History of Mexican Food*）作者的話來說，「塔可是到了二十世紀才成功稱霸全球。」

　　但貝爾對塔可生產的傳奇機械化是否加速它一躍而成為速食的發展基礎？由於貝爾是發明製作硬塔可機器的人此傳奇遭到反駁，有些人爭論說，他的點子來自其他墨西哥企業家，而他有監視競爭對手的活動的傾向，的確顯示此事並非不可能。

　　確實，貝爾的第一份塔可是在一九五一年賣出，而一年前在紐約就有個專利存在，一位墨西哥餐廳老闆，朱本西歐・馬多納多（Juvencio Maldonado）發明了一種機器。

　　馬多納多在一九二四年抵達紐約，當時他二十六歲，之前可能做過士兵，想在墨西哥內戰[58]後尋找新生活。他的女朋友帕茲（Paz），四年後加入他；他們婚後於紐約上西區開了一家墨西哥雜貨店。那家店沒有針對當地墨西哥人口做餐飲服務——那裡沒有墨西哥社群——而就只是因為這對夫妻覺得他們的食物，像莎莎醬、墨西哥薄餅（tortilla）和巧克力會在社區裡受到歡迎。這是汽車、香菸、電車、寬廣街道和現代性的時代。紐約客準備好接受新奇和異國風情的洗禮。這對夫婦工作時間很長，當地人很喜歡他們，但工作實在太辛苦了。食材太罕見；人們將食物帶回家時甚至記不得食材的名字，這樣實在事倍功半。所以，在一九三八年，馬多納多夫婦雖然仍舊相信墨西哥食物可以吸引紐約人，但決定把製作步驟弄得簡單一點。他們關閉雜貨店，在劇

---

58. 一九一〇至二〇年間，墨西哥各派系之間的鬥爭，後來演變成內戰，美國介入尤大，大約有二百萬人在衝突中喪生，獨裁統治結束，建立立憲共和國。

院區西四十六街找到一個小地點，開了家叫做索奇特爾（Xochitl）的餐廳，那個字在他們的母語裡是「花」的意思。

不屈不撓的馬多納多夫婦用闊邊帽和木製美洲印地安頭像裝飾餐廳，中央則是低俗的大繪畫，畫著阿茲特克老鷹和蛇。這與阿茲特克神祇的傳統傳說有關，在那個傳說中，神祇吩咐人們在看見老鷹吞噬響尾蛇的地點打造一座城市，也就是墨西哥城。

菜單上有小玉米餅（chilaquile）[59]、仙人掌沙拉，和濃稠的墨西哥醬，莫雷醬（mole）[60]。墨西哥薄餅每天新鮮製作，從它們演變出（硬和軟的）塔可、安吉拉捲（enchilada，軟墨西哥薄餅，餡料是肉、蔬菜、菜豆或沙拉，再灑上辣醬），以及塔士塔達（tostada，硬脆的墨西哥薄餅灑上各種好吃的料，但不變的是番茄、沙拉、墨西哥豆泥和磨碎的乳酪）。

最後，紐約客迷上塔可，蜂擁至索奇特爾。他們特別喜歡油炸塔可（fried taco）的酥脆。由於熱烈受到歡迎，受過電工專業訓練的馬多納多在閒暇時間發明了一個可以機械化油炸大量塔可的機器。一九四七年，他提出「油炸墨西哥薄餅使成油炸塔可的機器」的專利申請。申請文件包括一頁精緻的五幅技術制圖和一頁詳盡的解釋。繪圖顯示一種手握裝置，有數個可以放置墨西哥薄餅的凹槽，然後可以整個放進油炸槽裡。繪圖確認朱本西歐·馬多納多是「發明者」；他則提出證明說，這是個「新」裝置，專利申請則在一九五〇年批准。（專利最後在二〇一九年七月十一日到期，就是寫下這句話的日子！）這裝置不僅可觀地增加一次油炸塔可的數量，還維持了廚房裡的祥和。顧客愛死塔可了，但廚師痛恨創造它們。熱油不斷潑濺到裸露在衣服外的皮膚上，造成燙傷，也把圍裙弄得髒兮兮，甚至在睡覺時，好像還是聞得到味道，逃也逃不掉。當馬多納多第一次將裝置展現給廚房團隊看時，他們大聲歡呼。他後來說，他的發明「在廚師公開叛亂後恢

---

59. 微炸過的小玉米餅，淋上紅醬或綠醬而成，通常有豆泥，最後灑上起司。

60. 莫雷醬（mole）：以辣椒、香料和堅果等為基底的傳統墨西哥醬料。

復和平，廚師很怕處理油炸塔可的訂單」。

　　在隨後年間，馬多納多在餐廳經營也賣塔可「外帶」。他的發明使塔可增加受歡迎度。

　　也許純屬巧合──相同問題的創新發明在同時間內需要解決──但格倫‧貝爾在聖貝納迪諾的塔可店引進的裝置卻一模一樣。

　　但，如果貝爾犯了剽竊罪，馬多納多的罪行是否更重？為了迎合紐約客的口味而油炸塔可，因此妄用了他的烹飪的根？他對傳統的摻雜造假和促進墨西哥食物的美國化，是否是種文化背叛行徑？根據已過世的墨西哥詩人，奧克塔維奧‧帕斯（Octavio Paz）所言，「大熔爐是個社會概念，但當它應用在烹飪藝術上時，則產生令人憎惡之物」。

　　反之，另一位當代墨西哥作家古斯塔沃‧阿雷拉諾（Gustavo Arellano）則捍衛馬多納多的同行，甚至貝爾的塔可帝國。「我們必須將美國境內無數種類的墨西哥食物視為墨西哥家庭的部分；不是種詐欺，不是較差勁的手足，而是個平等之物。」阿雷拉諾覺得，「無論哪裡有丁點兒墨西哥風味的東西，不管是人民、食物、語言或儀式，甚至離麥士蒂索醬（mestizo sauce）有好幾世紀遠，都仍舊算是墨西哥的傳承」。

　　傑佛瑞‧皮爾謝下結論說，對界定墨西哥食物的掙扎「已經延續了二百年」。確實，他提到，甚至連墨西哥本身的定義都遭到質疑。畢竟，根據戰爭或外交而改變的國家邊界在食物傳統被引用時，並非舉足輕重之評判點。美國在一八四八年入侵墨西哥後，強制施行《瓜達盧佩伊達爾戈條約》（*Treaty of Guadalupe Hidalgo*），吞併南德克薩斯，使墨西哥的一部分成為美國領土[61]。「在下格蘭河（Lower Rio Grande river）[62]南岸端出的菜是國家料理，」皮爾謝寫道，「但在北岸就成了民族風味餐。而對在兩岸的家庭而言，它單純只是家庭料理。」

---

61. 指爆發於一八四六至四八年間的美國與墨西哥戰爭。
62. 下格蘭河（Lower Rio Grande river）：美國第四長河，有二千公里做為美墨邊界。

皮爾謝的任務是追尋墨西哥正統料理的心臟，他著手尋求塔可最終極的原始風格出自何方。他旅行到埃莫西約（Hermosillo）。這是位於墨西哥西南索諾拉（Sonora）州的一座城市。它是花朵、自然、運動和美食之城。那裡的食物幾乎是神聖不容質疑的。城市的觀光辦公室驕傲地宣稱，聯合國教科文組織認可此地的墨西哥食物為無形文化遺產。如果你想嘗嘗道地的墨西哥食物，此地絕對值得一訪。確實，皮爾謝從明尼亞波里斯家鄉到此是一趟長程之旅，尤其他自己家鄉湖街（Lake Street）的墨西哥小館的菜餚——燒烤塔可加上新鮮而有風味的番茄莎莎醬——就已經很棒了。

在埃莫西約，皮爾謝接觸到當地圖書館館長，後者是位烹飪老師兼正統墨西哥料理權威，承諾要帶他去吃鎮裡最好吃的塔可。

結果他們去的地方是中國餐廳。

今日，美國譴責墨西哥，甚至是由總統[63]帶頭，後者發誓要興建一道牆保護美國公民遠離墨西哥卑鄙的犯罪和毒品，但，美國最受歡迎的速食——在美國經典的潛艇堡、麥當勞、漢堡王、Dunkin' Donuts 和必勝客之後——卻是塔可貝爾。

---

63. 指時任美國總統川普。

Chapter 12 ｜戰後英國

義大利出生的餐廳老闆查理・福特（Richard Forte）贏得為英國的大不列顛節提供餐飲的合約：這是英國這個國家的機會，能藉此對全世界展現其戰後經濟的繁榮復甦。福特的快速餐飲作業刺激他產生一個念頭，即在不列顛打造餐廳和旅館巨大帝國的野心。但，英國仍在施行配給制，這個陰影漫長，也不是個好兆頭。儘管一九五〇年代有十年的成長，有人仍舊覺得英國所能提供的食物品質低劣。十二年後，一位諷刺家在電視上以一個形容詞做總結：難吃噁心。

……

逐漸從戰爭的匱乏解放之後，為追尋享樂而外出用餐的經驗對一般英國人而言，仍舊是種新鮮事物。不再囚禁於恐懼和憂慮、悲慘和危險，用旅遊協會（Tourism Society）已過世的創建人維克多・米多頓（Victor Middleton）的話來說就是，「甚至連長途巴士旅行都被視為滿心期待的魔幻和冒險的源頭」。

在那個年代，香蕉於雜貨店展示都令人興奮，上餐廳更令人激動不已。今日的人難以想像在出外用餐時不用繞過沙包才能進入餐廳，或者坐在餐桌旁就知道快速躲進防空洞的可能性已經微乎其微。

但是如果我們將眼光投向一九四〇年代晚期和一九五〇年代，從二〇二〇年的舒適、安全和奢華觀之，英國是單調、淒涼和陰鬱的。確實，即便從六〇年代早期仔細觀察，某些當代作家仍舊留下相當無情的觀察。

批評聲音在一九六二年十二月二十二日出現。那天《廣播時報》（Radio Times）排在英國國家廣播公司的最後一個節目，就在晚上十一點四十分關閉播放前，是晚上十點五十分的〈這就是一

周〉（That was the Week That Was）。在這集的秀裡──如往常由大衛‧佛羅斯特（David Frost）主持──主角是作家伯納德‧列文（Bernard Levin）。他那晚的角色是從倫敦牧草人叢林（Shepherd's Bush）的 BBC 電視中心攝影棚現場直播，發表一段他認為是英國現今烹飪場景的獨白。而那座攝影棚才剛興建兩年。

「如果可以用一個詞來形容英國的飯店業和餐飲業──的確是有那個詞──那個詞就是噁心難吃，」他說。「還有其他詞可以在緊急狀態下將就使用：懶惰、無效率、不老實、骯髒、自滿、昂貴，但噁心難吃是個總結。」

他回憶最近在達特茅斯（Dartmouth）一家飯店的住宿經驗，他問老闆，飯店是否能在隔早八點十五分端上早餐。那個男人斜著眼睛狐疑地看著他，發出吶喊：「你現在不是在歐陸，先生！」此句吶喊終將成為不朽。

列文的經驗和匈牙利出生的英國作家喬治‧麥克斯（George Mikes）發表過的詼諧斷言很類似，後者在其一九四九年出版的《如何做個外國人》（How to be an Alien）中曾評論：「在歐陸，人們享有美好食物；在英國，他們擁有良好的餐桌禮儀。」

在二次大戰期間，英國甘願服從配給制（這政策持續到一九五三年，因為食物供應復甦緩慢），部分是出自於愛國情操和經濟必要性的結合。人們最好是大幅降低標準和期待，才不會老是對自己國家供應的食物覺得悲慘和失望。

確實，英國不計任何代價配合微薄配給，從而避免了騷亂。由於官僚制度在周復一周的提供配給上效率絕佳，政府對提供每個成年人每周僅四盎司的培根和奶油，以及十二盎司的糖的承諾總是得以兌現。（儘管在幕後有許多情況突然變得糟糕的時刻，比如，載運食物的商船在橫越大西洋時，帶著好幾頓的肉類、小麥和糖沉沒。）

溫斯頓‧邱吉爾樂觀地稱呼政府經營的食堂為「不列顛餐廳」（British Restaurant），供應簡單和吃得粗飽的菜餚。在食品部秘密所在的科爾溫灣（Colwyn Bay），這類餐廳提供價值一先令的午

餐，菜色包括濃湯、烤肉和蔬菜、一個布丁和一杯咖啡。

這些不列顛餐廳，或說社區餵食中心（Community Feeding Centre）的發展意味著，在戰爭年間已經塑造出巨大社會變化：即外食的正常化。

在戰爭期間，定期外食的人數翻了超過兩倍，而在一九四四年十二月，大約有一億七千萬頓飯是在住家以外的場所進行的。

以約翰・伯奈特（John Burnett）這位《英國外食》（*England Eats Out*）作者的話來說：「在公共場所吃飯的行徑在戰前主要侷限於特權少數，這後來被不列顛餐廳、工廠食堂，和尤其是百萬男女軍人的社區餵食中心，推廣普及和民主化。」

食物的品質在當時不是問題，但每個人都注意到其功能性。在戰爭期間，作家法蘭索瓦絲・帕特里奇（Frances Patridge）到過斯文敦（Swindon）的這樣一家咖啡館，寫下以下記錄。

「它是個大型大象屋，數千名人類在那裡吃飯，就像我們一樣，提供的是海量的全深褐色餐點，以濃稠到糊糊質地的深褐色濃湯開場，隨後是滿是硬塊的深褐色絞肉，裝飾著深褐色菜豆和一點深褐色馬鈴薯、很薄的深褐色燉蘋果，和一種（薄粥）羹湯。非常有飽足感，咀嚼起來也很有口感，那使得喚醒我們未來的計畫世界的願景，也都是深褐色的。」

因為英國在二戰得勝，大眾也比以前更健康，得多虧於微薄但營養的配給，而英國人當時的運動量要比現在還大，也沒有要在國土上開滿大餐廳的國家慾望。事實上也沒有供給或資本來源可以這麼做。

當人們似乎在心理上減少對食物的期待時，那同時也出自於生理因素，胃口真的實際變小。廓瓦迪斯（Quo Vadis）的創立者培皮諾・萊奧尼（Peppino Leoni）在戰後重新開店（餐廳至今生意仍舊很好），菜單上只有三道菜。「戰爭和配給制把英國人的胃大大地縮小了，」他後來告訴他的傳記作家。他又說，沒人想要五道或六道菜的晚餐：「人們要煮熟的食物，相對小分量，擺盤精緻。」同樣地，一九四七年異想天開（La Caprice）開業，老闆

馬里奧‧伽洛帝（Mario Gallati）在一九六〇年評論說，「我們的胃一定變小了……現在人們不再有像戰前那樣的胃口。」

伊莉莎白‧大衛（Elizabeth David）以一九五〇年出版的《地中海食物之書》（*A Book of Mediterranean Food*）為英國帶來些許浪漫主義，但，對大部分的人來說，那事實上只是本不切實際的小說。當她說到法國鄉村別墅的木樑上掛著芬芳的香草，市場裡的木箱裝得滿出來的熟成番茄，圍坐在餐桌旁大啖豐富多料的卡蘇來砂鍋（cassoulet）[64]和新鮮沙拉時，在英國，甚至連有錢人要是想煮她的食譜的話都得掙扎一番。

超市沒有這類豐富食材——她常寫到的橄欖油在藥房以小瓶販售，酪梨甚至是超越白日夢的幻想。

而且，就算企業家在戰後市場看到符合伊莉莎白‧大衛筆下浪漫飲食場景的開餐廳商機，但在和平時代仍在執行的某些戰時法律卻會使得他們裹足不前。一九四二年五月執行定價約束，限制飯店或餐廳對一頓飯的要價只能是五先令（現今的二十五便士）。同樣的法律也限制一頓飯只能有三道菜，而且所有餐廳都得在午夜時關門。

這項立法意圖在防止有錢人蔑視配給制，在飯店大吃特吃，但儘管戰爭煙硝正盛，富人仍舊共同努力保持他們的生活方式，即「Ritzkrieg」（富裕倫敦人保護其福利和樂趣的運動）。英國記者雪瑞勒‧賈克伯斯（Sherelle Jacobs）曾記錄道：「當蘇聯陸軍奪下蘇馬（Summa，在現今俄羅斯境內）時，柏克萊飯店的配膳室卻在端出魚子醬、龍蝦、黎塞留式鵪鶉（quail richelieu）[65]和巴黎蘋果捲（jalousie Parisienne）[66]。穿著毛皮大衣和戴著珍珠的貴客仰

---

64. 法國南部經典鄉土菜餚，即肉類、蔬菜、香料燉白扁豆再焗烤，需耗時一天。

65. 鵪鶉去骨、內臟，拿去熬高湯，檸檬汁、鹽、黑胡椒攪拌後塗抹內外，洋蔥和磨菇切丁炒奶油、蔬菜油至金棕，收汁後加鹽和黑胡椒，塞入鵪鶉內再交叉裹上兩條培根送入烤箱烤，適時拿出塗抹內含橘子皮和肉桂的甜紅酒，倒入高湯後再烤即大功告成。

66. 奧地利、德國和捷克流行的蘋果捲以蘋果和果餡捲為原料，起源於匈牙利。

倫敦廓瓦迪斯的培皮諾‧萊奧尼在菜單背面印上食譜，
並邀請賓客參觀廚房。

頭飲下猴上腺素雞尾酒（Monkey Gland cocktail）[67]加石榴汁糖漿，還有古愛托尼亞琴酒搭配杏仁利口酒。」當英國軍隊為法國人攻打敘利亞的帕邁拉（Palmyra）時，史達林在一九四二年夏季實施「焦土政策」，而一位富裕的倫敦人卻在日記裡記述他最近在薩伏伊飯店享用的晚餐：「在三位服務生和侍酒師的環伺下，我們享用皮姆一號（Pimm's）香甜酒、冷清燉肉湯、白酒醬鮭魚和新鮮馬鈴薯以及蘆筍尖、普拉林冰淇淋和咖啡。」

許多有錢人想辦法繞過三道菜和五先令的限制，帶自己莊園採集的農產品到餐廳——尤其是那些時尚高級的倫敦飯店。倫敦的麗茲和薩沃伊這類飯店也允許只要付八先令六便士的追加費，廚師就能添加更多道菜餚，如果不說是實際幾道主菜的話！

工黨政府在一九五〇年廢除三道菜和五先令法律，那是在那年大選前，結果他們以微弱多數獲勝。但餐飲供應商面臨持續的限制，而配給制直到一九五四年才分階段完全撤銷。

戰爭年間同時限制了經驗和想像力二者。就像在已經過世的李奧納德・里克利須（Leonard Lickorish）的《英國觀光業》（*British Tourism*）書中聲明說的：「一九四〇年代晚期的英國實際上破產，在戰爭融資上耗盡儲備金。」那時很少或幾乎沒有國際旅遊，假期是隨季節而行的家庭活動。只有百分之五十的人口能離開家去旅行，大概一年一次，在七月或八月。汽油配給制持續到一九五〇年，汽車所有權是種特權。確實，人們擁有的許多車不牢靠，而且還是戰前生產的，並且只在夏季使用。直到一九五〇年代才興建高速公路。

倫敦和其他主要城市和鄉鎮一樣，在一九五〇年代仍舊因戰爭而傷痕累累，它滿是炸彈坑、只剩空洞外殼的建築，和殘破的倉庫。當時，令人興奮的娛樂概念包括開車去希斯羅，坐在機場提供的椅子上，越過尖樁柵欄觀賞飛機起降。

至於食物：乳酪是個狹隘界定的觀念，只指工業化生產的切達；

---

67. 由琴酒、柳橙汁、石榴糖漿和苦艾酒調配而成的雞尾酒。

麥芽啤酒從未遭到配給，但蕭條一陣子，直到一九五○年才恢復其往日榮光。在像倫敦河岸街辛普森餐廳（Simpson's）裡被視為佳餚的菜，包括奶油罐頭肉砂鍋燉菜，以及像聖詹姆斯街的普諾尼（Prunier's），菜色則是沙丁魚與馬鈴薯家鄉陸軍女性（只單純是馬鈴薯泥和乾蛋粉，名字聽起來比真的吃起來美味）。

　　一九四七年的蓋洛普民調詢問人口的典型代表，他們視何為「完美的一餐」。共識如下，並是以這個次序：一杯雪莉酒；蕃茄湯；鰈魚；烤雞與烤馬鈴薯、豌豆和球芽甘藍；鮮奶油乳脂鬆糕；乳酪和餅乾；餐酒；和最後的咖啡。

　　渴望顯得時髦上流的餐廳或飯店裡的菜單仍舊主要以法文寫成——這絕對不僅是英國的習慣。都柏林羅素飯店（Russell Hotel，一八八○年代開業，一九七○年代歇業）的餐廳菜單幾乎全部都用法文，從蔬菜濃湯到魚和烤肉。我們只能想像那些為特別的一餐省錢、結果對著菜單苦惱的客人的表情——不管是烤小羊排佐蔬菜（noisettes d'agneau bouguetiére）或克拉馬燉小牛胸線主菜（ris de veau braisés clamart）、豆類波菜濃湯（legumes of velouté d'sespinard）或奶油香煎苦苣（endives meunière），或基度山杯（coupe Monte Cristo）甜點。也許為不諳法文感到尷尬，他們會匆匆選擇菜單上唯一的英文字：在烤肉下有「小羊排」；冷餐下有「烤牛肉」；「鹹食」部分則提供「鰻魚醬烤吐司」和「威爾斯乾酪」（法國主廚無疑會對此相當失望）。

　　一九五二年時，曾出現個小型反叛，或說小衝突，當時在托奇（Torquay）[68]的帝國飯店（Imperial Hotel）重新開張，餐廳也重新開業，號稱是「地中海式的英國飯店」。這份聲稱清楚顯示，在未來，所有菜單都會以英文寫成。開業那晚的無菜單料理得到歡呼聲，被認為是戲劇性的新穎之舉。菜單如下：波特酒調製的西瓜雞尾酒；西印度龜湯佐黃金起司脆條；聖克里斯多佛鰈魚排；「帝國托奇」雞胸肉；英國里維耶拉沙拉；「伊莉莎白」草莓冰

---

68. 托奇（Torquay）：英格蘭西南部得文郡海濱城鎮。

淇淋蛋糕、得文郡蛋糕；帝國咖啡。

今日，以法文書寫菜單的英國傳統已經消失，儘管白金漢宮仍舊死抱著此習慣不放。毫無疑問地，川普總統會在二〇一九年白金漢宮國宴時，同情那些都柏林貴客。菜單包括奶油香芹西洋菜湯（mousseline de cresson velouté au cerfeuil）、馬里尼內餡羊腿肉（selle d'agneau de Windsor Farcie Marigny），以及草莓奶油酥塔（tarte sablée aux fraises），全以法文寫成。或許女王陛下會向川普保證，菜單只是（拿來燉湯的）大比目魚，然後是羔羊肉，最後是鮮奶油和草莓。

儘管如此，有些倫敦餐廳比較親民。萊歐尼在蘇活區院長街的廓瓦迪斯的菜單背面注明某些經典菜餚和其醬汁的食譜。上面也有個指示說：「如果你發現在準備這些菜餚時出現困難，萊歐尼很樂意讓他的主廚為您示範。顧客若在任何時刻造訪廚房，萊歐尼都會覺得萬分榮幸。」

外出用餐對許多家庭來說，主要是在夏季假期，於海邊的小型家庭旅館和小飯店三餐全包的體驗。海邊度假勝地在戰後一九四六年迅速再度開業，但在沙堡和岩池之間仍舊存有明顯的戰爭配備：鐵絲網、砲台和混凝土反坦克陷阱。鑑於為了預防敵人入侵，許多海灘都在戰時埋下地雷，戰後有些人會對去海邊玩或讓小孩蓋沙堡覺得緊張，也就不那麼讓人驚訝了，儘管當局保證，每個地雷都已經找到並掃除。

值此之際，獨立浴室在飯店和家庭旅館很罕見，熱水和新床墊是希罕之物，半夜想上廁所得用床下的夜壺，米多頓寫道，「住客在抵達前應該先洗過澡」。

戰時的政府宣傳鼓勵人們不要旅行。一張有名的海報是一名士兵站在鐵路售票處前，宣稱「你的旅行真的必要嗎？」，這張海報試圖讓人們為樂趣而旅遊感到內疚。海報的一個版本是，一對富有的夫婦和小狗考慮著要不要買票。男人穿著時髦的藍色大衣、粉筆條線西裝外套，和閃閃發光的鞋罩鞋。女人則穿著毛皮大衣、戴著有羽毛的時髦紅色帽子。訊息很清楚：甚至連富裕和

特權階級都質疑社交旅遊的概念。

由於這類概念在戰時根深蒂固，導致許多人難以擺脫罪惡感。外出用餐和假期旅行擁有相同的隱含意義。如果你不需要做，你就不該做。

當然並不是每個人都這樣想。許多退伍後快快樂樂的戰時倖存者在擺脫掉限制的枷鎖後，會趁任何時機和在任何地點尋求享樂，只要他們付得起。這意味著他們並不特別挑剔，而且容易取悅。許多餐廳各方面表現不佳（以我們得益於二十一世紀早期的奢華的後見之明看來），是因為它們根本不需要。

我們可以爭論，英國能在戰爭中取得勝利，部分是透過團結的國家，並愛國到內向封閉，只關心自己。就像米多頓說的：「一九五○年的不列顛仍舊主要是個集體主義、循規蹈矩、單一文化的社會，一如它在戰前時代那般。移民在大部分地方仍舊罕見。以現代標準而言，它是個壓抑、專制的社會。」

政治家和日記作家哈羅德・尼科爾森爵士（Sir Harold Nicolson）是作家薇塔・薩克維爾—韋斯特（Vita Sackville-West）的丈夫。一九五三年他在伯克郡的紐伯里（Newbury）光顧過一間客棧後，便在日記裡喃喃抱怨：「一頓貧乏難吃的早午餐……他們端上他們號稱的奶油水果小餡餅──一捏就碎的奶油酥餅外加兩顆莓果和人工鮮奶油。我對英國料理感到絕望。訓練生產者沒有好處，顧客應該被教導，如何判斷什麼時候食物其實是懶惰和隨性煮成的。」

由於缺乏挑剔的顧客，促使作家雷蒙德・波斯特蓋特（Raymond Postgate）在一九五一年出版第一版《美食指南》（*Good Food Guide*）。與其說這是本專家美食指南，不如說它是分享外出用餐的英國人的正面經驗──儘管他們往往覺得大失所望。波斯特蓋特想讓英國人提高他們對餐廳的期望，希望藉此能轉而鞭策餐廳老闆努力改善表現。

波斯特蓋特出生於一八九六年，終生是位社會主義者和有良心的拒絕服兵役者。他甚至曾為他的和平主義活動短暫蹲過牢，

當時他在牛津大學就讀，那是第一次世界大戰期間。他那位支持保守派的父親是劍橋的拉丁文教授，因為他娶了社會主義者國會議員的女兒，憤而和他斷絕父子關係。他也是位多產的專欄作家和雜誌撰稿人。可能會有人假設說，身為英國共產黨的創立黨員，（共產黨是由一群沒經驗的人草創而成，）而波斯特蓋特又是位全心投入的黨員，他應該不會嚮往精緻餐飲。但他卻自始自終厭惡差勁的食物和服務。

在撰稿人包括薩謝弗雷爾·席特維爾爵士（Sir Sacherell Sitwell，就是我──本書作者──的祖父）、作家康斯坦特·朗伯特（Constant Lambert）和作家 H·E·貝特的《小人國》（Lilliput）雜誌中，波斯特蓋特的專欄以高妙的機智點出，他認為什麼是英國美食的慘況。他邀請讀者分享他們最糟糕的經驗，並在〈防止對食物殘酷協會〉的想像性贊助下匯集這些文章。在這之後，他轉向比較正面的用途，將較好的評論收錄在一九五一年第一版的《美食指南》中。

在指南中，他懇求用餐者在促進改善餐廳食物和服務上，採納積極主動的態度。比如，如果你注意到刀叉或玻璃杯暗淡無光，「在餐桌旁坐下後，用餐巾緩緩擦拭餐具和杯子。別太招搖，也不要擺出生氣的表情，要若無其事地進行。你不想給人你對這家特定餐廳很惱火的印象，但要確切傳達你不過是在一輩子受苦受難後，變得疑神疑鬼」。

波斯特蓋特的第一本指南列出四百八十四家餐廳、飯店和酒館。它代表戰後早期年間，英國食客的封閉狹隘經驗。那時只有十一家設施端上可以描述為外國食物的菜餚，全部都是歐陸式，並且只有一家中國餐館。

波斯特蓋特創造出一支非正式評論大軍。他賦予一般餐廳用餐者的觀點合法性。他民主化外出用餐──對那些付得起的人而言。現在主廚和餐廳老闆真的有理由得提高自己的水準。波斯特蓋特在給予用餐大眾發聲權的同時，也為二十一世紀的美食部落客鋪路。

指南的出版在鼓勵顧客和主廚擁有更正面的展望外，恰好與推動積極正面的國家運動同時並進：也就是組織來促進英國戰後的復甦感，和慶祝藝術、科學和工業進展和創新的大不列顛節。那些蜂擁到南岸（South Bank）的主要節慶場所的人需要振奮的氛圍。而贏得做主要外燴合約的人是位叫查理・福特（Charles Forte）的企業家。

到了五〇年代，福特看出戰後自由會提供的生意願景。但他注重數量而非品質。他於一九〇八年出生於義大利，但從五歲起就在蘇格蘭長大，他的父親在蘇格蘭中央低地經營一家大型義大利咖啡館，顧客在其中享用美國蘇打水機出來的蘇打、義大利機器煮的咖啡，和道地的義大利冰淇淋。

福特在十多歲時，於濱海韋斯頓（Weston-super-Mare）為堂兄工作，那是一家位於英格蘭西南薩默塞特郡的咖啡館和冰淇淋店，他父親是共同擁有者。福特工時很長，當他的父親後來搬離蘇格蘭、在沿著南方海岸的幾個城鎮看到咖啡館生意的成長機會，福特便跟著父親離開。大約在十年後，他自己出來獨立開業，一九三五年在他二十七歲時創立福特公司，那是在他在《旗幟晚報》（Evening Standard）的日記專欄讀到一位澳洲人唐納德・麥金塔（Hon. Hugh D. McIntosh）開了一家奶品店（milk bar）之後。「我有天休假，北上倫敦去看看那家店，」他後來回憶。裝潢簡單，飲料單很短，但「服務速度很快，翻桌率高」。

他滿是興奮地回到布萊頓（Brighton），跟父親分享點子，但父親不為所動：「你沒辦法只靠牛奶賺錢。」他告訴他兒子。

福特並不灰心喪志，開始查探倫敦街道，直到他在上攝政街（Upper Regent Street）發現一家空店。他花了好幾天坐在外面數有多少路人路過、在巴士站前排隊的人數、當地理工學院進出的學生和老師人數。然後他算出他需要多大空間，雇多少員工才能賺錢，並將一千英鎊高額年租納入考量。

挾著從朋友、親戚和非常不情願的父親那裡募集來的資金，他開了草地奶品店（Meadow Milk Bar）。

但福特大大失算。他僱請太多員工，顧客不夠多。所以他冒險也租下了隔壁空房，以容納更多客人，同時裁減員工。這招奏效。到了一九三八年，他在西區有五家奶品店，一篇在他於九十八高齡於二〇〇七年三月過世的訃聞裡說道：「精算和堅決的結合奏效，就如同它在後續的六十年內常常重複的那樣。」

生意蒸蒸日上。到了三〇年代尾聲，販賣奶昔的奶品店流行趨勢在倫敦站穩腳跟，在約克郡和蘭開夏郡的城鎮也是，當時的評論家很是吃驚。以倫敦為總部的新聞雜誌《新聞評論》（*News Review*）有一篇報導在一九三七年二月發表：「人們嘲笑在艦隊街賣牛奶的點子。但在第一個星期結束時，他們吃驚得喘著氣。奶品店擠得水洩不通。記者從來不點比酒精濃度偏高的布頓啤酒（Burton）更沒後勁的飲品，卻紛紛放下他們的大啤酒杯，改喝草莓奶昔。」

福特是幾位靠以牛奶為基底的飲料賺大錢的人之一，而相同的《新聞評論》故事報導說，在全國境內，有二百九十九家獨立奶品店，外加一百一十七家百貨公司和十三家電影院有自己的奶品櫃台。

但戰爭爆發使得這類生意突然喊停。牛奶當然得配給，而仍舊擁有義大利國籍的福特遭到逮捕。一九四〇年七月，墨索里尼與希特勒聯手合作，以福特的話來說，「我恐懼的命運敲了門」。福特與其他義大利飯店老闆和餐廳老闆被拘留在曼島（Isle of Man）拉姆西（Ramsey）的莫拉營（Mooragh Camp）。

儘管如此，他很快就得到釋放，返回倫敦，在那繼續經營現在被大大削減的生意。他的貢獻被視為頗有價值，足以為他在食品部配給委員會確保一個席位。而在戰後，他於一九四七年開了幾家大型倫敦咖啡館，第一家的地點就在沙夫茨伯里大街（Shaftesbury Avenue）上，彩虹角落（Rainbow Corner）的老里昂茶室（Lyons tearoom）。

彩虹角落原先是美國軍人俱樂部，戰後持續受到美國大兵歡迎，因為他們覺得在這家「美國式」奶品店可以嚐到家鄉的滋味。

草地奶品店的老闆查理・福特
是一九四〇年被拘禁在曼島的許多倫敦義大利人之一。

福特在一九四八年二月用此建築的美國歷史為宣傳噱頭，為一塊匾額揭幕，向「熟悉原先的『彩虹角落』的所有美國軍隊士兵致敬」。他想方設法說服西敏市長和曾在艾森豪將軍手下服務的一位前美國准將，在大批群眾前，為匾額揭幕。

福特的物業買賣靈感來自倫敦東區的一位土地開發商喬·列維（Joe Levy）。列維曾說：「如果你連在皮卡地里圓環三平方英里內都該死的賺不了大錢，那就不要嘗試那個行業。而且永遠不要去後巷。」福特租了土地，向保誠借貸三萬五千英鎊，那也包含翻修費。

在列維的建議下，他成功的策略是租回協議。整棟建築的年租金是一萬二千英鎊，福特將一樓和地下室租給自己，每年收四千英鎊，建築上面部分則租給安大略政府，每年八千英鎊。

福特的房屋建築乾淨又現代。但它們還有其他層面。就像《衛理記錄者周報》（*Methodist Recorder*）在一九四八年二月指出的：「是什麼使得福特的店在其競爭對手中脫穎而出？在整個組織過程中，它們有真正要『服務』顧客的清楚焦慮。」

就在波斯特蓋特在一九五〇年為他挑剔的指南做最後修潤時，福特租下皮卡地里圓環那家奢華的標準餐廳（Criterion restaurant）（最起初在一八七三年開業），並重新開業。同樣，他整棟建築的年租金是一萬二千英鎊（他使用建築的大部分作為餐廳，販售馬里蘭雞〔Maryland chicken〕[69]和冰淇淋蛋糕），他轉租剩餘部分，為他帶來額外的保證收入。

他的經濟學才能為他贏得大不列顛節的主要餐飲合約。一八五一年，萬國博覽會帶動人潮湧至倫敦，慶祝維多利亞時代的成就。主廚亞歷克西斯·索耶曾希望來參觀展覽的訪客會聚集到他在肯辛頓的餐廳（參見第九章）。但那個點子失敗了。

一百年後，當代偉大餐廳老闆之一決定不要在都市外圍蹉跎，

---

69. 馬里蘭雞（Maryland chicken）：起源於美國馬里蘭州，在英國則為炸雞胸肉，佐以培根、香蕉或鳳梨餡油炸餅和薯條。

而是贏得真正的餐飲供應合約，地點就在南岸二十七英畝的場地上。福特的交易包括在「鄉村館」經營奶品店（當然啦），由牛奶銷售局贊助，在那你可以買到用非常現代感的半品脫紙盒裝的牛奶。

但他的主要任務是設計一間龐大的自助餐廳，如此一來，他可以每分鐘供應三十二人快餐。

在供應商的贊助下，福特估計成千上萬的訪客中，有許多人會消費從一杯檸檬汁到快餐等不同的東西。那是個很大的商業冒險，福特回憶道，「但可不是賭博……我們從一開始就知道我們只可能會賺大錢。」

他和他的共同總監每天都到現場——他後來指出，可不像他的競爭對手 ABC 外燴，老闆的態度是「把店弄起來，然後讓員工打理一切」。福特的外燴生意主要目標是由其不列顛節行動所界定，而任何有抱負的餐廳老闆都該謹記在心：

你不能靠往後坐，放手下命令而想得到結果。你得親力親為，處理生意上的繁瑣細節。和你共事的人一定得知道你知道生意的所有細節和來龍去脈，而且你和他們一樣清楚，你也準備好隨時與他們配合，你可不是最後上班和最先卜班的那個人。

工黨領袖休·蓋茨克（Hugh Gaitskell）是創造大不列顛節原始點子的人（溫斯頓·邱吉爾輕蔑地斥大不列顛節為社會主義宣傳），後來讚美福特說他是「全國最佳的餐飲供應商」。福特在這個成功基礎上拓展事業，得到沿著英國公路紛紛冒出的新休息站的餐飲供應合約，當時是一九五〇年代，擁有汽車的人激增，他後來還成為希斯羅機場的第一位外燴業者。他接下來買了其他重要餐廳，舉如皇家咖啡館（Café Royal），以及數目龐大的飯店。到了一九五〇年代末期，他的公司富億通（Forte Holdings）是英國最大的民營公司之一。

《衛報》在他過世後的一篇訃聞指出：「先不談他大部分生意因精打細算而造成的乏味和平庸，他的確流著外燴的血。」這位未掛名的作家討論，福特的才能就是在其他人也許覺得根本無

不列顛節的場地佈局圖。福特得到其中的合約，
經營一家每分鐘可服務三十二人的自助餐廳。

法賺錢的環境裡，獲利滿滿。《衛報》稱他的成功是建立在所謂「他帝國中其大眾市場的統一口味平淡上」。

確實，三十四歲的伯納德・列文是智識反叛年輕人的象徵，強烈渴望在〈這就是一周〉節目裡憤慨表達對餐廳的不屑一顧，而他在一九六〇年代早期發出此評論時，攝影棚裡有個男人被迫傾聽他的咆哮。查理・福特就是那晚的特別嘉賓。「福特先生掌管遍布全國的大型連鎖餐廳和飯店，是為英國食物和住宿辯護的不二人選，」主持人大衛・佛羅斯特說，「身為旅客的列文先生則有在兩方面的惡夢經驗，」佛羅斯特解釋，在節目裡，列文將會「將注意力集中在一個男人身上：那就是查理・福特」。

列文摧毀福特的顯著成就時，福特就坐在那。而列文特別攻擊的是他的生意技巧。列文直視著福特，坐得只離他幾吋遠，爭論說，「一般英國飯店經理的態度就是，那只是一門生意；而這門生意操作的規則就像任何其他生意一樣，沒有什麼不同，不管他是經營飯店或餐廳，製造鞋帶或賣保險。」

觀眾大笑，列文得意洋洋地轉向他們。他停下來喘口氣，再轉回福特。「他對自己的職業沒有自豪感，他對服務沒有熱情，也沒有提供旅客住宿或餵飽旅客的真心願望。」

列文也指責福特和他的同類不接待有孩童和狗的家庭，並攻擊在眾多餐廳裡竟然沒有檸檬汁和新鮮食物。列文說，主廚「可以用蛋黃和橄欖油製作美奶滋，而不是提供瓶裝的英式沙拉醬，那嘗起來像鞋油，搞不好也是用那做出來的」。他接著宣布：

「不列顛作為提供世界上最差勁的食物的國外聲譽幾乎完全得到證實。為什麼做為主人的傳統殷勤款待的偉大精神，以及對優良菜餚的驕傲，幾乎已經完全死去了呢？為什麼，比如，為什麼像在規模和重要性如曼徹斯特這樣的都市，沒有任何一家我可以毫不羞愧地推薦給外國人的飯店？為什麼在格拉斯哥的餐廳食物都是冷的？良好服務的概念幾乎死絕。」

他又針對福特在希斯羅的生意發動另一個直接攻擊，問道，「為什麼在希斯羅機場的餐飲供應是個重大國家恥辱？」

福特捍衛他的生意，反駁：「英國的餐飲供應和世界上任何國家的都可相提並論。」但觀眾劈啪大笑，顯然不以為然。

「我們持續拓展我們的生意，所以一定有些顧客非常滿意。」福特說，然後爭辯，將英國食物與歐洲經驗相較欠缺思考。「如果我們把我國的外燴系統改為歐洲外燴，你們會第一個跳出來抱怨。在歐陸的生活大大不同。我們的生活體系不同。」他也指出，列文「到哪都是做三等旅遊，當然得到此類待遇」，作家對此的回答是：「以旅遊的這類價格水準，為什麼（人們）不該因此在適度乾淨的環境中，吃到熱食，並得到迅速、有效率和友善的服務？」

列文下結論說：「我今天中午吃了你的培根和蛋。培根吃起來只有鹹味，我得問三次才拿到一杯葡萄酒，盤子還是破的。」他的批評顯然刺痛了福特。那是對英國食物和提供的款待的罕見公開批評和憤怒爆發。撇開《美食指南》不談，波斯特蓋特的負面想法只限於發行量小的雜誌受眾。大部分的人並未抱怨，儘管有些人自書出版後就暗示說，福特的生意會成功有部分是因為英國人的期待值很低。

在列文與福特的辯論即將結束時，這位偉大的餐飲供應商發表一個預言：「就在幾年後，我想我們會發現，人們會為了廚師來到英國，而不會是英國人去歐陸尋找他們。」列文驚駭莫名。觀眾哈哈大笑。當然永遠不會有這種事。

Chapter 13 ｜迴轉壽司輸送帶的發明

白石義明在日本東大阪市的壽司店，為其空間狹窄和雇員不足而深感挫折，於是發明了一種輸送帶來使食物在餐廳裡移動。逐漸地，壽司隨之推廣到全世界，而魚的魅力，尤其是生魚，隨之劇烈成長，逐漸被視為健康、乾淨和時尚的象徵。但接踵而來的環保災難卻陰森逼近。

……

　　當白石義明在一九五〇年代中期開第一家壽司店時，大阪市那時仍舊被稱為日本的威尼斯。大阪位於淀川河口，注入大阪灣。大阪人在全市興建支流，而這些運河很快便形成散布全市的大型水道網絡。人們沿著運河旅行，在橋下經過或翻越小橋。但大阪總是關注著未來。水道載運人們的速度不夠快，鐵路的地位很快便取代運河。街道拓寬，因此電車和巴士可以載運人們至各處。很快地，工廠煙囪出現在天際線，從數百迅速暴增至數千。人口也成長，城鎮在一九六〇年代初期的尾聲升格成為工業大都會，而城市的傳統東方特色幾乎喪失殆盡。任何與亞得里亞海威尼斯潟湖的雷同點似乎變成一個消失良久、虛構的浪漫想像。

　　但誰都不能阻止其近乎狂熱的發展。日本人在一九四五年投降，這幫助結束二次世界大戰，解除國家的武裝，解散帝國，並使日本朝民主邁進。全國都有重建國家的決心──根本上是透過重建，重視經濟發展，並強烈關注教育──這份決心在大阪特別強烈。就像在其他大都會，地方政府扮演起驅動力的角色，但，當然，小小個體也幫助維持其發展動力。

　　在這個勢不可擋的發展中有個關鍵的齒輪，就是餐廳老闆白石義明，他的壽司店開在城市東部。他在離開陸軍後的第一個生意是天婦羅店，在一九四七年開業。到了一九五〇年代早期，他

決定與其賣天婦羅，不如賣壽司。

　　壽司在七世紀於東南亞以保存魚的方式出現，當時它經過醃漬和發酵。隨著時間流逝，壽司發展成以醋醃漬，而生魚的食用在十九世紀早期引入，於城鎮的小攤位上準備和販賣。在二十世紀中葉，冷凍技術使得保存新鮮魚肉更為可行和廣泛，壽司於是變得更普遍可得。當像東京這樣的城市在戰後變得更加現代化和乾淨時，邊走邊吃或立食的概念變得難以為人所接受，於是店面出現。生壽司是日本哲學篤信最小干預的縮影，避免人力加工過程，放手讓自然滋味流露。白石的非凡創新會尊重這點，但也讓日本文化的另一層面——激切擁抱現代性——大力彰顯，而且不會在提供壽司的過程中加入多餘步驟。

　　等到白石進入這一行時，壽司基本上有兩種上菜形式，那就是（手捏）握壽司和（海苔包的）卷壽司。

　　他的嶄新概念催生自店裡空間匱乏的挫折感。他不缺顧客，大部分的顧客是當地工廠工人，但他需要找到在不拓展店面空間下讓生意增長的方式。即使他付得起雇用更多員工的薪水，店內卻沒有空間讓他們在桌間行動。

　　他做的下一步會永久改變日本，最後是全世界的壽司業。事實上，它還幫助日本文化步上全球旅程。因為白石的點子結合了世界上任何角落的用餐者都無法抗拒的兩大因素：口味和創新——尤其是後者，只要它也同時兼具實用性。

　　一九五三年，他以貴賓客戶的身分受邀去參觀朝日釀酒廠。他在那對將啤酒瓶在地板上移動的輸送帶感到著迷。回到店裡後，他畫出一張草圖，設計這類輸送帶如何將壽司從廚房送出，運進餐廳，繞過櫃台，然後回到廚師工作的廚房。

　　他做了一些調查，找到為朝日製作輸送帶的公司。他說服他們為壽司店做個較小的裝置。「我需要一個能到處移動和轉小圈圈的小輸送帶，而且速度要很慢，」他在提出要求時指明。

　　製作是個緩慢的過程，但，最後，在一九五八年，他邀請記者到他的壽司店——壽司店現在已經更名為元祿壽司（Genroku

Sushi）。為他的重新開業召集當地媒體後，他宣布：「我的壽司盤子繞著房間打轉，就像天空中的衛星。」白石在那天領著記者和顧客進入餐廳時，說著太空時代的語言。「你只要坐在櫃台旁，喜歡什麼壽司就拿什麼壽司。」他說。

輸送帶啟動，廚師將他們做好的新鮮刺身和壽司放在輸送帶上。「輸送帶每秒鐘只跑八公分，我想你們會同意這是最適當的速度。那是給你時間看和思考你喜歡哪盤壽司的正確節奏——再慢點會使人不耐，再快點就讓人慌亂。」

但，一位和其他記者一起坐在高腳凳上的記者不禁滿腹狐疑，看著繞圈圈的放刺身的盤子，突然冒出一個問題：「但我們吃光後只剩空盤子，你怎麼知道如何計費？」大家紛紛點頭同意，有笑聲從記者群裡傳出來。那天記者很多，全擠在小小的店面裡。

「看看從廚房出來的每個盤子，」義明回答。「每個都有不同的顏色或花樣。我們只要看看空盤子，就可根據顏色和花樣計算你得付多少錢。」

記者們印象深刻，迴轉壽司（kaiten sushi）於焉誕生。這依照字面意義真的是翻譯成「迴轉」壽司，指稱旋轉的輸送帶和白石如何快樂地在餐廳裡翻桌兩件事。壽司店正常情況下一次只能容納十位客人，但現在有了他的快速新科技後，餐點迅速送達，而顧客開心地參與這創新之舉，以及——本著此店的精神——不會逗留不去。幾天內來客數就翻倍。

經濟情況也如虎添翼。準備壽司的廚師不必等訂單，不需要服務生（只需要清理桌面、座位和計算帳單的服務生）。白石也解決了如果沒有人服務，顧客如何喝茶的難題。他直接在每個座位上加裝熱水水龍頭。因此，桌上除了有為吃壽司的一次性消費物（筷子、薑片、山葵和醬油）之外，還有小茶杯和茶葉。透過雇員省下來的錢意味著白石可以比競爭對手用較低價格販賣壽司。

一九六二年，白石生意成長，開了更多分店，他設法註冊專利。但他的「在餐桌間旋轉的輸送帶」的註冊無法有效遏止其他人複製他的點子。批評的聲音也出現了。有些人認為專注於速度

元祿壽司的輸送帶的設計是以每秒八公分的精準速度移動。

會削弱品質。好幾年後，現代日本研究教授兼日本料理專家卡塔奇娜‧斯維卡（Katarzyna Cwiertka）反思說：「魚的品質不符合（傳統）專業壽司店的高標準。」壽司迷勸大家不要去吃迴轉壽司。根據社會人類學作家吉蓮‧克勞瑟（Gillian Crowther）的說法，在輸送帶出現前，「壽司是由令人生畏的廚師為富裕顧客捏製」；壽司隸屬上流且正式。它屬於中產階級、公司社員、那些為造訪高級壽司店而存錢的人，而高級壽司店的木製櫃台後只站著一位廚師，為不到十位顧客準備魚。

因此，或許是其低劣品質使得生意無法拓展出大阪的範圍。在一九七〇年的大阪萬國博覽會，白石的攤位示範他現在已有十年之久的創新之舉。但萬國博覽會的大部分訪客卻以為那是個嶄新發明。

「白石的系統簡直像是天啟，」壽司歷史學家薩莎‧伊森伯格（Sasha Issenberg）寫道。其他七〇年萬國博覽會——其口號是「追求人類的快樂和和諧」——的展示商是叫肯德基炸雞和麥當勞的美國商人。在未來派的建築和雕塑、高塔和時空膠囊（封存五千年）之間，是個美國快速成長的加盟店速食攤位（參見第十一章）。

白石花了些時間和麥當勞攤位的人手聊天，在接下來幾年以同樣的加盟主模式拓展生意，直到他開了二百四十家分店。

意外的是，七〇年的萬國博覽會預示麥當勞的抵達日本。直到那年，日本政府都不允許外國創投在國內開業（儘管美國文化已經變成日本生活日常的部分，由於美國在戰後由敵人變成盟友）。到了一九七一年，第一家麥當勞在銀座開幕，銀座是東京的一處購物區，隨即是更進一步的快樂蜂擁而至，多拿茲和必勝客並沒有落後很久。

白石申請了專利，迴轉壽司在接下來的三十年內拓展至全國。到了二十世紀末，全國有數千家。今日，日本每個社區都至少有一家迴轉壽司店——那大概是三千五百家。

然後，在一九九四年，迴轉壽司最後抵達倫敦，當時卡洛琳‧班奈特（Caroline Bennett）在利物浦街站開了家 Moshi Moshi。她

在日本住了一年後，回國時帶著對日本食物的渴望，在餐飲業卻沒有任何經驗。

因此，她保留日間在投資公司的工作，從倫敦金融城的朋友和政府貸款計畫募資，以滿足她對「從海洋而來的新鮮壽司中所含的碘，加上醬油和味噌湯的旨味，所帶來的舒適感的渴望」。

她對朋友極力讚揚她對日本的愛。她說，這個國家「兼具現代和世故，但卻如此不同」。

她開了她的餐廳，但，之後，在沒辭掉日間工作下，被外派去東京數個月。不知怎麼地，她還是想辦法邊在外國工作，邊監督自己的新店。

Moshi Moshi 確實很新奇。「人們認為我瘋了，用輸送帶送的壽司是永遠不會流行起來的花招，而想讓英國大眾習慣吃生魚這點子根本行不通。」結果那點子卻異常成功，吸引了在倫敦金融城工作的人。

但她從未拓展連鎖店。迴轉壽司會再成為倫敦金融城的泡泡數年，直到一九九七年一月，YO! Sushi 連鎖店在蘇活區開張。

幕後的負責人是賽門·伍德洛夫（Simon Woodroffe）。不像班奈特，他對日本文化或食物毫無所知。他離婚後失業，錢花光了，沮喪不堪，但至少還有間沒貸款的小公寓。因此在某種程度上，開 YO! Sushi 是對他非常真實的中年危機的回應。他在電視和音樂界試過身手不果後，只是單純在到處搜尋做生意的新點子。

「我實在找不到工作，」他有次說，「我原本想做室內攀岩牆的生意，結果沒做成。」他之後和一位日本生意人吃晚餐，後者是他在思索企業選擇時，會尋求建議的眾多人之一。「我說，『開壽司店可行嗎？』（伍德洛夫曾在加州去過壽司店。）他說，『賽門，你該開一家迴轉壽司店，讓女孩穿上黑色聚氯乙烯迷你裙。』我從未聽過『迴轉壽司』四個字連結在一塊。」伍德洛夫後來想起一個聲音在他腦袋裡說，如果這真的是個好點子，那麼，比他更熟知餐飲業的某人早就會這麼做了。

伍德洛夫用他僅有的資產去資助蘇活區餐廳地點的裝修，他

將公寓拿去貸款。創業成本是六十五萬英鎊,他也從朋友那邊取得兩份五萬英鎊借款,並從卡洛琳・班奈特所取得的相同政府貸款保證計畫那再拿到十萬英鎊。

在「整整兩年」的調查、計畫和安排建築租約、翻修和雇用人手後,YO! Sushi 開張。「第一個星期,沒有人上門,」他後來說:「第二個星期的生意也不好。然後在第二個星期六,門口的隊突然排到街區,在那後兩年間都是如此。那就像唱片上了排行榜。(剛開始時)人們有點害怕進門。他們會在門口停下腳步,看著輸送帶旋轉。你得記得那時倫敦幾乎沒有壽司店。然後我的生意開始起飛,全都是靠口耳相傳。如果人們當時沒上門,我會失去一切。那種放鬆感非常美妙,一年內,我們銀行裡就有一百萬英鎊。」

英國作家和新聞記者彼得・波芬(Peter Popham)在參加正式開幕前那晚的新聞界預展後,在《獨立報》裡寫道,YO! Sushi 反映「日本在結合工業科技和感官享受方面的天分」:

「因為壽司得吃冷的,可以放在輸送帶上一會兒也不怕品質惡化。每貫都大概相同大小,剛好適合輸送帶上尺寸一致的盤子;而輸送帶系統的特別優點是,它讓顧客可以在一時衝動下抓取想要的壽司。典型的現代冷淡取代了與壽司大師的直接親密關係。食物的品質是比不上傳統壽司店──但,當然,價格也是。」

今日,YO! Sushi 在全球有一百家分店據點(包括法國、希臘和中東),並且在併購其零售權後,買下加拿大連鎖店便當(Bento)和英國供應商太鼓食品(Taiko foods),後者供應超市壽司飯盒,然後它於二〇一九年與在美國擁有七百家分店的 Snowfox 合併。

伍德洛夫的點子運作成功。而且他從不用訂購大量聚氯乙烯。

但英國很晚才加入壽司派對。而在澳洲、巴西、北美洲西部和南部,以及沿著環太平洋國家,壽司和日本移民社群一起出現。壽司在一九六〇年代擴散至其餘的北美洲。

在二十世紀早期,有相當數量的日本人移民到美國,但在兩

次世界大戰間的間隙，潮流停止了。移民在一九五二年再度合法，新家庭紛紛抵達，優秀的個人得以合格歸化入籍。

這帶來的安全感鼓勵日裔美國人更牢固地建立文化的根，而在自然發展下，那些尋求在從政治和學術界，到藝術、商業、農業技術和美食方面有所斬獲的公民，也事業有成。許多餐廳開業以服務這些社群。日本生意人在美國旅行時也在壽司店尋求家鄉慰藉，而計畫去日本旅行的美國人則去日本餐廳，提前淺嘗日本的文化和習俗滋味。

就像克勞瑟寫的：「日本感謝一切的態度為日式餐飲經驗帶來聲望很高的地位。」員工通常是日本人，無論外場或內場，這使得經驗變得道地，食物則有誘人美感、烹飪技術不複雜，看起來又很健康。

壽司在美國變得普遍的另一個面向是，它代表對所有全球化都是美國化或西方化這個概念的挑戰。因為，當美國漢堡連鎖店出現在日本或中國時，這被描述為他們的文化遭到「美國化」，但當加州人陶醉在定期品嘗壽司時，可沒有人說他們被「日本化」。

而，當然，就像塔可經過在地化（參見第十一章），壽司也是。儘管實際上是洛杉磯（此市的第一家日本餐廳於一九五五年在小東京區開幕）的日本廚師發明了以酪梨代替鮪魚的加州捲，因為它沒有魚，日本壽司行家不會認出它是壽司。但它促使美國人對真正的壽司著迷；人們常說，加州捲是真正壽司的入門磚。當美國擁抱壽司，然後混合蘋果、酪梨和鮭魚成紐約捲，混合鮮奶油乳酪和鮭魚為賓州捲，和（純粹主義者還是別看吧）混合牛肉和小黃瓜為德州捲後，我們只能想像壽司愛好者的痛不欲生。

《紐約時報》在一九七二年的頭版歡迎此市第一家壽司餐廳的開幕——位於只限菁英會員的哈佛俱樂部內的壽司吧。在一九八八和一九九八年間，在美國的壽司餐廳數目翻了四倍。二〇〇六年的查氏餐館調查顯示驚人的統計數字，在每個美國城市中，最受歡迎的是壽司餐廳。今日，全美有超過五千家。

英國和歐洲的落後很大程度上要歸因於缺乏日本移民。但餐廳開張的目的的確是要直接訴求日本生意人、外交官和觀光客，而非本地人。

　　一九八〇年代，風行柴契爾主義的英國雅痞受到倫敦少數昂貴壽司屋（sushiya）的希罕和價格吸引（哈洛德百貨美食廣場有家受歡迎的壽司專櫃店），但卻是迴轉壽司的新奇和較便宜的帳單讓它在一九九〇年代末期變得廣受歡迎。

　　「迴轉壽司這項創新將壽司從精緻、親密、昂貴的體驗，轉變為方便的速食，具備和漢堡以及麵一樣的大眾吸引力。」波芬寫道。在一度是三明治統治的國度裡，現在的新午餐速食選擇是壽司。

　　隨著時間推演，壽司連鎖店的營業額拓展時，每家壽司品牌都有自己的獨家專利；也並未阻止任何人打造輸送帶，全球都有人賺了大錢。

　　但壽司的全球拓展卻凸顯了食物故事中最大的兩難問題，它時時浮現，舉起其怪異的頭引發注意，而且似乎沒有可行的解決辦法。

　　當白石義明開壽司店時，理由是為了創業。他從軍隊退伍，需要一份生意來養活自己和家人。當面對如何拓展自己企業的議題時，他足智多謀、頻頻有創新點子，而且勇於冒險。那些冒險後來獲利頗豐。他的成功使得一個概念在日本普及，並在數十年後，越過海洋在其他文化紮根。

　　他的成功的一個主要因素是，他使得原先隸屬於少數有錢人領域的食物，變得大眾唾手可得。他讓壽司平民化，使壽司變得便宜。在全球，於午餐時間，勞工能坐在櫃台旁，夾著壽司和刺身去配薑片吃；他們可以享用一點山葵，而山葵可能就夾在一片生鮪魚、鰻魚、蝦子或鮭魚和米飯之間；他們可以將壽司沾在一小碟醬油裡。這份儀式感遠比簡單的三明治或派或塔可更富有異國情調；傳統和科技的融合為每日的苦差事帶來一絲歡愉。壽司也很健康——不單單只是主角的魚。山葵（抗菌效果非常強）和

海苔（富含鈣、鎂、磷、鐵……）是配角。更別提環保的木製筷子。

　　而且，就算白石提供了品質較糟的壽司，人們並沒有抱怨。反之，他們用腳和錢包投票。

　　其他人也在這門生意裡看到商機，在想都想不到的新領域裡推出複製的模範。當然，許多人和生意因此受益。地主出租房地產，建築承包商翻修，室內設計師建議牆壁顏色和家具擺設，服務生和女服務生得到工作，漁夫賣魚。

　　大企業見到涉足捕魚的機會。在日本，以汽車製造商聞名的三菱涉足頗深。今日，它的子公司 Cermaq 是世界上最大的魚產商和第二大大西洋鮭魚養殖場，它在全世界到處撒開大網（真正是以這個詞的字面意義），目前並計畫在加拿大新斯科舍（Nova Scotia）省建造鮭魚養殖場、孵化場和加工廠。

　　每年在東京的魚市，魚的售價都屢創新高。二〇一二年，一條二百六十九公斤的鮪魚賣價是七十三萬六千美金；隔年，一條二百二十二公斤的鮪魚以一百七十萬美金賣出。二〇一九年，魚市搬遷到豐洲後，一條二百七十八公斤的藍鰭鮪魚以三百一十萬英鎊賣出。買家是在全日本都有據點、經營壽司三味（Sushizanmai）連鎖餐廳的集團，這筆交易帶來公關勝利，大眾自此後對其分店感到敬畏和驚奇。

　　光日本人一年就吃掉全球捕撈鮪魚的三分之一——那是大概六十萬噸。不令人吃驚的是，環保學家估計，全球的鮪魚數在過去三十五年來減少百分之九十。

　　二〇〇四年，英國記者查理・克洛佛（Charles Clover）寫道，吃魚對西方消費者而言「已經變成一種飲食護身符。營養學家告訴我們，吃魚有益健康……研究甚至顯示吃魚能減緩老化過程。瘦巴巴的模特兒……這下不用靠抽煙來維持身材。他們只要吃魚就好。」他的書和隨後的紀錄片《魚線的盡頭》（*The End of the Line*）以其統計數字和對現代捕撈現況的揭露，而使許多人震驚。「我們與魚的愛情無法永續經營。」他寫道。他的書是一個警告，懷著熱切的目標要揭發「工業科技、毫無限制的市場力量，和缺

乏道德良心對海洋的影響」。

他的分析昭告毀滅：「作為大規模毀滅的方式，以現代科技捕撈是地球上最具毀滅性的活動。」他的書將「揭露沒有寫在菜單上的真正魚價」。《金融時報》的一位記者反映許多人的感傷，他寫道：「這本書讓我很不舒服。它也相當有效地讓我覺得羞恥、沮喪和憂慮⋯⋯尤其是內疚。」

因此，創新者拓展美食文化的概念，而消費者則排隊享受。然後，在他們的味蕾得到刺激後，他們的文化視野變得開闊，談話內容更加豐富，接著，突然間，他們卻因參與一項自私的全球毀滅行徑而慘遭打臉。

這是個耳熟能詳的故事。人口增長，全球化如火如荼，中產階級膨脹。消費者購買意願增加，企業家不擇手段地供應需求。從咖啡到牛肉、水到小麥，一旦這些產品被打包、發送、包裝、購買和消費後，就出現它們造成危害效應的新聞。比如，涉及其中的血汗勞動力，勞工受雇於低薪，長時工作以養殖和收穫產品；用來種植的土地則遭到殺蟲劑和過度迅速的連續播種——收穫循環的濫用；以及運輸產品過程中消耗的碳，包裝時用到的塑膠，冷凍時耗費的能源⋯⋯

對像魚的食物需求已經導致聰明的科學家和其他人，本於模仿自然和削減成本的野心，而創造出人工棲地。

在實驗室裡孵化後，數千隻養殖鮭魚活在海洋中的柵欄裡，餵食讓其成長快速的人工飼料，以使牠們飽含閃閃發光的粉紅肌肉，之後被用像吸塵器的機器吸出水域進入輸送帶，然後牠們不是在頭上用力猛挨一記，就是因魚鰭被剪掉而流血致死。這些是海洋中的集約式養雞場。而它們的連鎖反應——養殖魚與野生鮭魚混養——還不為人類完全知曉。

而那些告訴你吃壽司、而且是吃很多會對你有好處的人（所有那些 omega-3 脂肪酸對大腦運作大大有益）接著發現，實際上，他們是在危險進食，吃進高濃度的汞，將導致神經系統問題。海苔和醬油也含有高濃度的鹽，過度食用會提高血壓、使你的幾個

重要器官和動脈過度使用、造成心臟病發作或失智症。在賽門·伍德洛夫說「YO! Sushi」二十年後，環保運動者開始堅定地大喊「NO! Sushi」。

在克勞佛的書出版不久後，《科學》（*Science*）刊登了一份由生態學家和經濟學家主導的四年調查結果。此結果估計，如果人類繼續以目前這種速度殺魚和吃魚，那到了二〇四八年，世界將會沒有海鮮。

「太多船追逐數目陡降的魚群，還配備有如衛星獵捕設備這種高級科技，和溫布頓球場大小的漁網。」作家哈蒂·埃利斯（Hattie Ellis）在她的書《吃什麼》（*What to Eat*）裡寫道。她也指出大規模商業捕魚有多浪費：「在揮霍的歐洲，在北海捕獲的魚大概有一半在撈上來時都已死掉，被順手丟過船側，因為讓牠們登陸是違法的，或牠們賣不到好價錢。」

就算消費者在乎任何此類爭議，而我們得假設許多吃魚的人並不在乎，那還有一個兩難問題。你是否應該放棄吃適量的魚，儘管這會帶來健康益處和相當的樂趣？在英國，海洋保護協會（Marine Conservation Society）提供吃什麼魚的建議，並列出四十四種不同種類，依照牠們的永續經營程度高低評比。但缺乏可堅決執行的明確規範，使得此窘境則變得再明顯不過。端賴種類和捕撈方式，有些鮪魚可以吃。其他魚種，比如條長臀鱈，可永續經營，但只能在牠們長超過二十公分大時食用。

要為你的炸魚和薯條店所賣的魚種，得到海洋保護協會的標籤和認可需要花錢，而有些非常有良心的炸魚與薯條店也小心注意它們的魚貨來源，但卻付不起認證的錢。這種例子很多。

然而，當某些高檔倫敦餐廳在販賣海洋保護協會不會許可的魚類的同時，就像查理·克勞佛指出的，麥當勞廉價魚香堡的魚貨來源反而是可永續經營的。

Moshi Moshi的卡洛琳·班奈特在預購的藍鰭鮪魚沒有抵達時，變得對永續經營議題敏感。她聯絡世界野生生物基金會，然後是綠色和平，之後和非營利環保組織藍色海洋研究所（Blue Ocean

大規模捕魚的現實：在伍德洛夫說「YO! Sushi」二十年後，
環保分子喊著「NO! Sushi」。

Institute）創辦人卡爾‧沙費納（Carl Safina）來場討論。他在電話裡告訴她，「藍鰭鮪魚已經瀕危，吃牠就像在吃犀牛。」她後來回憶說，「這些是永遠改變我的字眼。」

一九九七年，就在 YO! Sushi 開幕時，班奈特將藍鰭鮪魚自菜單上移除。「這些可憐的小魚太好吃了，招來厄運。」她說道。二〇一二年，她想出讓魚餐廳與小規模永續漁場合作的倡議。但，就像沮喪的環保運動家會承認的，像英國這樣努力做出改變的小國家，在世界上其餘國家的瘋狂捕魚和狂吃壽司之下，無法在這個問題上取得有效進展。如同埃利斯評論的，為海洋問題尋求解決方式，需要「各式各樣的人的共同努力，如漁夫、消費者、監管者和零售商」。她為消費者提供六點計畫，人們的選擇自由可發揮相當的權力：拓展你的口味、注意捕撈方式、享用貝類、多吃「油」、考慮養殖魚類，以及珍惜本土種。再者，除非是養殖魚類，她敦促消費者要記得魚類基本上是野生的。

無論如何，克勞佛的紀錄片的確造成廣大衝擊。大約有四百七十萬人觀賞過此片，或變得對此議題有所認知。一個新聞報紙運動點名譴責端上瀕危魚類的倫敦餐廳。名人愛去的「信」（Nobu）遭揭發販賣藍鰭鮪魚。餐廳後來在藍鰭鮪魚的菜餚旁加上星號，並描述說牠是「在環境上遭到挑戰的魚種」，把要不要吃的責任推回給消費者。但社運人士可不買單。

有些英國超市的回應方式是，將瀕危魚種從架上移除。今日，許多魚餐廳以其永續菜單做為基礎以行銷自己，儘管魚餐廳所能做的最合乎道德的方式是，不要開張。

最終，政府必須變得大膽，禁止不良捕撈作業，並加重稅賦使它們消聲匿跡。倒楣的是可憐的消費者，他們驚奇地凝視著繞著壽司吧檯迴轉的壽司，只不過是想要享受有點魚腥味的快樂，但卻陷入兩難困境，不得不搔搔頭，籠罩在罪惡感裡。

Chapter 14 │ 流浪兒餐廳在倫敦開幕

亞伯特和米歇爾‧魯在倫敦開了流浪兒餐廳，然後在伯克郡的布雷開了水畔客棧，這兩個舉動都在英國引發餐廳革命，並孕育了一整個新世代的英國廚師。

⋯⋯

　　這兩位法國兄弟的興奮清晰可感。那是在一九六四年，當時二十三歲的私人廚師米歇爾‧魯（Michel Roux）正在拜訪他同樣也是私人廚師、二十九歲的哥哥亞伯特（Albert）。米歇爾受雇於羅斯柴爾德家族[70]，主要是在巴黎工作，夏季時則是在家族那位於蔚藍海岸的靜居處。亞伯特的工作地點在英格蘭南部的肯特郡。他的雇主則是叫做卡札萊（Gazalet）的家族。

　　亞伯特和妻子莫妮克（Monique）同住，米歇爾也帶著妻子法蘭索瓦絲（Françoise）前來。他們在倫敦度過一晚後，回到亞伯特在肯特郡的家。這是當周第三次的短暫拜訪，亞伯特列了一張兩對夫妻應該去吃的餐廳列表。清單包括皇后（The Empress）、金公雞（Le Coq d'Or）、漂亮的磨坊主（La Belle Meunière）和李樹（Prunier），這些餐廳代表英國最佳餐廳。

　　莫妮克和法蘭索瓦絲和她們的丈夫一樣，是固守經典法國餐飲的人，都無法相信那晚的經驗如此糟糕。他們前往夏洛特街的漂亮的磨坊主用晚餐，那是是自一九五〇年代就開業的法國餐廳。主廚炸肉排（escalope maison）硬得可以當做將搶劫犯敲昏的武器。

---

70. 羅斯柴爾德家族：為歐洲乃至全世界久負盛名的金融家族，始於十八世紀德國猶太裔銀行家，其建立起的金融帝國至今無人能敵。

橙酒火焰可麗餅（crêpe suzette）[71] 則讓他們大吃一驚，顯然是訂來的餅，而且還是從冰箱裡拿出來的，所以味道很膩，口感與潑在上面、便宜得不得了的白蘭地都顯得突兀，完全不搭軋。而且，在令人失望的法國葡萄酒的短短名單中，竟然有瓶裝的英國巴斯淡啤酒（Bass）和沃辛頓啤酒（Worthington ale），二者的價錢還一樣。

一位法國服務生令人沮喪的冷漠似乎總結了那晚的經驗。因此，在她們的丈夫在英國首都發現另一家號稱「精緻餐飲」的糟糕餐廳，卻欣喜若狂時，妻子們有點困惑。

那對兄弟早就確定這是他們會在造訪倫敦時發現的光景。「這些餐廳確認我們的偏見。」米歇爾後來回憶說。後來，他們對妻子們解釋，餐廳越糟糕，越有大好良機。「食物糟糕透頂，服務更慘，」米歇爾說，「這些都加強我們在英國開業的決心。」

作為富裕上層階級家族的私人廚師，說到法國食物，魯氏兄弟是完美主義者；執著於食材、烹飪方式、廚房的秩序和整潔，以及正確和禮貌周到的服務。

在那時，米歇爾正在接受影響一生的培訓——甚至連他自己當時都不知道——訓練他的人是賽希兒・德・羅斯柴爾德（Cécile de Rothschild），家族裡最有聲望的老夫人。套用他的字眼，她讓「每天的生活……都像輕歌劇裡的通俗劇」。餐飲時間和賓客數字老是變動，但她擁有無可挑剔的高標品味。「我學會做個美食家，那是廚師的基本特質。」他寫道。

他也從她那學到對食材的非凡精確嚴謹。雉雞只能是雌禽，肩胛排得來自三歲大的小母牛，羊腿得來自成年母羊。不然你怎麼能得到正確恰當的滑嫩、多汁和美味？

在巴黎不上番茄。番茄只能在普羅旺斯採摘，在陽光曝曬下熟成，並馬上使用，趁果肉上還布滿太陽陽光的溫暖時。

---

71. 橙酒火焰可麗餅（crêpe suzette）：法國經典甜點，以可麗餅、橙汁、焦糖、奶油、橙皮醬、橙酒和肉桂組合而成，最後以火焰點燃再上桌。

她的精確從烹飪方式延伸至服務，從葡萄酒延伸至廚房狀態；她常在很晚時去檢查廚房以確保房間乾淨，東西井然有序。

　　但食物的外表從來不僅是全部。「要記得，」她有次建議年輕的米歇爾，「一道菜必須看起來賞心悅目，但，如果它品嘗起來很美味，那稍微不好看一點是沒關係的。」

　　米歇爾說，她是「品味的百科全書和食物的知識寶藏」。她傳授米歇爾管理技巧，還有一個人的品味不應該被菜餚的精緻或單純影響。那是個嚴格的正統教育。「對我而言，羅斯柴爾德學校是學習追求完美的學校。」他說。

　　亞伯特也同樣向貴族學習。他十八歲時的第一位英國雇主是當時老邁的阿斯特女子爵，南西夫人。南西夫人是在美國出生，曾是英國國會議員，也是相當有爭議性的人物，住在伯克郡的克利佛頓（Cliveden）。他老闆的品味「比較沒像羅斯柴爾德那般執著」，但他們相當講究風格和排場。

　　這兩位年輕私人廚師是可直接追溯自十八世紀晚期法國貴族私人廚師的傳承的一部分（參見第六章）。但，當他們的專業前輩逃離法國以躲避革命的災難，魯氏兄弟卻是因為察覺到機會而去英國。那份機會後來變身為一場革命——是極有品味的那種。

　　魯氏兄弟深入調查的英國食物地貌是延續自至少是二次世界大戰後的低迷（參見第十二章）。那是《美食指南》的第一版編輯雷蒙德・波斯特蓋特所希望改善的。但匈牙利作家埃貢・羅納（Egon Ronay）寫的另一本指南則希望幫助英國將本身從自己造成的煉獄中解救出來。他的指南在一九五七年出版（賣出三萬本），他聘雇了檢查員（inspector），他們的全職工作就是在匿名的情況下，每周大約吃十一餐，從不接受甚至一杯免費白蘭地的招待。他們的工作得長途開車、搭火車，最後還得飛好幾百英里，月月如此。

　　「那是種很棒的生活，」羅納有次曾說，「或至少在頭兩個星期如此。在那之後，就活像地獄。」

　　羅納的指南有波斯特蓋特的磚頭書所沒有的特點，那就是「惡

毒」。他抨擊鐵路咖啡館、地方飯店和高速公路休息站——就是那些讓伯納德·列文如此憤怒的設施，還為此於一九六〇年代早期、某一晚的電視上攻擊福特勳爵時（參見第十二章）。

羅納說，他的指南「就是在告訴人們，他們不能再端出差勁食物而毫無代價——因為我會揭發他們」。他的字眼可一點也不婉轉。一間高速公路休息站的食物被描述為「餿水」。

在羅納第一版指南問世的時代，如果一個餐廳不採納法國或義大利設計，那它本質上就讓人覺得古怪。倫敦肯辛頓布朗普頓路（Brompton Road）上的古巴人（El Cubano）被百代（Pathé）的新聞影片宣傳為提供「反映符合對多樣化和現代化的現代需求的食物」。女服務生穿得像西班牙吉普賽人，從千里達來的男性員工到處走著，肩膀上坐了一隻鸚鵡。黑咖啡夾著一片橘子皮端上，特製外餡三明治（open sandwich）則包著新鮮水果、核桃和鮮奶油乳酪。

儘管如此，還是有些值得注意的例外。餐廳老闆喬治·佩里—史密斯（George Perry-Smith）在一九五二年於巴斯開了牆洞（Hole in the Wall）。他的餐廳中央有張桌子，上面放滿醃肉、煲魚和魚醬，這是供顧客自助的第一道菜。這也可同時免除廚房煮開胃菜的壓力，而走進餐廳的每個人都覺得這個擺設很吸引人。

另一家地方綠洲是牛津的伊莉莎白餐廳，在一九五〇年代晚期開幕，由肯尼斯·貝爾（Kenneth Bell）經營。餐廳的鉛框玻璃窗可遠眺基督堂學院。在冬夜，激切和嘴饞的大學教師與更有錢的大學生會聚集在那，吃一頓滋味豐富的牛尾——那牛尾還在葡萄酒中慢慢燉過。他的酒單被評比為全國最佳酒單之一。

貝爾和佩里—史密斯的成功秘訣都是不抄捷徑而慢慢燉煮的真正食物，採用所能找到的最棒食材，不計價錢。

到了一九六〇年代，英國餐廳景況只不過是先前十年慘況的和緩進化。法國和義大利餐廳存活下來，英國小酒館（bristro）的新概念興起。以英國美食編輯和作家卡洛琳·史黛西（Caroline Stacey）的話來說，那概念「混合了沖淡過的法國餐廳、義大利餐

匈牙利出生的埃貢‧羅納出版一本非常不同的指南。
它很惡毒。餐廳「不能再端上爛菜後全身而退」。

館和學校晚餐，代表了最佳和較忠實於歐陸烹飪的版本」。

和這競爭的是「英國義大利式」餐館。這些餐館比略為高檔的義大利餐廳便宜，在為英國味蕾帶來慰藉的同時，菜單又不會太過於異國情調──番茄肉醬義大利麵（spaghetti Bolognaise，這道菜仍舊引發爭議，因為沒有波隆納人聽過這道菜）與薯條一起端上。人們不會苛求這類餐廳要做到道地，除非從天花板倒掛的奇揚地酒（Chianti）的酒瓶仍舊以乾草包著。

在咖啡館或中價位餐廳，無論它們的國籍（中國和義大利餐廳的連漪正散播至地方，參見第十六章），牛排都是「沙朗牛排」，基輔雞（chicken Kiev）[72]氾濫成災，鮮蝦雞尾酒（prawn cocktail）也是，而且，如果你走運的話，你的開胃菜可能是酪梨，沒熟成的果肉被挖出來後，塞滿「法國沙拉醬」。

設計師和零售商特倫斯・康蘭（Terence Conran）於五〇年代開了兩家餐廳（參見第十六章），他出生於一九三一年。那兩家餐廳一直屹立不搖，它們是湯廚房和太陽系儀（Orrery），但兩家都開在時尚、上流的切爾西，富裕和名人之地。

但沒有一間像魯氏兄弟所知的法國餐廳：精緻餐飲，而每樣細節都像他們私下煮的食物一樣棒。

在他們於一九六四年第一次一起去造訪倫敦後，米歇爾和亞伯特在接下來兩年的夏天都一起度過──他們繼續外出用餐，他們繼續開心地大失所望。

在碰面以外的時間，他們會寫信給彼此，描繪為老闆烹飪的菜餚，並為未來他們要一起經營的想像中的餐廳草擬菜單。

然後，亞伯特對他們的發想採取具體行動，在周末去造訪市場和拍賣行，購買銀器和陶器。他將它們儲藏在車庫，準備讓興奮的米歇爾在下次來訪時好好檢視。他也開始去看倫敦待售的餐廳。米歇爾則期待著每封會抵達巴黎的信。他總是一收到就回信。

---

72. 基輔雞（chicken Kiev）：經典俄羅斯料理，雞柳搗碎後裹上冷奶油，然後油炸或烘烤的菜餚。

倫敦布朗普頓路的古巴人餐廳是現代的縮影：
服務生來自千里達，那裡有新鮮水果、核桃和鮮奶油乳酪三明治。

如果亞伯特幾天內沒收到信，他會打電話給米歇爾以確定信沒寄丟。

當他們再次在一九六六年夏季碰面時，他們決定成立公司的時間到了，那就是魯氏餐廳有限公司。亞伯特投入他的積蓄，以及贊助他的雇主卡札萊家族和一些朋友的投資金，那些都是以英鎊方式存放在他的銀行帳戶裡。「設立公司花了我一千五百英鎊……而我們只有五百英鎊，」亞伯特多年後說道。「卡札萊家族給我五百英鎊作為惜別禮金，然後又從他們的朋友那邊籌募了我們所需的五百英鎊。」

米歇爾盡力達到亞伯特的投資金額。他的錢是以法國法郎計算。「我在每十三點六法郎換一英鎊這相當不利的匯率下，將我存的五萬法郎兌換為英鎊帳戶，這是我對資本的貢獻（大約是三千六百英鎊）。」

他們現在有家餐廳公司，卻沒有餐廳。但他們的點子相當棒。對這兩位在法國小鎮沙羅勒（Charolles）出生的男孩而言，這是相當大的成就。他們就出生在家裡開的熟食店樓上。兩位兄弟都決定要成為糕餅師傅。提前幾步的亞伯特後來成為巴黎英國大使館廚房裡的副主廚，他幫弟弟得到那裡的糕餅師傅的工作。他們的職涯後來被義務兵役打斷，之後他們分別進入私人廚師的世界，利用他們在大使館建立的點來聯絡彼此。

一九六六年冬天，亞伯特縮小所看過的場地選擇，新年過後，他打電話給米歇爾，描述了下斯隆街（Lower Sloane Street）的一個地點。一個叫卡諾瓦（Canova）的義大利餐廳要關門了，亞伯特設法得到租約。米歇爾信任哥哥的熱忱和判斷，向賽希兒‧德‧羅斯柴爾德提出辭呈，但她等了兩周才同意會面，無疑是害怕她的門徒就要飛離鳥巢。

「她聽我說完話，把玩著一絡頭髮，就像她當年雇用我的那一天。」他回憶道。他同意給她三個月的通知，然後在一九六七年四月三日，抵達多佛。

他抵達時迎接他的是灰濛濛的天和不止歇的雨。和那些在肯

特郡度過的夏日相較，英格蘭看起來很陰鬱。他不會說英文，而朋友和家人的憂慮重擔沉重地壓著他。「沒人瞭解我的決定。」他說。他們都談及，與巴黎相較，在倫敦開業的費用有多大，以及他會面對的龐大難題，從找供應商到額外銀行資金。

當他行駛在從多佛到倫敦的路上時，他試圖保持樂觀態度，法蘭索瓦絲坐在他旁邊，而他的雷諾 -4 滿載物品（他的兩個年輕女兒等他們安頓下來後會加入）。後車廂裝滿額外的陶器和餐具、廚師外套和長褲。在這堆東西上面則是一幅他在蒙馬特市場攤位看到的畫：一幅典型的巴黎流浪兒的油畫，在法文稱做 gavroche。他把車塞爆後，將畫放在東西上面時，法蘭索瓦絲忍不住翻了白眼。

在倫敦，亞伯特努力進行翻修工作，也雇用了安東尼歐·巴提特拉（Antonio Battistella），他曾管理過卡諾瓦。巴提特拉雇請了五位義大利服務生，亞伯特找到一位廚師，而米歇爾聘僱了一位在巴黎羅斯柴爾德家族廚房共事的老同事。

在餐廳開幕前的混亂幾周中，這對兄弟與建商和建築工匠合作。亞伯特替他弟弟翻譯：「我開始瞭解到我會有多仰賴他。」米歇爾至少可以聲稱曾提出一項重要動議：餐廳名稱。「那是我的點子，」米歇爾說，「那有名的流浪兒沒有錢，而儘管我算不上身無分文，我有的錢確實也很少。我欣賞那個勇敢小男孩的堅毅。」他們有自信用「魯氏兄弟」或他們的名字來做餐廳名，但米歇爾從蒙馬特買來的繪畫中的男孩最後帶給他靈感。

在他們開幕前幾天，他找到掛畫的地方。他往後退，正好經過的亞伯特停下腳步。他們兩人一起看著畫，也許是在想他們這個舉動有多大膽。「它會變成我們的象徵。」米歇爾後來回憶道。確實，在往後年間，一套新陶器中的每個盤子都會印上這個小男孩的形象。而那個卑微的小男孩有好夥伴。卡札萊家族借了幾幅畫給流浪兒。驕傲的流浪兒坐在夏卡爾、米羅和達利旁邊。那幅畫幫忙說服第一批賓客，這對魯氏兄弟真的知道自己在幹什麼。他們那時還不瞭解，儘管這對兄弟廚藝超群，卻對餐廳經營毫無

經驗。

　　儘管開幕那夜會是自助餐式派對，客人名單則來自卡札萊家族，魯氏兄弟仍舊花了數小時草擬適合第二晚的菜單。菜單有三十道菜，全以法文寫成。他們供應濃湯、開胃菜、魚、貝類、蔬菜、肉類和家禽，但菜單卻只有他們在其他倫敦法國餐廳裡看到的一半長，比如像李樹。還有另一個鮮明的差異：沒有煙燻鮭魚，沒有奶油蝦仁（potted shrimp），也沒有鮮蝦雞尾酒。

　　米歇爾和亞伯特供應正宗法國美食，不管倫敦喜不喜歡。是有人抱怨。「分量太少，」客人常常嘟囔著抱怨，而那些膽敢開口的夫妻或情侶的穿著都比巴黎餐廳的顧客還要寒酸。

　　「這是法國美食。」米歇爾會告訴這類夫妻，帶著他最燦爛迷人的笑容，在開幕幾天後，他發現自己已經能用英文說上這句回答，這讓他印象很深刻。

　　「我們（得）準備接受批評，甚至侮辱，因為我們在對倫敦引入文化震撼，而這個倫敦被平庸的義大利餐廳和里昂街角樓（Lyons Corner Houses）所把持，」他後來回憶道，「我[73]了悟到，我需要強大的力量才能戰勝周遭的平庸。」

　　但，儘管有偶爾為之的嘟囔抱怨，還是有足夠的倫敦人讓餐廳從開幕第一天後，就忙碌不已，高朋滿座。到了一九六八年三月，流浪兒成為名餐廳。

　　說到他們的供應商：「我們可以拿到上好的羔羊肉和牛肉，我說服漁夫將整批魚獲賣給我，不管他們捕撈到什麼，這樣我就能在餐廳裡端出真正新鮮的魚。」亞伯特說。但說到家禽和其他項目，英國就缺了。這對兄弟需要法國產品。亞伯特想出一個天才計畫：「莫妮克每周都會開車去巴黎，裝滿一車我們有的最棒的牛肉和羔羊肉，去換優質的雞肉、鵝肝、蘑菇和醃肉。」她在碼頭對海關官員綻放最燦爛的笑容，但有時他們還是會檢查後車

---

73. 里昂街角樓（Lyons Corner Houses）：為二十世紀倫敦連鎖咖啡館，在一九七七年全數關閉。

廂的內容物，然後打發她回家。決心不要讓她的丈夫失望，她會直接開去另一個海港再重頭試一次。「那既違法又冒險，但結果很值得，她從未跨海失敗過。」他又說。而在一九六七年的幾個場合，亞伯特覺得很有趣，當時他端上一道又一道的法國佳餚給時任的農漁業暨食品部部長佛雷德·皮爾特（Fred Peart）：「我想到他要是知道這些食物來自哪裡，心裡實在是心驚膽跳！」

四十年後，在二〇〇七年五月，作家瑪格麗特·克朗西（Margaret Clancy）在《餐飲業者》（The Caterer）裡提到，這對兄弟在六〇年代晚期的倫敦所能寫出和端出的菜餚本身就是個成就：「今日幾乎難以想像四十年前經營高級餐廳的補給難題。英國在那之前沒多久才結束配給制（不過是十三年前，參見第十二章），而在英國，專業農夫或高級食材這種概念則是聽都沒聽過。」

到了一九七〇年，這對兄弟又在倫敦金融城開了兩家餐廳，到了一九七二年，根據米歇爾所言，「我精疲力竭……但我也有點無聊。」

因此，這對兄弟運用他們迄今為止都成功的策略，那就是尋找烹飪沙漠。現在他們得考慮倫敦以外的地區；一個富裕、但沒體面餐廳的地方。

因此，在一九七二年的一個春日，三十一歲的米歇爾在英格蘭伯克郡鄉下的布雷（Bray）村，探看一個簡陋的老酒館，那棟建築就在河流旁邊；那天陽光炫目，而在這棟破爛的房子附近唯一閃爍的東西就是粼粼發光的流水。

這位為正替酒館老闆──連鎖酒店集團惠特貝瑞（Whitbread）──工作的房地產經紀人看起來有點困惑不解。一個法國人，一位廚師，怎麼可能在鳥不生蛋的地方買個破敗的酒館？但，就像這對兄弟的倫敦探險，他們也在伯克郡鄉下開車打轉，看到在像馬洛（Marlow）和亨利（Henley）這樣的小鎮，屹立著外面停著豪車的大豪宅。

在破敗的水畔客棧外面，鋪石路皸裂處處，滑不溜丟的，光景看起來很悲慘。裡面則髒兮兮。

「我記得走過一個可眺望河流的潮濕房間，」米歇爾回憶道，「除了你看不到河流。你得先拿刮鬍刀刀片把窗戶上的髒東西刮下來。那只是個低劣、骯髒、臭得不得了的酒館。真的很臭。」

米歇爾告訴房地產經紀人，他得去找個電話亭打電話給他哥哥。米歇爾回來時，房地產經紀人已經準備結束另一次失敗的看房。米歇爾伸出手打算握手。「我們會買下它，」他說，「它太完美了。」

「我甚至得努力說服自己我們真的能使這個地方煥然一新，改頭換面，」米歇爾幾十年後回憶道，「但河邊有棵美麗的柳樹，葉子在午後陽光下燦爛舞動著。那為我帶來希望。」

四個月後，建築工人開始打包走人，米歇爾在收拾得整潔、煥然一新的餐廳裡坐下，規畫菜單，泰晤士河則將斑駁的陽光透過最乾淨的窗玻璃亮燦燦照射入內。跟他在一起的是首席主廚，皮耶・考夫曼（Pierre Koffmann）。幾天後的九月初，就在流浪兒開幕五年後，水畔客棧開業。

考夫曼在來英國觀賞一場橄欖球賽後就沒離開過，先前是在流浪兒工作。他展現才華洋溢的天分，僅僅兩個月內就晉升二廚。考夫曼二十四歲，對能在水畔客棧擔任主廚非常興奮，以他自己的話來說，他感覺流浪兒的食物雖然「不差，但離法國美食還有好遠好遠」。不過要是與當代餐飲場景相較，仍舊十分有利。「那時的食物實在很糟糕。」

在水畔客棧，他說，「我可以放手做我想做的菜餚。老闆從不干涉我，我真的很享受這種感覺。」他宣稱，何況，魯氏兄弟「幾乎不在那，所以那就像在經營自己的餐廳」。

不像流浪兒，生意沒有從第一天就開始起飛。「頭兩、三年很艱困，」米歇爾回憶道。「工作日死氣沉沉——午餐和晚餐只來了十到二十位客人。但周末擠得不得了。我們只聘請基本數量的員工，我和皮耶則肩並肩賣力煮菜。」他說。

幸運的是，生意上其他餐廳的成功——齊普賽街（Cheapside）的街童（Le Poulbot）和老貝利街（Old Bailey）的班瓦釀酒廠

（Brasserie Benoit），以及流浪兒——讓魯氏兄弟的新餐廳撐過掙扎時日。

　　一九七三年，埃貢·羅納在《每日電訊報》裡寫了一篇專文，他的專文現在已經變成那些想知道該在哪家餐廳吃飯的人，尋求建議的來源。這位匈牙利出生的評論家寫道，「總有一天，水畔客棧會變成英國最棒的餐廳。」羅納的專文對生意造成非常正面的衝擊。「顧客紛紛遠道而來，」米歇爾解釋，「我們開始收支平衡。生命女神開始對我們微笑。」

　　翌年，米其林（參見第十七章）給了餐廳一星，幫助餐廳走上偉大之路。到了那時，餐廳已因其位置——在晚餐前於河邊露台上飲酒的完美地點——以及穿著時尚的服務生其無可挑剔的服務，而廣為人知。至於食物，菜單則結合米歇爾·魯的經典法國料理和考夫曼的西南法國根源。

　　菜單分成濃湯、開胃菜、甲殼類動物、魚、主菜、蔬菜、乳酪和甜點。當然，除了它們都是以法文寫成之外。濃湯有，巴黎蔬菜湯或皇家法式清湯。就像米歇爾在回憶錄裡寫的：「在水畔客棧，沒有一天的午餐菜單上沒有湯。這是因為我愛湯，而我只提供顧客我愛的菜色。」有些湯則包括以從花圃的酸模製成的清淡濃湯（velouté）、豌豆湯、龍蝦或貝類清湯，以及有顆自製的小義大利餛飩漂浮在裡面的精緻肉湯。然後還有著名的牡蠣貝類白高湯，以大量貝類製成，留住其汁液，加入魚高湯、香草和鮮奶油。最後，在肉湯裡擺上一隻生蠔，湯的熱度會輕輕將其水煮，但保留中央的生脆。

　　早期提供的開胃菜是像巴約納火腿和各種肉醬之類的，更別提還有各式蛋料理。魚則包括多寶魚或鰈魚，烤過後佐以貝阿恩醬（béarnaise sauce）[74] 端上。

　　主菜（entrées）則全是肉類菜餚，在牛肉和羔羊肉之外則有一道滋味大膽的圖盧茲卡蘇萊砂鍋（cassouleet Toulousain）。甜點，

---

74. 貝阿恩醬（béarnaise sauce）：奶油、蛋黃、白葡萄酒醋以及香草製成的醬汁。

或該說是法式蛋糕（entremets）[75]，包括檸檬蛋塔和水果雪酪。乳酪則全部來自法國。就像在流浪兒，菜單以法文寫成，所有食材都來自法國。而且，和米歇爾以及主廚考夫曼一樣，其他廚師都是法國人。但，當魯氏兄弟的生意和他們想適當訓練廚師的新穎熱情傳播開來後，那個單一國籍情況就被打破了。許多人相信，這個層面才真的界定米歇爾和亞伯特對英國餐廳界的衝擊和貢獻。

在二〇〇七年思考流浪兒四十年的存在的，還有《觀察家報》的餐廳評論家傑・雷納（Jay Raynet）。「流浪兒舉足輕重是因為曾在那工作過的人，」他寫道，「沒有那家餐廳和魯氏兄弟的主掌的話，我們現在知道的英國餐廳繁榮景象不會如此熱鬧。」

確實，那些在幾家魯氏兄弟廚房工作過的人，就是那些繼續在一九八〇、九〇和後來創造出英國最棒的餐廳的人，他們的名字包括馬可・皮耶・懷特（Marco Pierre White）、羅利・雷伊（Rowley Leigh）、高登・拉姆齊（Gordon Ramsay）和馬庫斯・瓦倫（Marcus Wareing）。

一九八一年，當馬可・皮耶・懷特敲著亞伯特・魯的辦公室門時，流浪兒已經在一九七四和一九七七年從《米其林指南》拿到兩顆星。餐廳也正在倫敦頗具聲望的梅費爾區的一棟建築裡重新開張。用餐者從上布魯克街（Upper Brook Street）的門進入，進到地下餐室。在缺乏自然光和確定沒有景觀的情況下，所有的關注力會放在食物和服務上。

二十歲的懷特從西約克郡一路旅行過來，口袋裡只剩七點三六英鎊，還有一小箱的書和一袋衣服。亞伯特瞄了他一眼就說：「星期二來報到。」他開始時是二廚助理，也就是三廚。亞伯特看著這位年輕人邋遢的長髮、目光銳利的藍眼睛，和幾乎是執念的野心，以帶點諷刺意味稱他是「我的小兔子」。

小兔子說，他是在流浪兒學到經營廚房得有紀律。「紀律誕

---

75. 本指兩道菜之間的額外菜餚，現專指以奶油和鮮奶油做出的甜點，由一系列的海綿蛋糕和奶餡製成，也就是「法式蛋糕」。

一九八六年的馬可‧皮耶‧懷特是一位憂鬱而常陷入沉思的搖滾巨星，
嘴裡總是叼著一根煙。他說，「紀律誕生於恐懼。」

魯氏兄弟，亞伯特（前）和米歇爾（後）在一九八八年攝於流浪兒餐廳。

生於恐懼。」他在自傳裡寫道：「最優秀的餐廳有點像黑手黨。亞伯特絕對是位教父，老闆中的老闆。馬龍·白蘭度來扮演他最適合不過……但得穿著圍裙。他是個有深刻存在感的父親，並以教父風格高談闊論。你為他工作時，你感覺到你有他的保護。你知道你受大師指引。」

一九八二年，流浪兒贏得第三顆米其林星星。懷特改而投效皮耶·考夫曼旗下，後者當時已經離開水畔客棧去追求自己的興趣。一九八七年，懷特在倫敦的旺茲沃思公園（Wandworth Common）開了自己的餐廳：哈維（Harveys）。他建立火爆廚師的名聲。廚師常常調度，菜單更迭頻繁，然後還有懷特：那位憂悶沉思、情緒不定的長髮搖滾巨星。大部分相片中的他嘴裡叼著一根煙：他攆走無賴顧客；傳說廚房裡存在著殘暴統治，擺盤不完美的乳酪手推車被丟向牆壁，廚師抱怨太熱後發現懷特在廚師的白袍上割洞以省空調費。

一九九五年一月，三十三歲的懷特成為第一個贏得第三顆米其林星星的最年輕英國廚師。他提供的菜餚——烤扇貝佐魷魚和墨魚汁、香檳沙巴翁生蠔、芹菜白高湯與水波蛋、豬腳——都是法國經典美食，經過懷特的巧手加以精緻化和追求達到完美。但他卻從來沒去過法國。

就像魯氏兄弟那般，輪到懷特訓練另一代的廚師走上成功之路，每個人都開心地說著他們如何倖存過他廚房的故事。

今日，英國美食景觀是由在他獨特指導風格下學習的幾位男人所形塑：這些廚師包括高登·拉姆齊、菲爾·霍華德（Phil Howard）、布林·威廉斯（Bryn Williams）和傑森·阿瑟頓（Jason Atherton）。

儘管如此，當有次被問到英國最佳餐廳是哪家時，懷特回答：「流浪兒或水畔客棧。它們擁有老式的魅力和浪漫。它們提供最佳食物嗎？沒有，但它們提供最佳包裝。」而那份包裝包括服務，魯氏兄弟也幫助轉型的另一個餐廳貿易層面。

一九七四年，義大利人席瓦諾·吉拉丁（Silvano Giraldin）成

為流浪兒的總經理，他從一九七一年開始時是服務生。另一位義大利人，迪耶哥・瑪西雅嘎（Diego Masciaga）在一九八三年加入流浪兒，成為水畔客棧的總經理。吉拉丁在流浪兒服務了三十七年；瑪西雅嘎則在水畔客棧服務了三十年。他們兩位設下服務的新標竿；他們使它變成大家渴望從事的職業。英國和海外各地的年輕男女紛紛登門造訪，想學會優異服務的秘訣。

「我幫助他們瞭解，他們不只是來這做一份工作，他們是來這從事一份很重要的職業。」瑪西雅嘎有次曾說，那時他正忙著邊訓練年輕男女服務的藝術，邊倒杯葡萄酒或在桌邊片鴨。「說到底，工作不只帶來快樂，」他繼續說著，「但也帶來財富，因為顧客總會回來找你。」

瑪西雅嘎和吉拉丁接受服務主題的訪談，他們也寫書，雜誌吹捧他們，座談會付費請他們就此主題發表演說，而他們也在餐飲學院教學。年輕的伯納德・列文（參見第十二章）會無法相信自己的眼睛。

到了一九八〇年代中期，亞伯特和米歇爾的兄弟夥伴關係開始崩解。米歇爾在早期很開心讓哥哥主導，因為哥哥會說英文。但，二十幾年後，他不再喜歡這種根深蒂固的偏見。老是持續有些小爭執。據米歇爾說，亞伯特會在市場裡衝昏頭，他「無法遵守說好的購買清單。他以數量多到誇張的羔羊肉或鮭魚淹沒我們的餐廳……這使我們的廚師很惱火，因為他們不想浪費任何食材。」更糟糕的是，「亞伯特在決策過程中不再徵詢我，」他後來寫道。「在超過十年的合作無間後，我們兩人的關係開始變得非常緊繃。」他們從切爾西搬往梅費爾的計畫如火如荼進行時，「我發現在餐廳新地點、裝潢或廚房特定格局上，他都沒徵詢我的意見。」

一九八二年，當流浪兒變成英國第一家米其林三星級餐廳時，米歇爾憤怒地說，「我哥哥搶走所有的功勞」。「直到那之前，我們都分享一切。」

幾年後，他們的母親吉嫚（Germaine）加入兩兄弟拍攝 BBC

節目時，痛罵他倆：「你們花在吵架的時間上比烹飪還多。我為你們感到羞愧。」

那該是他們結束大部分合資企業的時候了。米歇爾分到水畔客棧，亞伯特則拿到流浪兒。後續幾十年仍舊舊恨難了。「他應該留在瑞士山區。」亞伯特有次這樣說米歇爾，後者在克萊恩蒙塔納（Grans-Montana）這座阿爾卑斯山山鎮買了一棟房子。他會在自己的餐廳裡招待弟弟嗎？有人問他。「我不會讓他進門。」亞伯特說。

但，在八〇年代，米歇爾以布雷為家。他也娶了新妻子，摯愛的羅賓（Robyn），她後來監督水畔客棧的室內設計——他對生意的奉獻促使他的第一段婚姻觸礁。亞伯特也和莫妮克離婚，後來也和第二任妻子，雪兒（Cheryl）以分手收場。

那是餐廳故事的熟悉主題。英國餐廳老闆基思·佛洛伊德（keith Floyd）出生於一九四三年，在一九八〇年代透過電視這個媒介，點燃英國觀眾對食物的興趣。他曾說：「永遠不要進入餐廳這一行。它扼殺婚姻，扼殺關係，扼殺人生。它扼殺一切。我是有四位前妻的人，我最清楚。」

但魯氏王朝得以透過米歇爾和亞伯特的孩子們延續下去，今天，米歇爾的兒子亞蘭（Alain）是水畔客棧的主廚兼老闆，而他的堂兄弟，小米歇爾也擁有並經營著流浪兒。

魯氏兄弟孕育了一整個帝國和文化。他們的某些門徒透過火焰和憤怒，實踐美食藝術；其他人，比如像羅利·雷伊，則經營更有助於維持健康的廚房。而有批人雖原先受過魯氏兄弟的訓練，卻變成新種類的英國廚師，可能更為遵循喬治·佩里—史密斯和伊莉莎白·大衛展現的歷史根源：這類人有賽門·哈普金森（Simon Hopkinson，參見第十六章）、莎莉·克拉克和阿拉斯泰爾·雷托（Alastair Little）。而他們會反過來尋求和珍惜一場非常平靜的演化，重視其創造者的影響，而那會在大約五千英里開外開展，於舊金山寧靜的郊區。

Chapter 15 ｜帕尼斯之家在美國開張

愛莉絲‧華特斯（Alice Waters）溫柔安靜，有時甚至只是像在低語般地，開創一場食物革命，連結廚師和農夫的關係。在適當時候，她會熱切地倡議免費學校餐點，並不懈地敦促其他廚師、主廚和作家，起而對抗美國速食的強大怪獸。

……

　　一九六〇年代晚期，在舊金山以東，離那座山丘起伏的加州大都會從灣橋開一段路，就是柏克萊。一位二十七歲的女性在此開了家小餐廳。「我對政治幻想破滅，得找方法賺錢。」她後來寫道。

　　我們無法低估這家餐廳的政治層面。確實，那些知曉的人能從帕尼斯之家（Chez Panisse）的菜盤上所出現的菜色推斷其政治理念，比如，當時許多美國人還不熟悉的蔬菜、沙拉和香草。

　　華特斯也被對食物的熱情和渴望所驅使，並受到年輕時在法國的經驗啟發，但她的政治動機使她在歷史上的其他餐廳中獨樹一格。

　　並無證據顯示，普里穆斯提供龐貝人吃食是為了他們想吃飯以外的理由（參見第一章）；貴族的私人主廚在十八世紀晚期和十九世紀早期於巴黎開餐廳是因為他們需要工作，而烹飪和服務是他們僅知的技藝（參見第六章）；科希諾家族在一九二〇年代早期在孟買開咖啡館是因為英國殖民者需要吃不辣的食物（參見第十章）──餐廳或許結合了不同階級和政治見解的人，但那不是老闆的創業動機。魯氏兄弟在一九六〇年代晚期和七〇年代早期在倫敦推廣美食，因為當時倫敦對此極度匱乏（參見第十四章）。

　　在帕尼斯之家的廚房所使用的食材本身，以及取得它們的方

法，就是一套價值觀的具體呈現，並示範在現代的工業化美國大企業裡，事情可以也應該以不同的方式來做。那在文化、政治和社會戰爭中，成為精緻和取悅味覺的第一炮。它的效果可以被質疑，但其動機則無可置疑。

帕尼斯之家（以一齣法國電影裡的角色命名）在一九七一年開幕，但其哲學根源則從美國六〇年代早期社會動盪的狂熱時期便汲取營養。

當愛莉絲・華特斯於一九六四年開始在加州大學柏克萊分校就讀時，美國校園不可能有比這更躁動的時期了。那年夏天，詹森總統命令轟炸北越的目標，那是針對在越南魚雷艇於東京灣（Gulf of Tonkin）攻擊兩艘美國驅逐艦的報復行動。等到轟炸變成常態後，在隨後的二月，評論家開始質疑美國政府的主張，後者聲稱它只是在進行一場民主戰役，目的是將南越人從共產主義的桎梏中解放出來。

三年後，超過一萬五千名美國士兵死亡，超過一萬名受傷，各個族群發起反戰示威，示威者的源頭是來自像加州大學柏克萊分校這種地方的學生和老師。

實際上，在華特斯自己的校園裡，大學機構選擇和其所管理的社群抱持矛盾立場。當時的校長彼得・凡・豪頓（Peter Van Houten）施行自己的集權主義迷你政權，禁止政治活動和相關募資行動。但他可不是從另一個時代來的脾氣壞的六十五歲老學究，他只有三十歲。

「如果學生在校園裡挺身公開發表對越南的看法，他們會被校園警察拖出去。」華特斯回憶道。但這是激勵一代學生去擁抱抗議政治的完美方式，而他們的老師也受到類似鼓舞，因為為了能教書，他們被迫簽署忠誠誓約。

在選擇主修時，華特斯選了一七五〇至一八五〇年的法國文化史。「法國大革命，當然啦！」她咯咯笑著說。

然後，她與一位朋友一起到法國唸一年書。那趟旅程大大開拓她的心靈，尤其是在食物的可能性上。食物在以前從來不是她

生活的專注重點，她出生於紐澤西，在她父親為工作搬家時搬到加州。回想起來，她一直在食物上很挑剔，「我很瘦，不喜歡吃太多。」「校園食物聞起來倒胃口，看起來全部是棕色的。」直到她發現巴黎和南法前，她從不知道自己可以享受食物。她對法國的愛則是「難以饜足」。

她常想起在巴黎待的第一家飯店裡蔬菜濃湯的極其簡單。「切成小塊的蔬菜漂浮在清澈琥珀色的肉湯裡。」最簡單的新發現讓她喜出望外：她從未見過的各種萵苣；學到大部分的法國人將沙拉當成甜點前的清爽菜餚；里歐奈・普瓦蘭（Lionel Poilâne）麵包師傅在巴黎烤的天然酵母麵包。而在布列塔尼，她體驗無菜單料理。三道菜：火腿和瓜類、魚佐杏仁和榛果奶油、覆盆子塔。

她後來認識了多種蔬菜的混合嫩葉沙拉。她將種子帶回美國栽種，它們後來成為帕尼斯之家菜單的主食之一，而其他餐廳的需求使得農夫也栽種和收穫它們。「我想如果我得對這個國家付起一個責任，」她在回憶錄《華特斯的感官之旅》（*Coming to My Senses*）裡說道，「那就是在美國推廣真正的沙拉。」

回到美國後，華特斯試著以法國方式料理。但她得努力找才找得到農產品。她說，六〇年代晚期的超市「全是冷凍食物和罐頭食物……恰恰與法國市場相反」。

在兼職做女服務生和教小孩的空檔，她為成為常客的朋友煮飯，因而小有名氣，她是在超市和幾家僅有的專賣店大量購買少數食材種類。她也有個報紙專欄，〈愛莉絲的餐廳〉，那是在政治激進的《舊金山快報》（*San Francisco Express Times*），裡面描寫的菜單則出現在她幻想中的餐廳。

由於她太常為朋友圈烹飪，開拓客源似乎變得合理。如果她的朋友們覺得滿意，那她當然應該會有個跨出朋友圈的市場……

於是她開始找開餐廳的地點，一個至少可容納四十個座位的小地方。她在政治活動的閒暇開始搜尋——那是說，在示威、會議、辯論以外的時間……

她的友誼和關係是由政治添加柴火和驅策前進的，那使得她

的精力消耗殆盡。她認為應該當選的人——她努力幫忙拉選票的人——沒能進入國會，她變得「極度沮喪……我是說，我真的失去希望。」她寫道。

從音樂到食物，每樣事物都攸關政治。當她找到帕尼斯之家的地點，也就是夏塔克大街（Shattock Avenue）五一七號時，她感覺再恰當不過，因為它靠近以工人合作社（worker collective）方式經營的乳酪店，街角還有一家皮爺咖啡館（Peet's Coffee），販賣以小袋裝的手工烘焙咖啡。（皮爺咖啡館後來孕育了一個怪物——創辦人艾佛瑞·皮特〔Alfred Peet〕指導和分享其商業實踐和供應零售商給三個男人，他們後來創立了一家叫做星巴克的公司。）

華特斯以二萬八千美元買下租約，並在三年後有優先購買權。在一九七一年八月二十八日的開幕夜，從水管工人店翻修的餐廳變成一家法國式小酒館，擺設二手椅子和家具，桌子鋪著格子圖案桌巾，混搭的盤子和老舊玻璃餐具買自跳蚤市場，還有新鮮的花。酒單上有三種酒：納帕谷（Napa Velley）蒙岱爾酒莊的紅酒和白酒，以及貴腐甜白酒。她的無菜單料理則有：法式傳統酥皮肉派以盤子端上，灑上巴西里，佐以醃小黃瓜和芥末；橄欖烤鴨；李子塔。

華特斯擔心人手不夠，雇請了五十五個人來服務五十位賓客。廚房陷入一片混亂，開胃菜和主菜間得等上一個小時。

「那是一片混亂，」她回憶道。「我們邊上菜邊即興烹飪。完全瘋了。」一位朋友描述它是一場「小丑秀」。但賓客全都有被餵食——多多少少——之後，就像華特斯在未來常做的，她「開了一瓶白蘇維濃（fumé blanc），為熬過那晚敬上一杯」。

至於那晚和未來的晚上，盤子上放了什麼：「食物是在我們生命中和政治最相關的事物。飲食是每日經驗，我們每日決定吃什麼都會影響到那天。而那些每日的影響能改變世界。」華特斯和她的朋友以及合夥人都認為餐廳是當時反體制文化的具體象徵。這個小規模機制是對當時大型體制的反抗和嘲諷；無菜單料理在加州任何城市或以外地區則前所未聞。

帕尼斯之家的創始人愛莉絲・華特斯。
女性擁有一間餐廳很罕見，在廚房掌廚更罕見。

美國仍舊在享受戰後自由，在不斷擴展和膨脹的漢堡連鎖店裡猛吃牛肉。大就是美——從超市延伸到餐廳。一九七〇年的現代美國正在追逐速度和立即滿足的新夢想。對許多人而言，最棒和最令人興奮的乳酪來自噴霧罐[76]。

　　美國作家艾麗莎・奧爾特曼（Elissa Altman）將華特斯的手法描述為「對顯然是道德議題的專注承諾：所謂的好食物——良心栽種、當季採摘、簡單準備、擺盤美麗、慢慢和歡樂地吃——應該每個人都唾手可得」。

　　「我們的餐廳看起來不像其他餐廳，」華特斯說，「我們有不同的一套價值觀。」女人擁有餐廳少見，女人在廚房裡當主廚更是少見。何況，大部分的員工沒有餐飲經驗。

　　餐廳給人的感覺很不同——如此不同於麥當勞、必勝客、肯德基和塔可貝爾（參見十一章），這些速食都在吞噬那個時代大部分飢腸轆轆的美國人的心靈。華特斯常常趁桌邊服務時和顧客交談，討論美食和食材來源。

　　在接下來的幾個月，她拜訪農夫和生產者，詢問他們是否可以為她栽種特定植物。她雇請一位全職搜尋者（forager），其工作就是找到從漁夫到農場主人的農產品和小型生產者。她支付自己覺得是公平的價錢，並跟顧客討論這些議題。「我們使用的某些食材很昂貴。但那是因為應該要好好付農夫才對。」她這樣說，以在菜單上列出農夫的名字而自豪。「你盤子中的食物是積極的社會正義。」

　　她的食客樂於接受。許多人自己就是在反文化的第一線：電影製作人、記者、攝影師和作家。華特斯與農夫的關係創造了「從農場到餐桌」（farm to fork）的口號。她在早期時日，然後是數年，鞏固帕尼斯之家的供應時，農田和農場的一整個網絡得以在灣區得到發展。在餐廳開幕四十二年後，華特斯會在古老的大紅杉下餟飲綠茶，仔細思考創業的早期時日，一小碗新鮮杏桃放在白色

---

76. 指罐裝乳酪。

的金屬花園桌上。「我喜歡並珍惜農夫，」她說，「農夫是土地的管家。」

帕尼斯之家開始營業時，人們認為就是不會有足夠的農夫來支持這樣的嘗試，連帶她也不能維持食材的一貫品質，而那又對餐廳的成功如此重要。

但她解釋：「如果你付農夫正確的錢，並鼓舞那些做正確的事的人，然後你就會發現會有更多的人冒出來。我們開始向農夫直購，付他們恰當的價錢，他們就會開始聚集。現在我們依賴他們，他們也依賴我們。那真的是很美好的關係。」

帕尼斯之家的盤子裡端上來的食物就是有更好的做事方法的示範。

但是，當食物、聊天內容和時代精神都和政治有關時，那卻是種特定政治：左翼政治。反體制反文化在烏茲塔克（Woodstock），即一九六九年那已成傳奇的音樂藝術節，公開展露無遺。那可能只是「持續三天的和平和音樂。」但那份傳奇持續下去。而烏茲塔克閃爍著美麗、泥巴和愛，這份精神完全瀰漫在帕尼斯之家。愛莉絲·華特斯自在地承認她對性的無拘無束態度。「我們都很自由隨意。」她在《華特斯的感官之旅》（副標題是「一位非典型廚師的養成」）裡寫道。二〇一九年，在與全國公共廣播電台主持人蓋伊·拉茲（Guy Raz）錄製的 podcast 中，她宣稱：「曾經有自由言論運動、性革命、毒品——我是說所有這些事物，對吧？……那真是（個令人興奮的時代）。」

根據華特斯的一位愛人，傑利·巴德利克（Jerry Budrick）說，帕尼斯之家開業一周年那晚，「愛莉絲就在餐廳裡引誘我。」而一位朋友，芭芭拉·查理茲（Barbara Charlitz）甚至曾說過，「帕尼斯之家的故事之所以會如此複雜的一個原因是，愛莉絲和太多男人亂搞關係。」

再者，就算華特斯沒在抽大麻（儘管她的確承認有時會嗑搖腳丸），很多故事謠傳員工愛好此道——服務生端菜上桌卻吐出大麻氣味的故事。確實，根據作家傑西·賈諾（Jesse Jarnow）在

她的書《藥頭：迷幻美國傳記》（*Heads: A Biography of Psychedelic America*）裡說，華特斯的父母是有幫助資助餐廳，但許多原始投資者是毒販。「他們是唯一有錢的人，」她引述華特斯這樣說，「反文化人裡面唯一有錢的人。我們得不到銀行融資。老天知道。」

美國雜誌《Town & Country》的美食和美酒編輯，詹姆斯・維拉斯（James Villas）有次描述帕尼斯之家是個「在嬰兒遊戲圍欄裡爆炸開來的嬉皮和毒品窟」。湯姆斯・麥克納米（Thomas McNamee）的華特斯傳記（《愛莉絲・華特斯和帕尼斯之家：浪漫、不實際、往往古怪、最終卻是優秀的美食革命創造》〔*Alice Waters and Chez Panisse: The Romantic, Impractical, Often Eccentric, Ultimately Brilliant Making of a Food Revolution*〕）也談到廚房和服務的劇碼和許多毒品及性愛交織。一位主廚，威利・比薛（Willy Bishop）說，麥克納米「喜歡在早午餐裡加上一點毒郵票」。市面上還流傳著好幾排古柯鹼放在冰櫃上以鼻子吸食的故事。

然而，說到華特斯溫文爾雅和安靜的那一面，美國廚師安東尼・波登（Anthony Bourdain）有次曾描述她的美食宣傳，「非常赤色高棉」（引述一九七〇年代柬埔寨的共產黨統治者，其慣用手法就是處決和強迫勞役）。部落客陶德・克萊曼（Todd Kliman）綜觀她四十年的職涯，談到她堅持「美食正確的執拗品牌……畢竟，做菜不是要做合乎政治的事，而是要嘗起來好吃」。甚至連《紐約時報》都曾說她是「美國料理界裡裝腔作勢的聖女貞德」。《浮華世界》的特約編輯大衛・坎普（David Camp）有次曾寫道，「帕尼斯之家其成就的重要性被某種假惺惺的自我吹噓所沖淡。這家餐廳從來擺脫不掉認為自己很重要的沽名釣譽，早在一九七三年，就用紀念性限量海報來慶祝周年慶。」

至於經濟情況，還是躲在大麻煙霧的裊裊陰霾中計算可能比較好。早期，四點五美金的套餐製作起來每人實際的本錢要六美金。債務迅速增加，華特斯在幾個星期內就欠了大約四萬美金。她的資助者試圖控制她，但英國美食作家艾瑞達・波納爾（Elfreda Pownall）說，「金錢這麼瑣碎的事阻止不了她」。

華特斯的批評者也對帕尼斯之家的債務大為吃驚。她的哲學是付農夫公平的費用，但，在早期那些時日，當債台高築時，她顯然沒付很多人任何錢。

　　餐廳持續賠錢八年左右。但它能堅持下去，套用以西雅圖為據點的記者大衛‧拉斯金（David Laskin）的話，是「藉由業力和時代精神的凝聚」。帕尼斯之家穩紮於其利基，抓住加州和全美用餐者的注意。它也捕捉另一種非常重要的團體的想像力：即廚師們。就如同流浪兒和水畔客棧（參見第十四章）訓練一代會在英國傳播美食的主廚，曾在帕尼斯之家工作、往後成為美國料理明星的名單列表也令人刮目相看，意義非常重大。

　　名單包括：茱蒂‧羅傑斯（Judy Rodgers）（因舊金山的祖尼咖啡館〔Zuni Café〕而聲名大噪，她的祖尼食譜書常被稱頌為美國廚師寫過的最佳食譜）；《紐約時報》影響力強大的專欄作家大衛‧坦尼斯（David Tanis）；明星主廚和餐廳老闆馬克‧米勒（Mark Miller）；強納生‧韋克斯曼（Jonathan Waxman）一位在紐約、亞特蘭大和納什維爾（Nashville）擁有數家餐廳的曼哈頓主廚；洛杉磯的蘇珊‧戈恩（Suzanne Goin）（以她在洛杉磯經營的高級餐廳聞名）；還有廣受好評的麵包師傅史蒂芬‧蘇利文（Steven Sullivan）。

　　別忘了還有傑里邁亞‧陶爾（Jeremiah Tower）。陶爾是華特斯一輩子的仇人。如果她是美國食物革命之母，他則相信他是美國食物革命之父。

　　美國記者兼詩人唐娜‧古德伊爾（Dana Goodyear）在二〇一七年的《紐約客》裡寫道，陶爾與華特斯合作，將帕尼斯之家「從朋友聚會共享食物，和讓華特斯想起在布列塔尼吃過的大餐的儉樸小館，華麗轉身為世界級餐廳」。確實，廣受好評的美國美酒評論家羅伯特‧費尼根（Robert Finegan）也說，「帕尼斯之家不過是個學生和資淺教職員吃燉牛肉和水果塔的小酒館。就只是這樣而已。但陶爾的存在改變了一切。陶爾是真正造就餐廳的人。」

　　一九七五年，《Gourmet》雜誌刊出一篇餐廳的評論，在其中，

陶爾被盛讚為「快樂探索真正的法國料理的精力充沛、活潑和多元，並無視那些在其他地方以如此單調常規出現的法國菜」。陶爾後來指控華特斯沒將他寫入餐廳的歷史。他記得她讓他看帕尼斯之家的第一本食譜時，目瞪口呆地看到「她搶了所有我構想的晚餐，寫和烹飪的菜單，然後說是她做的」。確實，食譜提到幾乎三十位和華特斯共事及合作的個人，卻絲毫沒提到傑里邁亞·陶爾。

宿仇沸騰了數十年。在他加入帕尼斯之家二十八年後，陶爾在接受《紐約時報》專訪時，一開始就宣布他已決定停止討論帕尼斯之家。他不會討論愛莉絲的話題。但他最終就是沒辦法控制自己。「她分辨不出新鮮和腐爛蔬菜的差別。」他在訪談結束時叨叨說著。

同樣地，在同意拍攝由安東尼·波登於二〇一六年製作的紀錄片時，陶爾規定不可嚴厲批評華特斯。但在《傑里邁亞·陶爾：最後的偉大廚師》（*Jeremy Tower: The Last Magnificent*）預告片開頭幾秒，他就攻擊華特斯將他的成就全部搶走。

看起來他就是沒辦法自制。但說起來他們的關係複雜，非常複雜。

陶爾是自學成才的廚藝愛好者，但沒有真正的經驗。他出生於一九四二年，擁有哈佛學位，和從薩里郡的住宿學校教育得到的英國口音。他在報紙裡看到一則廣告，「一家小型法國餐廳急徵一位擁有抱負和精力的廚師，我們希望他會以伊莉莎白·大衛和費爾南·普安（Fernand Point）的方式，每周構想和烹調含有一道主菜的五道菜晚餐。」那些字眼令人屏息，也不合文法。

他需錢孔急，於是在腋下夾著菜單樣本。他在一九七三年冬天抵達帕尼斯之家。面試訂在晚上六點，那令陶爾驚訝，因為他假設那是餐廳最忙的預備開店時間。

確實，他下決心踏進餐廳後，就被告知愛莉絲主廚很忙，詢問他是否能在隔天回返。儘管他出身富裕家庭，但在那一刻，他身無分文。去餐廳的費用花光了他所有的積蓄。

他走下餐廳階梯，決定再試一次，這次是走過廚房。他發現入口，小心翼翼地走進，再次表明身分，結果和矮小的華特斯面對面。她看了他一眼然後說，「幫忙煮湯，好吧？」，就邁開大步走去餐室。

一只大鋁鍋放在爐子上，裡面的濃湯冒泡沸騰。他伸進一根手指，嘗了嘗，決定需要加鹽，但到處找了找後，他也找到一些白酒和鮮奶油，所以他也把它們加進去。

愛莉絲回來，嘗了湯，然後說，「你被雇用了。」然後走開去監督別的事。但當時也在場的主廚對這故事的這個版本則有爭議，宣稱事實是數個廚師和陶爾一起來面試，他們在隨後幾天內為其角色「試鏡」。

反正陶爾得到工作，在帕尼斯之家待了五年。他是同性戀，而華特斯有男朋友。但他們還是有了關係。陶爾說他也帶華特斯的男朋友去夏威夷度假……

就算廚房裡氣氛緊繃，也是創造性的。在爭吵和調情之間，出現了一家改變遊戲規則的嚴肅餐廳——華特斯的理想主義結合陶爾的懷舊熱情。

陶爾為廚房的混亂和烹飪反文化帶來秩序。以古德伊爾的話來說就是，他創造出了「精緻的固定價格菜單、法國偉大廚師的學術性論文，以及最後是，食物的未來的宣言」。

陶爾從數量開始增加的當地生產者中篩選，然後從漸增的食材列表裡創造出美味無比的佳餚。他採用加州索諾瑪（Sonoma）的牛排番茄，以及新鮮的加州山羊乳酪。他違逆伊莉莎白·大衛的法則，後者主張馬賽魚湯只能在地中海地區烹煮；他對當地蛤蜊、明蝦、烏賊、龍蝦、螃蟹、洋蔥、番紅花、大蒜和茴香的組合令人驚艷。而他宣稱自己是第一個在菜單中列出生產者的人——他任期後半保存下來的一份菜單包括蒙特利灣明蝦和土生土長的加州鵝。

在他身邊工作的華特斯是勤勉的同伴，為每個服務盡心盡力，一貫展現完美無瑕的形象，頭上老是綁著頭巾，在服務快結束前

離開帕尼斯之家後，陶爾開了餐廳，菜單和餐室都展現華麗浮誇，主廚在那變成明星。

會在各個餐室內安靜地走動，而他的個性則是比較華麗浮誇。他不在乎人們覺得他在廚房裡很自大。他在廚房裡也可以很活潑。

一九七四年，在餐廳開幕三周年紀念日，主廚明顯垂頭喪氣。「大家都買香檳給我，結果那使得我更沒有精神。」陶爾後來回憶道。主廚需要提振士氣的話傳了開來，幾分鐘後，他被領到及腰的冰櫃旁，一位服務生弄好數條古柯鹼備用，遞給陶爾捲起來的二十元美金紙鈔。

「我馬上回到爐邊。」陶爾說。然後廚房後面排了一排長長的人龍跳康加舞。「那晚是個巨大的成功，」他說，「是毒品讓那晚在廚房的漫長時刻得以熬過，讓我們變出不可能的花樣」。

五年後，在一九七八年，陶爾離開帕尼斯之家，華特斯或許為此鬆口氣。華特斯對他的時代的講法非常委婉，說它是：「那時期我還處於極度摸索階段，而傑里邁亞主宰烹飪，所以我們契合良好。我一直希望帕尼斯之家是個簡單的小餐廳。不想要更多，我也不想要更多。傑里邁亞加入我們時，他對食物有全然不同的看法。但那不是我煮的那種食物。因此當時的我雖然著迷，也很迷惘。」

八年後，在經歷幾個地方教學和掌廚的時期後，陶爾開了星星餐廳（Stars）。星星餐廳是灣區最成功的餐廳之一，不受政治正確或拯救地球任務的束縛，陶爾在菜單和餐室裡都大肆展示他的華麗浮誇。根據像波登這樣的主廚同行，陶爾是在星星餐廳提升了主廚的地位。

「傑里邁亞改變了餐廳和餐廳烹飪的世界。」波登解釋：「在傑里邁亞之前，主廚是幕後協力。用餐的大眾不特別在乎主廚的意見是什麼，或主廚認為他們該吃什麼。主廚是在那服侍他們的。但人們去傑里邁亞・陶爾經營的餐廳是為了一睹傑里邁亞的風采，因為他們想在他的軌道上。」

波登繼續說，在星星，陶爾「有個開放式廚房，它是那種人們進門來是想看到主廚的餐廳。而在那之前，你在餐廳最不想見的人，最不想聽的意見來源，就是主廚。但在星星，人們堅持的

恰好相反。」

根據美國主廚和美食作家露絲‧賴克（Ruth Reichl）說法，「星星餐廳的傑里邁亞界定了現代美國餐廳的風貌。」當陶爾結束服務後，他不僅清理廚房，還搞得像一個派對。他後來在其他美國城市開星星餐廳分店，並將品牌推廣至國外，有馬尼拉和新加坡，以及在香港開的山頂餐廳（Peak Café）。

陶爾是推廣高檔餐廳品牌到全球的首批主廚之一。但是九〇年代尾聲，他賣掉生意，然後在千禧年接近時，離開餐廳界，搬去墨西哥過更安靜的生活。今日，他說話輕柔、優雅、機智，很健談，是個很棒的用餐同伴。確實，他的風格和調調並非與愛莉絲‧華特斯那麼截然不同。但，陶爾開心享受放鬆的退休生活，吃著徒弟的水果時，愛莉絲‧華特斯從未停止政治運動。

她從未開第二家餐廳，但她對農夫市場和有機農產的熱情，激勵一個在全國開展的現象。「在美國和其境外的每個城市裡，農夫市場都大量存在；有機食品廣泛而唾手可得；小型有機蔬菜園到處繁盛，從內城區到郊區前院草坪到白宮都可得見。」艾麗莎‧奧爾特曼寫道。

華特斯的另外一項任務是教育孩童心靈，教導他們感謝食物，甚至想變成農夫。「我們得盡快和優先教育孩童。」

她有次就在那棵大紅杉的樹蔭下說道：「我們可以教導他們學會對金錢的負擔能力和管理職責。我們需要在幼稚園就介紹食物；他們應該被教會用食物數數，畫食物的圖畫，在廚藝課裡烹飪。食物是生命的基本，行星生命的基本，而沒有什麼比教導這些更重要的了。」

她的一九九五年倡議，「可食校園」（Edible Schoolyard），套用華特斯自己的話來說，其創立目的就是「創造和支撐整個融入學校課程、文化和糧食計畫的有機花園和地貌」，到了二〇一九年，此倡議在三十三個國家裡得到實施。而她譴責和公開批評持續推廣速食的大企業的熱切活力，在她已經七十幾歲時，則仍未顯示任何力道稍緩的跡象。「這項行動窒礙難行，因為速食

業是大把鈔票，」她說，「而他們的遊說方式驚世駭俗，他們能影響國會議員和參議員，那真的令人害怕。」她有幾次機會和歐巴馬總統碰面，她都在他耳邊低語六個字：「免費學校午餐。」

在總統自豪於愛吃速食的川普時代，華特斯的遊說活動變得更加艱難。確實，許多人或許會質疑她是否真的曾造成改變，因為甚至連在她柏克萊社區的學校都仍舊未端出符合她標準的食物。

二〇二〇年，美國速食業預估將價值超過二千二百三十億美金。速食餐廳加盟店的數字在過去十年增加了二萬八千家。

但她認為食物應該是當令、當地、簡單和共有的這份熱情訊息，在全世界引發迴響。二〇一四年，《時代》雜誌頌讚她是全球最有影響力的人之一。「帕尼斯之家無疑是其時代最具影響力的餐廳，但愛莉絲的傳承流傳得遠比此還久，」雜誌宣稱，「她證明廚師能有力量，並對一整代展現，一位熱情洋溢的人能重塑一個國家的飲食習慣。」

華特斯的一位門徒是位從未在帕尼斯之家的廚房工作過的英國主廚，但她在巴黎藍帶廚藝學校唸過書後，於一九七九年在馬里布找到工作。莎莉・克拉克聽過帕尼斯之家，在安頓好一、兩個星期後，就訂了機位，飛到奧克蘭機場，直接奔赴餐廳。

「我將手放在門把上的那一刻，我就著魔了，」她說：「那裡的光景正是我十二、十三歲時夢想的情景。我認為你經營餐廳的唯一方式就是像在家裡　樣：你從菜圃或市場採摘，選擇最棒的食材，而那是你創造菜單的方式。」

她在餐室就座時，斜照過海灣的燦爛陽光像猩紅鮮血般流洩入屋內，服務生遞給她一張紙，那改變了她的一生。那是無菜單料理。「我看得出這點子真的能成功，然後，我想，為什麼我不能在倫敦試試這個？」

在隨後數個月內，克拉克於每個空閒周末，就會搭飛機到奧克蘭機場，直奔帕尼斯之家。

「我吃午餐和晚餐，午餐和晚餐。就光是吃，」她回憶道。「我從未在那裡工作過，我只是像海綿般坐在那裡。我帶每個認識的

人去那用餐。那是我唯一想去的地方。」

　　一九八四年，莎莉‧克拉克在倫敦的諾丁丘開了克拉克之家（Clarke's）。她的餐廳與數位年輕英國主廚將締造另一場革命，但這次它卻相當英國。關鍵人物有克拉克、羅利‧雷伊和阿拉斯泰爾‧雷托，以及一位叫西蒙‧霍普金森的年輕人。在魯氏兄弟和其精緻餐飲統治的時代多年後，於法國宰制的氛圍中（參見第十四章），倫敦正要品嘗非常不同的口味。

Chapter 16 │ 必比登在倫敦開幕

西蒙・霍普金森（Simon Hopkinson）主廚和設計師兼餐廳老闆特倫斯・康蘭（Terence Conran）結盟，在倫敦開了必比登（Bibendum）。廚房裡的食物主要是法國菜，但餐室卻和其他法國餐廳截然不同。它休閒、不沉悶古板，又熱鬧。霍普金森是新類型的廚師，在柴契爾菁英統治顛峰時代提供餐飲。外出用餐在英國變成嚴肅的嗜好，並幫助催生了另一種新現象：餐廳公關。

⋯⋯

　　三十三歲的主廚西蒙・霍普金森正在倫敦西區希萊爾（Hilaire）的廚房，一張紙條的抵達改變了他的一生。

　　那是特倫斯・康蘭的信箋。霍普金森正在午餐服務後放鬆下來，希萊爾是位於老布朗普頓路（Old Brompton Road）的一家小餐廳。他打開信箋，看見那只是一張隨筆素描，底下有四個字。

　　那是必比登先生的鉛筆素描，也就是米其林寶寶，他的軀體是由一堆像輪胎的東西組合而成。下面的字說：「我成功了。」

　　霍普金森了悟事態要開始變得令人興奮了。幾個月後，必比登開幕。

　　康蘭讓霍普金森成為股東，而餐廳位於南肯辛頓那棟重新開發的米其林大樓內。康蘭已經激烈搶奪了它一陣子。輪胎公司的英國總部在一九一一年於此設立，它也兼做輪胎倉庫，那是棟由當時新奇的建材、也就是混凝土，所興建而成的裝飾性大樓。

　　到了一九八五年，它不再適合公司，一旦公開上市銷售後，得到數個人的青睞，這個空間現在位於倫敦非常時尚地區，他們很有興趣。康蘭奮力搶奪，一位叫保羅・哈姆林（Paul Hamlyn）的出版商也是。這兩個男人是朋友，但因為他們將野心藏為秘密，一開始並沒有察覺他們彼此在抬高競價。他們一旦發現後，就決

霍普金森和康蘭的必比登提供大膽的法國資產階級美食，給英國的新菁英統治階級。
它很快就變成倫敦最時尚的餐廳。

定聯手，合夥打敗其他競標者，以八百萬英鎊買下大樓。這份重新開發案會讓哈姆林出版社，以及康蘭計畫的商店、酒吧和餐廳進駐。

康蘭在希萊爾見過霍普金森。他變成堅定的粉絲，每周都在那用餐，與主廚成為好友。

有一晚他們聊天時，霍普金森對康蘭說：「我想開自己的餐廳。你會出資嗎？」對康蘭而言，幫別人開新餐廳是不費腦筋的小事。

霍普金森一直是個害羞的男孩。他有美妙的歌喉（他也是在哈佛聖約翰學校學院因獲取獎學金而在合唱團裡演唱的學生），他的父親是牙醫，母親是學校老師，還有另一位兄弟，老家在蘭開夏郡的貝里（Bury）。他曾在學校放假期間於伯特爾（Birtle）的當地法國餐廳打工。等到他二十歲時，開了小屋（Shed），那是靠近費什加德（Fishguard），一家只有五張桌子的小餐廳，就在威爾斯彭布羅克郡海岸（Pembrokeshire coast）。那吸引了埃貢・羅納（參見第十四章）的目光，贏得他的一顆星星。霍普金森後來搬去倫敦，隨著時間推移，最後安頓在希萊爾。

他對以正確方法做事有執念，並且信心大增。他的有些靈感來自傑里邁亞・陶爾（參見第十五章），他曾在去舊金山時去過陶爾的星星餐廳。「我為他著迷，」霍普金森在超過三十年後回憶道，「他深愛傳統法國美食，他華麗浮誇又魅力十足，本身就是個巨星，我知道他是同性戀。」

霍普金森備受推崇的書，《烤雞和其他故事》（*Roast Chicken and Other Stories*）（第一版於一九九四年上市，和廚師兼美食作家琳賽・巴勒漢姆〔Lindsey Barecham〕共同著作）的第一道食譜就是「傑里邁亞・陶爾的蒙彼利埃奶油（montpelier butter）[77]」。將它收納進書內部分是因為想向陶爾致敬，部分則是因為它風味絕佳。

---

77. 蒙彼利埃奶油（montpelier butter）：奶油與菠菜等蔬菜和紅蔥、小黃瓜、混合香草、水煮蛋混合後，用來佐魚。

儘管如此，當必比登在一九八七年十一月開幕時，只要一瞥霍普金森的菜單，就可能使常在倫敦用餐的常客沮喪地嘆口氣。那是一長串的菜餚名單，大部分以法文寫成。菜單裡有魚湯、奶油焗烤菊苣、布根地蝸牛、紅酒煮蛋、烤布雷斯雞（poulet de Bresse rôti）[78] 和炒羊肚菌醬小牛肉。

倫敦仍在卑躬屈膝地向法國人磕頭嗎？甚至在這家由當代偉大的設計師之一開的全新餐廳也是如此？

但，菜單或許主要是法國菜（儘管菜單上是有幾道英國菜：美奶滋螃蟹、鮮奶油芹菜濃湯、大蒜奶油烤龍蝦），食物卻非常不同。它絕對不是高級料理。

康蘭和霍普金森就必比登的菜餚該是如何討論了好幾回，但他們也旅行到法國做田野調查。一家他們造訪的三星米其林餐廳有非常多菜色，全部都有精緻、漂亮的飾菜。「我不能忍受這種正經八百的食物。」康蘭宣稱。「必比登會非常不同。它會粗野狂放，但它也會很道地。」霍普金森說，它會是「法國資產階級的法式小酒館料理」。

端上這些菜的餐室沐浴在光線裡。有挑高的天花板和大窗戶，霍普金森說，它是個「喧鬧、吵雜和歡樂的地方，絕對不刻板拘謹」。

為了造就這種精神，霍普金森獵人頭，找了一位約翰‧戴維（John Davey）來做餐廳經理。所以，顧客進門的那刻，招呼他們的不是不斷鞠躬、嘰嘰喳喳、努力奉承、卑躬屈膝的法國人或義大利人，而是友善和愛交際的英國人。

「他流露休閒時髦、氣定神閒的氣質。」霍普金森說。戴維的存在使得餐室的金碧輝煌不那麼讓人生畏。但餐廳仍舊豪華舒適，而且對最近變得有錢的倫敦人世代來說，它很快就變成社交中心——時尚、設計、影視和政治圈人士聚集的餐廳。像電視節

---

78. 烤布雷斯雞（poulet de Bresse rôti）：野放的布雷斯雞是法國國雞，身上有紅白藍代表法國國旗的三色，烤布雷斯雞是傳統菜餚，鄉村在周末尤其有吃烤雞習慣。

目主持人大衛‧佛羅斯特這樣的人在餐廳裡有固定桌位，而餐廳帶來的部分歡愉就是從櫃台走到餐桌之旅。戴維領著客人穿越餐室時，他們真的是在每桌都得停下腳步來和朋友打招呼。

必比登和魯氏兄弟開的那種餐廳（參見第十四章）迥然大異。流浪兒和水畔客棧的氣氛比較優雅安靜，菜餚擺盤更漂亮，似乎更複雜世故；而霍普金森仍舊得仰賴魯氏兄弟，但只有在供應方面。

霍普金森需要的大量食材只能透過魯氏家族設立的供應公司才能取得，從家禽和酥皮到牛肝菌以及某些蔬菜，必比登和當時很大多數的餐廳都得仰賴魯氏兄弟。

至於甜點，霍普金森也出人意表，他沉醉於英國人最擅長的甜點：布丁。所以，菜單上有皇后布丁和蒸薑布丁（steamed ginger pudding），當然也有法國甜點，比如：蘋果酥皮薄塔（一道經典法國蘋果塔）和巧克力皮蒂維耶酥皮餅（chocolate pithivier）[79]。（霍普金森是在南法的厄熱涅萊班〔Eugénie-les-Bains〕，米歇爾‧蓋拉爾〔Michel Guérard〕主廚的餐廳吃到後面那道甜點。霍普金森有次曾寫道，那位主廚「在我跟他要食譜時，震驚到說不出話來，自然就沒給」。回到倫敦後，霍普金森自己想出正確作法，後來還下結論說，「最後，我的比較棒。」）

這種混合種類的自信——法式小酒館的最佳法國佳餚和老式英國菜的結合，以悠閒的氣氛端進輝煌的餐室——非常非常與眾不同。而倫敦愛死它了。

康蘭環顧他共同創造的設施，沉醉於他竟能以美食滿足英國的菁英統治階層。才在幾個月前，柴契爾贏得連續第三次大選勝利，也是她的第二次壓倒性多數勝利。

必比登迅速成為倫敦西區最時尚的餐廳。名流到那邊不是為了增加曝光度，而是因為他們想在那。霍普金森想起有晚有三個

---

79. 巧克力皮蒂維耶酥皮餅（chocolate pithivier）：一種圓形封閉式餡餅，通常是以兩片酥餅在中間填餡料烘烤而成，常被誤認做國王餅。

人訂了一桌，原來演員亞歷‧堅尼斯（Alec Guinness）、女演員洛琳‧白考兒（Lauren Bacall）和編劇亞倫‧班尼特（Alan Bennett）要一起用餐。康蘭後來說：「倫敦人的口味正在改變，那提供了做特別事物的大好機會。我們的願景是創造全新事物，介於巴黎小酒館放鬆的氣氛和像康諾特酒店（Connaught）的優雅、精確、正式之間。那對我而言也是個分水嶺，我邁向美食階梯的嚴肅的第一步。」

必比登隨後的成功給予康蘭繼續在倫敦再開數家餐廳的信心。

評論家熱烈吹捧。許多人對霍普金森能使「歐陸」這個詞的聲譽得到復活和恢復生氣一事印象深刻。戰後年間只見那個標籤下悲慘的飲食供應。霍普金森描述他的食物「非常、非常歐陸」，但他的菜餚和以前的歐陸菜大為不同，後者包括義大利肉醬麵和薯條（參見第十四章），或那時視為異國情調的酪梨和法式沙拉醬這種烹飪暴行。

他的菜單有燉小牛頭、牛或羊肚、芥末醬兔子，和法式白香腸。當然也有炸魚和薯條，而在星期天，則提供烤牛肉。《衛報》評論家保羅‧列文（Paul Levy）當時沉醉於他所謂的必比登「在美食上復古，卻又反動的時尚法式小酒館食物：鯡魚、燉菊苣、粉紅烤小牛肉、巧克力皮蒂維耶酥皮餅，嗯嗯嗯」。

值此之際，廚房誕生了年輕的英國主廚生力軍。他們包括：亨利和馬修‧哈里斯兄弟；菲爾‧霍華德（Phil Howard）；和布魯斯‧普爾（Bruce Poole）──他們後來都是在自己餐廳裡開展新英國食物革命的先鋒。

最後，一位英國廚師終於掌舵倫敦的時尚餐廳。但他不是唯一的一位。

另一位創造類似浪潮的人是阿拉斯泰爾‧雷托（Alastair Little）。他的同名餐廳在一九八五年於蘇活開幕。他是劍橋畢業生，也著迷於伊莉莎白‧大衛的食譜。他的餐廳沒有桌巾，只有紙餐巾，而他輕盈、新鮮、簡單的食物賦予他「現代英國烹飪教父」的名號。

阿拉斯泰爾‧雷托主廚（圖）和羅利‧雷伊以及霍普金森
形成英國烹飪明星的神聖三位一體。

然後還有羅利・雷伊，他曾在魯氏兄弟手下接受訓練，也欣賞伊莉莎白・大衛。他在必比登開業的同一年於倫敦諾丁丘開了肯辛頓廣場（Kensington Place）。就像必比登，肯辛頓廣場寬敞空靈，一側牆壁是一整牆的落地窗，可眺望肯辛頓教堂街（Kensington Church Street）街頭。

　　雷伊和另外兩個男人合作：尼克・斯默伍德（Nick Smallwood）和西蒙・斯萊特（Simon Slater）。雷伊在流浪兒展開職涯，成為魯氏兄弟的倫敦金融城餐廳街童（Le Poulbot）的主廚，而在他環顧首都的餐飲場景時，他只能看到精緻餐飲或物美價廉兩種。「那時的倫敦餐廳只有想追求精緻餐飲的野心。」他說。

　　雷伊的菜單有簡單的歐姆蛋（按照伊莉莎白・大衛的食譜烹煮）、他製作精巧的雞肉佐山羊乳酪慕斯、一整條魚和放在甜玉米鬆餅上的煎鵝肝，以及香腸和馬鈴薯泥。菜單創新、取悅大眾和令人興奮。餐廳令人不可置信地吵鬧，它的顧客種類的分歧很類似必比登，因為它的位置（肯辛頓宮就在走路可及之處）特殊，因此有時可見威爾斯王妃黛安娜在餐室的一頭用餐，而附近《每日郵報》大樓的記者則在另一頭。

　　根據 BBC 廣播製作人和美食作家丹・撒拉迪諾（Dan Saladino）所說，肯辛頓廣場擁有「英國餐廳史上，最常被討論的餐室之一」。至於餐廳菜單，英國主廚凱絲・葛拉威爾（Cath Gradwell）說，它很簡單，就是「勇敢」。凱絲曾在八〇年代末期於其廚房工作。她補充說：「沒有人能在將薯條放在菜單上之後躲開譴責。那是個革命，絕對是事情開始改變的時刻。」

　　但在雷伊的諾丁丘設施對面的是另一家餐廳，在一九八四年開業：克拉克之家（Clarke's）。莎莉・克拉克以她在帕尼斯之家無數的午餐和晚餐為靈感（參見第十五章），在那複製愛莉絲・華特斯的柏克萊餐廳，帶來自己的無菜單料理：「蔬菜、香草和沙拉是我的靈感來源。」她有次說。「所以，當我在早上七點半和八點之間抵達餐廳時，我會看看今天進了什麼貨，然後決定怎麼平衡菜單。」

就像華特斯，她的餐廳從未開分店，更別提連鎖店。帕尼斯之家是持續的靈感來源。「那家餐廳是世界上最棒的，」她有次聲稱，「那裡的精神、團隊、支持和對彼此的愛。我在人生中的每一天都渴求那些。我的心中永遠有愛莉絲；我做每道菜時會問自己，愛莉絲會不會喜歡。」事實上，二〇一四年十月，在慶祝開業三十週年時，愛莉絲‧華特斯去了倫敦，在克拉克之家做了一週的餐廳經理。

回到八〇年代晚期，肯辛頓廣場、阿拉斯泰爾‧雷托、克拉克之家和必比登之間有個重大差異：價錢。霍普金森承認，「必比登非常昂貴。」確實，作家兼餐廳老闆尼古拉斯‧蘭德有次曾寫道：「我那時驚嚇地得知，雙人晚餐超過一百英鎊。」

霍普金森反駁說，價格是成本率的結果。他們雇用非常龐大的員工——大約九十人，而且，當然，沒有節省食材。但，如果有人對沒端出精緻餐飲的餐廳竟然能收取如此高昂的費用感到吃驚，從其結果看來，生意似乎也沒受到損害。那畢竟是哈里‧恩菲爾德（Harry Enfield）創造的角色洛德摩尼（Loadsmoney）在英國螢幕上風光一時的時候……

亨利‧哈里斯的兄弟在必比登待了許多年，而他在騎士橋（Knightbride）創立了法式小酒館哈辛（Racine），他將霍普金森、雷伊和雷托描述為「一種神聖的三位一體」。他們也是脾氣溫和的廚師。儘管霍普金森承認，他的廚房「在剛開業時有點大吵大叫」，它卻與一位風格非常不同的主廚施加於年輕廚師身上的殘暴截然不同。在此指的是馬可‧皮耶‧懷特，後者在泰晤士河對面，城市另一邊的旺茲沃恩公園經營哈維，也於同年開業（參見第十四章）。

懷特的門徒之一是高登‧拉姆齊，建立起自己的餐廳帝國，將廚房暴虐轉變成一種藝術形式。他「出口成髒」的外在形象催生了電視秀，他以開餐廳確保名氣而賺進大把鈔票——（不總是管用）的原則是名氣能帶來顧客。

霍普金森的工作方法是和廚師就道地、口味和正確的重要性

馬可‧皮耶‧懷特的得意門徒，高登‧拉姆齊將導師的廚房暴行，
轉變成大發利市的藝術形式。

進行討論。他要他們讀啟發自己的烹飪大師的食譜，比如伊莉莎白‧大衛和法國烹飪作家理查‧奧爾尼（Richard Olney）。

當馬可‧皮耶‧懷特劃破抱怨溫度的廚師的襯衫和圍裙背部時，哈里斯對霍普金森好評不斷：「我記得他叫我坐下來，給我看一段理查‧奧爾尼寫的怎麼煮高湯的段落。」

「當我搞懂某人時，」霍普金森說，「我可以看出他們很聰明，我會讓他們自己去想出點子來；那讓我很快樂，很興奮。」

在同時，羅利‧雷伊描述他的烹飪手法是種「治療」。但他也注重精確和嚴守紀律。他的訓誡並不總僅限於員工。他不怕要求吵鬧的顧客在餐廳喧鬧的一晚後過來見他，命令顧客進入廚房樓上的小辦公室，嚴厲斥責他們行為不檢。然後還有阿拉斯泰爾‧雷托，他給人的印象比較像是和藹的老師，而非主廚，因為他蓄了鬍子，戴眼鏡，總是一臉疑惑。

但，如果霍普金森在風格、氣質和教育上，與馬可‧皮耶‧懷特形成天南地北的反差，他們倒是有個共同點：那就是一位叫亞蘭‧克隆頓—貝特（Alan Crompton-Batt）的男人，他憑單槍匹馬之力，把廚師從爐邊奴隸變成巨星。

霍普金森在七〇年代末期是埃貢‧羅納的《指南》的檢查員，後來才轉任私人廚師。他的檢查員同事之一就是亞蘭‧克隆頓—貝特，這男人留的淡金色頭髮瀏海總落下蓋過眼睛，即使穿上西裝打上領帶，常常還是看起來髒兮兮。

克隆頓—貝特在談到美食和品酒時總是興奮到幾乎發出嘶嘶聲。不令人驚訝的是，他們兩人變成朋友，還在一段期間內是室友。

克隆頓—貝特曾在一九七〇年代於音樂界小試身手，管理龐克樂團，包括一個叫幻覺皮衣的合唱團（Psychedelic Furs），他後來決定追求更大的愛好：美食。他在被送去檳城唸英式寄宿學校時，味蕾覺醒，當時他家人跟著身為英國國家空軍的父親轉調去新加坡。

他在二十多歲時通過羅納的術科考試，快樂地在英國旅行，以

吃為行業。他學到是什麼造就好餐廳，以及最佳餐廳的經營方式。幾年後，精疲力竭於每天得吃兩次的苦工——他喜歡交際——發現獨自用餐實在無法忍受，便在一家叫甘迺迪布魯克斯（Kennedy Brooks）的餐飲集團找到一份工作，先是當餐廳經理，然後是行銷總監。他在那開始闖出一片天，追著記者跑，帶他們去吃那個集團的某些餐廳。

他會用公司公費招待他們，和廚房裡的人進行熱烈討論。克隆頓—貝特認為西蒙‧霍普金森的崛起有部分該歸功於他，因為他曾建議霍普金森離開私人廚師的職位，到希萊爾工作，而他會在那被特倫斯‧康蘭相中，可能也是克隆頓—貝特的建議。

很快地，克隆頓—貝特決定創立自己的事業。亞蘭‧克隆頓—貝特公關公司（Alan Crompton-Batt Public Relations，簡稱 ACBPR）開始將在廚房裡穿著方格圖案長褲的安靜藝術家，放到英國雜誌的亮面頁面上。今日，數百家公關公司爭奪著向媒體，推銷倫敦和英國的餐廳以及他們的主廚。但從一九八〇年代中期到末期，ACBPR 多多少少是獨占市場。

在克隆頓—貝特公司有數不盡的年輕漂亮助理，而他的妻子和昔日生意夥伴，伊莉莎白，則得應付這批貝特子弟兵（Battettes）——直到他們在一九九五年離婚。子弟兵大部分是金髮，亞蘭自己也是淡金髮，後來還決定把頭髮染得更金。那是八〇年代，為了搭配他新浪漫風的長捲髮和西裝，他買了一台白色 BMW。「他開著它赴約，有時根本開不了直線，」英國餐廳評論家菲‧馬斯勒（Fay Maschler）在克隆頓—貝特於二〇〇四年以五十歲英年早逝後說道。

記者願意接受他的午餐邀約，那通常很耗時，但過程卻行雲流水，而且當然是免費的。他們會反過來樂意在他們的新聞副刊或八卦專欄頁面，幫助克隆頓—貝特將他的客戶創造為明星。這些明星中的一位就是馬可‧皮耶‧懷特。懷特最初認識克隆頓—貝特時正在流浪兒工作，後來回憶道：「我習慣每晚走國王路回家，路上會在甘迺迪之家停留，亞蘭在那家小酒館任職經理。我們會

聊天，他會告訴我流浪兒、亞伯特和一般餐飲業的故事。我們變成很要好的朋友。」懷特被克隆頓─貝特的博學和對美食的熱情打動。「亞蘭無時無刻不在想著食物，」他說，「他對吃的每道菜和在哪吃，都有過目不忘的記憶力。」

克隆頓─貝特和伊莉莎白開設新公司時，懷特是第一批聽到消息的人之一。「他是我遇過最仁慈的人之一，」懷特說，「當哈維開幕時，他為我做免費公關。他從未、從未給過我帳單。」懷特還說，克隆頓─貝特「相信我的潛力，而那時我才十九歲，剛離開約克郡。他告訴我，我會是第一個拿到三星的英國廚師。」

ACBPR 的其他客戶包括以難搞惡名著稱的尼可‧拉丹尼斯（Nico Ladenis）。這位出生於希臘的餐廳老闆以一旦發現顧客犯下要求送鹽的罪行，就把顧客踢出餐廳而聞名。他不喜歡顧客在吃他的食物時垂頭喪氣，有次還踢一位用餐者的椅腿，因為後者看起來有點太放鬆了。尼可吼道：「在我餐廳裡要坐端正！」

考量到懷特曾為拉丹尼斯工作，無疑地他自然師承大師。懷特的最愛特技叫做「嗖嗖」。如果顧客拒絕在主廚的要求下離開，服務生會降落在桌子旁，移走所有的陶器和餐具，然後餐廳經理會「嗖地一聲」抽走桌巾，最後還啪答揮舞一下。

在大量媒體報導後，懷特停止嗖嗖行動，因為他發現有特定一群狡猾的銀行家和喝醉的朋友會盡可能鬧到看看能不能被趕出門。

克隆頓─貝特並不阻止這類故事出現在報紙上。根據《每日電訊報》中為克隆頓─貝特寫的一篇訃聞：「如果記者要求他確認一位顧客的故事，克隆頓─貝特也許會回答：『是的，完全是真的。而他會這樣說。』然後他會開始展開對那位顧客豪無瑕疵的模仿，講的話完全是當事人會用的用語，散發強烈戲劇性效果；他開心地認為，連那位顧客自己都不會記得他到底有沒和媒體說過這些。」

克隆頓─貝特提高主廚的地位，將英國的烹飪人才化為明星。而在懷特的案例中，攝影師鮑伯‧卡洛斯‧克拉克（Bob Carlos

Clarke）拍攝的照片幫助很大。「亞蘭發明餐廳公關，在鮑伯的協助下，他們創造了主廚崇拜。」懷特說。克隆頓—貝特或許害他自己過早進入墳墓，但懷特補充說，「他是我認識的人中鑑賞力最強的。他本身就像位偉大的廚師，除了他不會烹飪。」

八〇年代是他的全盛時期，但隨著時間推移，其他公關公司紛紛成立——某些是貝特子弟兵的女孩出來開的，然後她們的雇員又開了其他公司……如今，幾乎所有在英國夠格的餐廳都有公關。

列文寫道，「亞蘭·克隆頓—貝特是英國餐廳革命的先鋒。他是該為下列事情負起責任的人之一，那就是，現代生活的奇怪特色是，外出去餐廳用餐變成娛樂活動，烹飪則變成嗜好，而非日常苦差事。」

但，當時尚改變，ACBPR 的電藍色西裝和真金珠寶褪流行時，八〇年代的浮華也黯淡下來。一九九〇年代見證了冷冽的經濟，那意味著主廚和餐廳老闆不願意支付公關巨大午餐開支，更少有記者能花整個下午痛飲狂歡。ACBPR 開始失去勢頭。「每個人都沒錢，我也沒有選擇，」克隆頓—貝特有次說道，「那不是打電話給某人說，『我們在哈洛要推出非常有趣的鴨品喔！』的好時機。我們多少是活該——我們創造了泡沫，而它爆炸了。」

克隆頓—貝特的個人泡沫也許爆炸，九〇年代在餐廳開幕方面卻有巨幅成長，尤其是在倫敦。一九九四年是佛格斯·亨德森（Fergus Henderson）的聖約翰（St John）開幕的那年；赫斯頓·布魯門索（Heston Blumenthal）的肥鴨（Fat Duck）在一九九五年於布雷開幕；一九九八年，高登·拉姆齊在切爾西開自己的餐廳。那時甚至有一份高級雜誌《Food Illustrated》在一九九八年創刊，為萌芽的英國餐廳、主廚和供應他們、數目越來越多的小生產者的新時代做紀錄。

儘管時髦的雜誌和報紙副刊專注在英國廚師的新浪潮，並在一九八〇和九〇年代試圖界定「現代英國美食」，但餐廳業的另一個風潮卻遭美食作家和評論家忽視，那就是印度餐廳的興旺。

美食作家、評論家和餐廳檢查員或許曾嘲笑這類設施的壁紙，和批評其整個音樂種類為「咖哩屋音樂」，但獨立的印度風味餐廳可是比「必比登餐廳們」多很多。

確實，印度餐廳故事中最快速的成長是在一九八〇到二〇〇〇年之間，總數從三千成長到八千家。

二次世界大戰後，英國餐廳的場景非常乏味，但說到咖哩屋，那是個非常嚴肅的成功故事。孟加拉和巴基斯坦家庭的移民遍布英國境內，那意味著許多城鎮不只有一家印度餐廳，還常常有好幾家。如同歷史學家莉琪·科林漢（Lizzie Collingham）在她的書《咖哩群像：印度料理文化誌》（ *Curry : A Tale of Cooks and Conqurors* ）裡所寫的，「提到皇家利明頓溫泉〔Leamington Spa〕[80] 時，咖哩屋不會是大家想到的第一件事」。但在一九七五年，一位那座城鎮的訪客數出多達五家。印度餐廳這個類型起跑得早。

多虧東印度公司（參見第十章），印度菜餚在一八〇〇年代早期開始出現在倫敦。事實上，在一八一一年，《泰晤士報》的一份廣告告知印度斯坦咖啡屋（Hindostane Coffee House）的新開幕，後者提供東印度公司的退休官員「最完美的印度菜」。這是絕大的諷刺，因為，為了撫慰為英屬印度埋頭苦幹的英國人的敏感味蕾，數家非常英國風的俱樂部在印度全境內開張（參見第九章）。但，一旦回到大不列顛，他們就懷念起這種更為異國情調的料理。餐廳裝潢、竹椅、水煙筒袋，以及……當然啦，咖哩會瞬間把這些「歐洲富豪」（nabob）帶回舊時美好時光。十九世紀的食譜越來越常收進咖哩，越來越多販賣香料、酸辣醬和咖哩醬的店開張。

現代印度餐廳的種子是在一九四〇年代播下的，當時數家咖啡館在倫敦於磚巷（Brick Lane）和商業街紛紛開幕，以支持從孟加拉東北部的錫爾赫特（Sylhet district）來的水手社群。許多水手

---

80. 皇家利明頓溫泉（Leamington Spa）：位於英國華威郡中部，十八世紀末因其溫泉水有療效而開始出名，成長最為迅速時期是十九世紀。

英國印度餐廳的種子是在一九四〇年代左右播下，當時咖哩屋在倫敦東部開幕，
以供應從孟加拉錫爾赫特遠道而來的水手社群所需的餐飲。

倖存生還於從加爾各達開始的險惡航程，在南安普敦或卡地夫跳船，一路跑進倫敦東區。

當然也有一些比較時尚的印度餐廳，如 Veerawamy，一九二六年於攝政街開幕。就像一八〇〇年代早期的印度咖啡館，這類餐廳為在印度服務後的退休人士——前陸軍或公務員——提供餐飲，通常是雇用錫爾赫特人和他們的家人。確實，是他們的創業努力使得這些移民得以買下大量轟炸過後的廢棄咖啡館——這些廢棄咖啡館在二次世界大戰後散布於倫敦——許多中國和希臘——賽普勒斯移民也抓住此機會。

在五〇和六〇年代，印度餐廳遍布英國鄉鎮和城市，是學生們喜歡的選擇，因為它們經濟實惠。錫爾赫特人最後因簡單變成孟加拉人的代名詞而廣為人所知，為那些曾僑居印度、後來退休的人的口味提供餐飲，但也發現他們的食物很受第一次品嘗的人的歡迎。菜單上有灑上杏仁的鮮奶油拷瑪（korma）[81]、擠上一點檸檬汁的嗆辣馬德拉斯咖哩，以及五彩繽紛的手抓飯。英國味蕾受到挑戰，但沒有過度到不堪忍受，科林漢寫道，「餐廳作為上菜迅速的便宜餐館這點很吸引顧客」。菜單上後來加入啤酒，印度薄餅和酸辣醬成為開胃菜，巴爾蒂（Balti）[82] 出現；印度人沒有人會認得出這些菜餚。

當倫敦的蓋洛德（Gaylord）安裝坦都土窯烤爐[83]——一九六八年的《美食指南》描述它為「一種恰當的泥爐」——時引發更多興奮，然後，科林漢指出：「印度餐廳的食物從此開展自己的人生，從印度次大陸的菜餚中獨立出來。」

英國人慢慢將印度咖哩看成自家菜餚，當成像烤牛肉那種料理主食。然而，當鐘擺擺過歷史時，英國咖哩的不道地賦予新一

---

81. 拷瑪（korma）：發源於印度次大陸，由浸於奶油醬的魚、肉或蔬菜烹煮而成。

82. 巴爾蒂（Balti）：一種放在「巴爾蒂碗」中端出的咖哩，以蔬菜油高溫翻炒，肉全去骨，這道咖哩料理傳統上悶煮一天才上桌。

83. 坦都土窯烤爐：為圓柱形的大窯爐，用其烤製的食物外焦內嫩，飽滿多汁，是北印度最重要的風味菜之一。

代的印度主廚避開這個在地化食物的陷阱，並創造出新一波反映印度真正地方特色菜的餐廳。

阿圖爾·科查哈（Atul Kochhar）這位主廚非常成功，成為第一位贏得米其林一星的印度人，那是二〇〇一年在梅費爾的羅望子（Tarmarind）餐廳。他在二〇一九年時仍在那，但也開了迦膩色伽（Kanishka），其特色是印度東北部料理，包括阿魯納恰爾邦（Arunachal Pradesh）、阿薩姆邦（Assam）、梅加拉亞邦（Meghalaya）、曼尼普邦（Maniput）、米佐拉姆邦（Mizoram）、那加蘭邦（Nagaland）或特里普拉邦（Tripura）。那對倫敦用餐者的意義可能不大，但從沒人抱怨美食地圖上又冒出一家新印度餐廳。

印度餐廳的成長反映出二〇〇〇年代，試圖將地球上每個角落的食物帶到英國來，這類繁複紛雜的新餐飲經驗，本身就是個令人精疲力竭的擴展。同時，某些創造八〇年代英國美食革命的主角正在高掛他們的圍裙。

在好幾年的烹飪後，阿拉斯泰爾·雷托放棄餐廳生意，在倫敦的韋斯特本格羅夫（Westbourne Grove）開了家叫塔沃拉（Tavola）的店。「我喜歡準備工作以及和生產者交涉，」他說，但「工作時間長、艱辛和乏味……你裝滿盤子，然後把食物送出去。」而且，就像英國美食作家卡洛琳·史黛西（Caroline Stacey）在二〇〇三年於《獨立報》寫的那樣，和雷托一樣「有同等文化素養的那些當代人，舉如西蒙·霍普金森和羅利·雷伊，〔不再〕每晚都把鍋碗瓢盆弄得嘎嘎作響。」

霍普金森再也承受不了餐飲服務的無情壓力。在必比登開幕七年後，他永遠辭掉廚房工作。「它變得太過複雜，」他後來回憶道。「我崩潰了。那很可怕，很嚇人。我受夠了。我現在沒辦法再烹飪。我會嚇壞。我會切掉我的手指頭之類的。」

同時，雷伊繼續在倫敦的貝斯沃特（Bayswater）開了英國咖啡館（Café Anglais），他在那創造出和他的雞以及山羊乳酪慕斯同樣具有歷史性的一道菜餚：帕瑪善蛋黃派佐鯷魚烤麵包。

霍普金森、雷伊、雷托和克拉克永遠改變了英國餐飲場景。他們贏得評論家的頌揚，並以他們的書馳名。但有樣東西讓他們捉摸不定，不管他們在不在乎：一顆米其林星星⋯⋯

Chapter 17 ｜貝爾納‧魯瓦索之死

知名主廚貝爾納‧魯瓦索（Bernard Loiseau）的自殺使法國和全球餐廳受到不小震撼。人們質疑主廚所承受的壓力，尤其是像《米其林指南》這類指南的影響力，以及餐廳評論家無遠弗屆的權力。但現在輪到他們的權力受到挑戰了——被一種叫做部落格的現象……

……

　　事情發生在二〇〇三年二月二十五日星期二下午四點左右，地點是索利厄（Saulieu）的一家時尚餐廳，那個小鎮位於勃艮第的心臟地帶。一位年輕女人坐在餐廳角落，為專心傾聽的人環繞，他們將她的話寫在筆記本上。史蒂芬妮‧蓋提（Stéphanie Gaitey）輕輕擦拭哭紅的眼睛，深吸口氣後只說：「我們不知道他為何這樣做。」

　　那是餐廳歷史上最痛苦難忘的一天後的下午。在午餐服務結束後，媒體得到允許，得以採訪幾位挑選出來的員工。

　　蓋提是貝爾納‧魯瓦索（Bernard Loiseau）的前任助理，魯瓦索是法國最遠近馳名的主廚之一，許多年輕廚師蜂擁到他的廚房接受訓練，來自全球的顧客到他餐廳用餐，投宿在他裝潢典雅的房間，享受自己的壁爐柴火。

　　二月二十四日，魯瓦索折好廚師圍裙，到位於金色座標之家酒店（Hôtel de la Côte d'Or）內的專屬房間休息——他的餐廳也在那座酒店內。他每日的午休具儀式性，且不願受人打擾。但在那特別的一日，他想的卻不是午休。他鎖上房門，繞一圈走到一張椅子前坐下，將獵槍擺好位置，這樣槍管才會直指著他。然後他扣下扳機。

　　發現他的人是他的妻子，多明妮克。她在五點十五左右回到

貝爾納‧魯瓦索的米其林三星餐廳就位於金色座標之家酒店內。
他對完美的執念以悲劇收場。

飯店和餐廳，想拿留在房間裡的一份文件。門打不開，所以她繞過去試另一扇，她知道這扇門可以打開，因為鎖已經壞掉好幾年了。但有東西擋住門，所以她推了一下，猛然踉蹌走進一片她往後得努力從心靈抹除的場景。她說，好在是她，而不是小孩們發現他。他用的武器是她送他的禮物。

那晚，米其林三星級餐廳的晚餐照常供應。「我們仍然得服務顧客。」魯瓦索的主廚派崔克‧伯特朗德（Patrick Bertrand）在大概十年後回憶說。「他們之中大部分的人直到隔天才知道。我們繼續我們的服務，因為那有點像戲院。秀得繼續上演，烹飪不能停。」

對魯瓦索的遺孀而言，不可能拒絕顧客上門，他們之中有許多人是在好幾個月前訂位，於長途旅行後來到餐廳。「我們那晚當然得端上晚餐，」她補充說：「我們販賣快樂。」

翌日的午餐也在類似情況下照常供應，儘管每家法國電視聯播網那早都播報了新聞。

星期二晚餐服務前，排在餐廳外的媒體獲邀入內。魯瓦索的助理沒有多少話可以再說。她只是搖搖頭，眼裡噙著淚水。

如果蓋提給不出保持米其林三星十二年的主廚為何自殺的原因，在大概二百英里外的里昂，一位魯瓦索的主廚同行兼朋友想必也對此毫無疑問。

保羅‧博古斯（Paul Bocuse）經營連鎖小酒館，還有一家著名的米其林三星餐廳科隆日橋客棧（L'Auberge du Pont de Collonges）。他在一支法國日報《巴黎人報》（ Le Parisien ）轉接到他廚房辦公室的電話裡，毫不修飾自己的用字。

「太棒了，高特米魯，」他諷刺地說著，「你們贏了。」

博古斯最後一次和他朋友談話是在星期天，他回憶說，魯瓦索心煩意亂。《高特米魯指南》（由兩位餐廳評論家亨利‧高特〔Henri Gault〕和克里斯欽‧米魯〔Christian Millau〕於一九六五年創辦）不像《米其林指南》那樣高調出名，但仍舊有可觀的影響力——已經通知魯瓦索他會在二〇〇三年即將推出的指南中被

扣兩分[84]。他的分數會從十九分降到十七分。

這是發生在幾位法國餐廳評論家之間嘟囔著說魯瓦索的醬汁不像以前的那麼棒之後。

魯瓦索也聽到謠言說，米其林考慮摘掉他一顆星。他甚至曾和《指南》的資深人員碰面，後者告訴他：「無風不起浪」。那場談話似乎使這位偉大男人的自信嚴重受挫。「我完了，我最差勁，我什麼都不是。」一位同事聽見他在廚房裡自言自語。

被失敗主義籠罩的魯瓦索找上公司的金融總監伯納德・法布雷（Bernard Fabre）。「我將失去我的第三顆星……那會讓我財務受損，害我破產，然後他們會拿走我的飯店。」魯瓦索告訴他。

幾天後，全球都聽說了法國美食界偉大從業人員之一的死訊。魯瓦索的烹飪不僅是遵循經典，他還進一步改良了某些法國最偉大的菜餚。比如，他的蛙腿佐蒜泥巴西里醬雖然簡單，卻奇蹟般地美味。蛙腿在奶油中油炸過後，大蒜炒至沸騰，然後冷卻七次以去除澀味，而巴西里則簡單製成菜泥。蛙腿以扇形排列放在一圈綠色巴西里泥上，平滑濃郁的大蒜醬則在中央繞一小圈。用餐者只要用手指拿起青蛙腿，沾些醬，好好享受這份夢幻調味。

在團隊和妻子的陪伴下，魯瓦索好幾年來都在完成一個夢想。他告訴妻子，他十五歲時決定成為一位廚師，而在適當時間，他會得到三星讚譽。「年輕時，每天在我穿上襪子時，會在套每一隻時說，『我會得到三星，我會得到三星。』」

他的努力使他成為可能是全球最佳料理的偉大廚師之一。他擁有美麗的餐廳和飯店，座落在最漂亮的花園裡，就位於全球最佳葡萄種植地區勃艮第的一個入口。

一九九一年，《米其林指南》的一位奈吉林先生（Monsieur Naegellen）打電話給他。「魯瓦索先生，我打電話是要通知你，在我們的下一版指南中，你的餐廳會得到三星。」

那通電話後，他擁抱多明妮克說道：「這是我人生中最棒的

---

84. 高特米魯的滿分是二十分。

貝爾納‧魯瓦索改良和簡化法國經典烹飪，並讓口味變得較為清淡。

一天。」

　　但成功要付出代價。套用魯瓦索的餐廳經理胡伯・庫勞德（Hubert Couilloud）的話：「自從他贏得三星後，他就活在被摘星的恐懼中。」

　　一位精神分析師，拉迪拉斯・契斯（Ladislas Kiss）醫生評論說，魯瓦索「無法瞭解你能同時擁有平凡樸實和卓越人生。他被困在自己的完美主義陷阱裡。」他當然是位工作狂。「他的人生是在餐廳，不是在家裡。」多明妮克說，而且他從不休假。

　　「我們從不關門休息。他沒有嗜好，他不想花太多時間和小孩相處（三個小孩在魯瓦索死時，年齡分別是十三、十一和六歲），所以我們不常一起吃飯。那非常難過難熬，但我從未對我丈夫展露壞心情，因為那是他的人生，那是他的工作，當你和某人結婚時，你無法改變他們。」多明妮克說。

　　想當然爾，魯瓦索不是第一個對完美有所執念的主廚，也不會是最後一個。十九世紀的偉大主廚，比如法國的馬利─安托南・卡漢姆（參見第八章）或倫敦的亞歷克西斯・索耶（參見第九章），都奉獻他們的手藝，交出毫無瑕疵的完美傑作。他們的奉獻精神幫助將用餐從止飢的必要之舉，提升為奢侈的娛樂。

　　英國主廚和電視節目主持人基思・佛洛伊德說過餐廳生意：「它扼殺婚姻，它扼殺關係，它扼殺人生。」（參見第十四章）。但，魯瓦索也顯示他易陷於沮喪的傾向（「他今天可以是最棒的廚師，明天卻變成最爛的。」多明妮克聲稱），他的死讓世人瞭解，那些工作專長是以檢視、批評和有時無情攻擊主廚的人，會如此做的動機多半是想製造娛樂效果，而非提供資訊。儘管沒人暗示《米其林指南》就是如此，許多人的確質疑它擁有的權力，以及其能對主廚造成的效果。

　　等到魯瓦索變得過度憂慮它的評判時，《米其林指南》已經在餐廳指南中鶴立雞群，卓越不凡。它的權力範圍涵蓋全球。這本小書發表宣判，指引用餐者去各地的餐廳和飯店，範圍從新加坡到中東，非洲到亞洲，美國到歐洲。許多國家也有發行與之競

爭的指南，但沒有一家能撼動米其林的霸權地位。不管另類評分系統採納何法，無論是義大利紅蝦評鑑[85]的叉子、美國汽車協會的鑽石，或英國玫瑰花星級[86]，都沒有能和米其林星星分庭抗禮的——或說，三顆星。

英國主廚馬庫斯·瓦倫是高登·拉姆齊的門徒，在二〇一九年因他的倫敦馬庫斯（Marcus）餐廳而得到一顆星，有次曾說：「那本歷史悠久的書裡的那些小馬卡龍，那些小星星——那麼渺小的事物，但影響力卻那麼大。」

《米其林指南》原本是由輪胎公司創始人安德烈和愛德華·米其林，作為行銷其產品的工具而設計出來的。今日，它感覺起來可能已經不是如此，但其基本存在理由仍舊留存。儘管《指南》本身就是個可觀的生意，它發行的國家卻也是米其林想賣輪胎的國家。

在汽車的早期，糟糕危險的路況表示輪胎常常耗損，所以第一本《指南》（法國指南）給予輪胎修理店的細節，也提供沿路醫師所在，以免萬一車裡有人在不幸遇上坑洞時受傷。

一九〇八年，《指南》發展成手冊，提供觀光客觀光地區和地點的資訊。或許，如果指南讓人們變得更勇於冒險，輪胎更可能會爆胎，然後為米其林帶來生意。

一九二六年，《指南》開始以星星評鑑餐廳，這在一九三三年成為正式系統。這個認可最佳餐廳的系統在往後維持不變。一星是「值得一試的優秀餐廳」；二星的評語成為名言，並帶著優雅的輕描淡寫——「料理傑出，就算要繞道也值得」；而三星則代表「餐點卓越，值得專程前往」。

檢查員在第一次時總是匿名造訪，而在現代，在檢查幾次應得或維持星星的餐廳後，造訪會在餐後告知。在那時，檢查員往

---

85. 紅蝦評鑑（Gambero Rosso）：義大利紅蝦評鑑的得獎類別有蝦、叉子、披薩、酒杯，分別代表傳統義大利菜、高級餐廳、披薩店和好酒餐廳。

86. 英國玫瑰花星級（British AA rosettes）：在英國和愛爾蘭對烹飪的優異認可的獎項，餐廳以從一到五朵玫瑰花評比。

往會要求察看廚房。

《指南》的觸鬚在一九六○年代延伸越過歐洲，第一版的《米其林指南：大不列顛和愛爾蘭》於一九七四年出版。第一本美國版在二○○五年出版，東京版則是二○○七年。現在有二十三個國家爭奪《指南》裡的星星，而且，隨著《指南》的成長，有關它的爭議也持續不斷。

某些人憤憤不平，認為《指南》偏愛法國經典料理。確實，一位前檢查員帕斯卡·雷米（Pascal Remy）在書寫關於他在此業界的工作經驗的書時，他聲稱兩位法國主廚保羅·博古斯和亞倫·杜卡斯（Alain Ducasse）以他的話來說，是「不許批評的」。但是當英國版開始給酒館星星時，評論家又說它評分標準不一。

馬可·皮耶·懷特是英國贏得三星的最年輕主廚（參見第十四章和第十六章），承認他以前崇拜《指南》：「小時候，我認為拿到米其林星星就好像得到奧斯卡獎。」但，當它試圖處理全球個別國家裡漸增的餐廳多樣性文化時，它又變得「不一致」。「今天他們好像在灑五彩碎紙那樣在給星星，」他說，「他們好像試圖贏得主廚的好感，用以推廣和販賣《指南》。我不認為米其林知道自己在幹什麼。它精神錯亂。」

一九九九年，在贏得三星五年後，懷特宣布要歸還他的星星。他已經完成夢想，而五年來，也維持了一貫的品質。但懷特也想做其他事。比如釣魚。「我不想活得像個謊言。」他說。所以，他已經不是總是守在爐子邊，他認為繼續得到米其林的評比是不對的。

九年後，他在新加坡開餐廳時說，如果他知道米其林檢查員要上門，他會拒絕他們進入餐廳。「我不需要米其林，他們也不需要我，」他說，「他們賣輪胎，我賣美食。」

已故的美國主廚安東尼·波登也譴責《米其林指南》的一個中心信條：維持一貫的品質是不可動搖的美德。「沒有其他職業如此執著於一貫的品質。要求紐約最棒的餐廳端出最棒的魚是一回事，但米其林嫌那還不夠。你得每次都做得完全一樣，而且得

永遠如此。」他爭論，那態度就是不健康。

　　另一位英國主廚絲凱・金格爾（Skye Gyngell）則抱怨，被列入《指南》，會給人們在她的餐廳將得到某種經驗的錯誤概念。她說，那是個「詛咒」。「人們對米其林餐廳有某種期待，但我們的餐桌沒有桌巾，在這，服務也不是很正式。」

　　當七十二歲的街頭小吃攤販痣姐熱炒（Jay Fai）因她的曼谷海鮮炒鍋得到一顆星時，許多人蜂擁來至她的餐廳，因而干擾了原先寧靜的社區，結果她得引入她發過誓永遠不做的事：訂位系統。而當許多餐廳利用贏得一顆星的聲譽漲價，香港的精明房東則更進一步。在二〇〇八年香港版裡被稱頌的幾家餐廳，發現他們的房租漲價。有些無力支付，只得歇業。

　　二〇一七年，賽巴斯欽・布拉斯（Sébastian Bras）主廚要求米其林在下一版中排除他的餐廳，也就是勒蘇奎特（Le Suquet）（在法國中央高原的拉吉高爾〔Laguiole〕鎮）。他擁有三星，想擺脫掉星星給他和其員工的「巨大壓力」。但米其林無視他的要求。二〇一九年，他又回到《指南》，這次只有二星。

　　某些人爭論，米其林給主廚的壓力會對渴求那種榮譽的個人，造成身心健康的戕害。

　　當馬庫斯・瓦倫在一九九九年於倫敦開了岩石（Petrus）餐廳不到七個月，就贏得一顆米其林星星時，人們想，真的值得為這類榮譽的光鮮亮麗賣命嗎？「當我接受訓練時，我兩年來每天工作十六到十八小時，」瓦倫說，「我從未在凌晨兩點半前上床，你需要那種態度和毅力才能成功。」

　　而那些在這類努力達到目標的主廚手下工作的團隊又怎麼辦呢？說到細節，高登・拉姆齊是出名的暴躁。「我會對員工暴怒，就因為他們沒有以正確方式打開價值二點七英鎊的扇貝，然後我自己會想，二點七英鎊的扇貝真的值得那麼多痛罵嗎？」他有次說，「但等哪天我可以接受以不正確方法打開扇貝時，就是我應該離開業界的時候了。」

　　儘管在職涯早期就獲得可觀成就，他一直到二〇〇一年高登・

拉姆齊餐廳獲得難以捉摸的米其林第三顆星時，才覺得自己可以說：「我終於在此生頭一次，覺得自己是有點成就的。」

無論如何，在全球，幾位主廚追隨懷特的腳步，婉拒他們被給予的星星，儘管米其林的資深階層對此不屑一顧，懷疑他們能這樣做。「那不像奧斯卡，那不是種實質的東西，」《米其林指南》的國際總監邁克爾・埃利斯（Michael Ellis）堅持，「那其實是種意見。那是種認可。」

但，米其林顯然陶醉在它所能揮舞的權力裡。它知道，太多在餐飲學院或第一次在餐廳工作上勤勉努力的年輕男女，都有兩個夢想：開自己的餐廳和贏得一顆星。《米其林指南》的前總監尚—呂克・納雷特（Jean-Luc Naret）曾描述通知廚師他們的夢想已經成真的新聞的心情：

「打那種電話很感人。當你是從二星升至三星時，你在完成他們的夢想。你得到不可思議的美麗反應。但當你原本就有三星時，而你在《指南》上市前一晚親自打電話給他們，他們早知道你不是要給他們第四顆星。那是個很難打的電話。」

阿圖爾・科查哈（參見第十六章）就是其中一位曾在電話那頭得到正面消息的主廚。二〇〇七年一月，《倫敦旗幟晚報》（*Evening Standard*）的記者打電話到他的印度餐廳瓦拉納西（Benares），餐廳位於梅費爾的柏克萊廣場東側。如果可能的話，記者說需要引述科查哈親口說的話。總機小姐將電話轉接至廚房。一位年輕印度主廚接到電話。「阿圖爾・科查哈在嗎？」記者問道。

「不在，」他回答說，「先生，我能為你效勞嗎？」

「我想問他對得到米其林一星的感想。」記者解釋。

「我們沒有米其林一星。」廚師回答後立即掛斷電話。

記者後來又試了幾次，最後終於接通科查哈。

「我以為是朋友惡作劇，」他數年後回憶道，「我煮的是相當精緻風格的印度料理，但我從來沒想到米其林會盯上我們。」但那是真的，而從《米其林指南》接受這顆星後改變了餐廳的運氣和阿圖爾・科查哈的職涯。

全球都有類似故事。赫斯頓·布魯門索正要關掉他那實驗性的賠錢餐廳時──也就是坐落在伯克郡布雷的肥鴨──剛巧得到一顆星，讓他的餐廳能永久租下去，並送他走上全球知名的道路。

但是像水畔客棧（參見第十四章）這樣在一九六〇年代尾聲和七〇年代改變英國用餐方式，並訓練好幾世代的廚師的餐廳，仍舊保持米其林三星時，那些受到讚譽，被奉為一九八〇年代新英國美食革命的先鋒──像西蒙·霍普金森、羅利·雷伊、阿拉斯泰爾·雷托和莎莉·克拉克這樣的人（參見第十六章）──卻從來沒贏得星星。「英國有些沒米其林星星的餐廳讓我搞不懂。」馬可·皮耶·懷特評論。

傑瑞米·金（Jeremy King）是英國最成功的餐廳老闆之一，他和生意夥伴克里斯·科賓（Chris Corbin）在倫敦創造出某些最具代表性的餐廳。異想天開（Le Caprice）、長春藤（Ivy）、J·席凱（J. Sheekey）和沃爾斯利（Wolseley）是現代餐廳歷史中幾個最著名的幾家餐廳。但沒有一家贏過一顆星。「米其林讓人摸不清頭緒，」金說，「我沒辦法假裝我瞭解米其林的分類。」有些被頒發星星的餐廳讓他「不可置信」，而且他問：「餐廳是為了什麼？餐廳是度過好時光的催化劑。說到烹飪，米其林一直是個真的不錯的裁判，但，說到你真正想去的餐廳時，米其林毫無頭緒。」

但《米其林指南》不是用餐者尋找外出用餐地點的唯一著名意見來源。因為，想單然爾，餐廳也孕育了其他怪物：那就是評論家。

在整個人類歷史中，不乏囉唆的美食作家寫出他們的最佳文章。西元前三五〇年，西西里島詩人阿切斯特亞圖（Archestratus）就對在托羅尼（Torone）這座希臘城市用餐抱怨連連，他太常在那發現鯊魚排「被倒上厚厚的醬汁，乳酪在上面融化，倒上太多油」。然後是一位穆斯塔法·阿里（參見第二章）在一五〇〇年代描述他在朝聖旅舍吃到的食物：「湯已經變成洗碗水，他們的米和布丁像嘔吐物。」

約翰·麥克庫洛赫（參見第七章）以瀟灑哀怨的文筆描述他

在一八二○年代於一家蘇格蘭客棧吃到的食物，還好心為它尋找藉口。當餐廳在二十世紀繁榮興盛，外出用餐在二次世界大戰後蓬勃發展，因此，有關餐廳的寫作也演變為一門藝術。

在二十一世紀之交的數位革命前，印刷媒體是餐廳評論界的國王和皇后統治的領域。

在美國，改變遊戲規則的評論家是克雷格·克萊伯恩（Crag Claiborne）。一九五七年，三十七歲的他以美食編輯的身分加入《紐約時報》，那是在他於《Gourmet》雜誌工作一段時間後。在往後的二十九年間，他會是此報的餐廳評論家。

美國作家湯姆斯·麥克納米指出，美國在二次世界大戰後的那些年間，和英國分享某樣特色（參見第十二章）：蕭條。那是片「美食荒地」。麥克納米寫道，從在《紐約時報》的新職位，克萊伯恩的眼光「橫越整個美國食物的淒涼沉悶地貌，知道他有一項挑戰，以及隨之而來的大好機會」。挾著他的美食寫作，「他可以成為和《紐約時報》的藝術、音樂、書籍，以及戲劇評論家相提並論的文化評論家。他可以改變美國人吃的方式、他們對食物的想法，以及他們的生活方式。」

在他處理這主題前，餐廳報導感覺起來像廣告。確實，在一般情況下，為了搏版面私下都有金錢易手。如果沒有金錢易手，那你可以確定，那位編輯和家人至少能盡情在那家餐廳免費用餐，想去幾次就去幾次，沒有負面評論。但克萊伯恩改變這一切。「（在一九五○年代，）當時沒有美食評論這種東西，」麥克納米說道，「也沒有評論家這種人物。」

克萊伯恩會去造訪一家餐廳數次，總是匿名，總不落單，然後從滿分四分做出判決。

他很注重細節，本身又受過烹飪訓練，也能專注在主廚的技巧能力。他有次寫到標準的「可悲衰退」，證據就是他瞄到一支紅色鉛筆從餐廳經理的胸部口袋冒出來。

在一九五○年代晚期，他寫的一篇有關「優雅烹調」如何正在走上衰弱的文章上了頭版。美食故事上頭版是前所未聞的事。

改變遊戲規則的美國餐廳評論家克雷格·克萊伯恩使美食成為頭版新聞，
並在《紐約時報》的崗位上任職二十九年。

「兩項美好生活是其歷史悠久的象徵——法國傳統傑出料理和優雅的服務——正在過美國而不入。」克萊伯恩寫道。他譴責全美速食的大力發展（參見第十一章）：「餐廳料理品質走向低落，因為美國人似乎總是急匆匆。大眾沒有時間放鬆下來好好吃幾道菜。」

　　詹姆斯・A・比爾德（James A. Beard）是一位有名的美食作家，後來有一系列獎項是為向他致敬而創造出來的；他告訴克萊伯恩：「這個國家對保育美洲鶴和水牛比較有興趣，卻不願延續經典烹飪和改善餐桌服務的標準。我們住在一個未來可能稱做——描寫得非常正確——美國味蕾鑑賞力衰弱和殞落的時代。」

　　克萊伯恩的每周專欄包含簡短評論，然後隨著時間流逝，他開始專注在只寫一家餐廳。專欄越寫越長，他的文筆也變得比較悠閒自在。「裝潢本身就是個足以在整場休閒午餐中，維持生動活潑的聊天的一個好話題。」他寫到一九五九年十月新近開幕的四季飯店時說。他也在評論裡提到主廚，那是開闢新格局之舉。就像亞蘭・克隆頓—貝特在一九八〇年代在英國所做的（參見第十六章），克萊伯恩也播下一個概念的種子，那就是主廚可以很有個性。

　　到了一九六〇年代，克萊伯恩因成為足夠有力的人士，而被《時代》雜誌專文介紹。「當他發出讚美時，那對餐廳的生意非常、非常好，」雜誌在一九六五年十月寫道，「當他說不好時，結果可能很慘。」

　　更多評論家加入戰場，但，根據諾拉・艾芙倫（Nora Ephron）於一九六八年九月《紐約雜誌》的文章中寫道，克萊伯恩「寫得比任何人都好」。他能讓餐廳關門大吉，已經「變成美食世界中最令人艷羨、欣賞和被詛咒的人」。

　　克萊伯恩並沒有沉醉在自己的權力裡。事實上，他承認晚上會在床上輾轉難眠，擔心不過一篇專欄就能改變另一個人的人生走向，納悶「我是否有正當理由宣稱主廚的起司白醬就像膠水，或荷蘭醬裡那股奇怪的滋味，是否就是我認為自己嘗到的羅勒或

迷迭香」。

　　他寫道，最後他「變得認為餐廳評論無趣」：「有時，我根本不在乎如果所有的曼哈頓餐廳都被鏟進東河滅頂。就算它們全端上有夜鶯舌頭的吐司和天堂般的瑪納和蜂蜜酒，也只有那麼多的舌頭可以品嘗，那麼多的人類肉體（和精神）可以接受，然後它會抗拒……我發現自己越來越縱情於飲酒，這樣才能熬過另一晚的外出用餐。」

　　一九七一年一月，他辭掉工作。克萊伯恩有次被問到，好的美食評論家需要什麼樣的資質。「好文筆和精通食物，」他說，然後又補充：「我想你體內得有讓句子讀起來漂亮的種子。」

　　他在《紐約時報》最著名的繼任者是法蘭克・布魯尼（Frank Bruni）。等到布魯尼的專欄出現時，那是在二〇〇四至二〇〇九年間，美食評論家的地位已經如此崇高，因而不僅在餐廳界掌握生死大權；英國《觀察家報》（Observer）有次描述他擁有「美國媒體界最有權勢的工作之一」。布魯尼讓美食評論家的工作變成一個複雜的角色，沒完沒了的吃和組織。他的每周評論專欄包含多次探訪（至少三家），他訂位時用數不清的假名。但，因為他沒辦法記得他是韋伯斯特先生、羅傑先生、佛朵先生、佛洛莫先生、華頓先生、艾略特先生、迪迪翁先生，還是圖洛先生，他常很難過櫃台那關。

　　「身為餐廳評論家，我發現我不能只是位美食家，」他有次寫道，「我得變成門房、郵輪總監、諮詢師、秘密行動探員。」他的某些判決成為傳奇。

　　布魯尼寫到高登・拉姆齊的抵達紐約：「很少有像拉姆齊先生這麼好戰的征服者登陸時，周遭卻只發出竊竊低語。」他在紐約時尚餐廳哈利西普利亞尼（Harry Cipriani）吃到的馬鈴薯「不知怎地有肥皂鋼絲球的口感，幾乎可以拿去刷用來煮它們的鍋子」。而他宣稱亞哥（Ago）餐廳（勞勃・狄尼諾是老闆之一）「不是在服務界」：「它是在我行我素界，散發出一種滲透入我所有餐點的冷漠……用美酒之夜和時髦浪蕩姿態拼命追求名利，門口有徘

徊不去的積架，其他人則注重一種簡單的虛幻美妙，重視此的程度並遠遠超過展現能力的服務，而且無法端上任何可供辨識的肉，然後號稱它是裹麵包屑的米蘭小牛排。」

同理，在英國，餐廳評論家變成令人艷羨的藝術家。但由於從事的人很多，變得比在紐約更擁擠。所以沒有單一評論家可以掌握像布魯尼那樣的生死大權。

從一九八六年開始，十五年來，我們可以說，《泰晤士報》的餐廳評論家強納生·米德斯（Johnathan Meades）的文筆最機智和博學。在他離開《泰晤士報》幾年後，他在《電訊報》寫了一篇專文，譴責米其林鼓勵的那種餐飲經驗。那文章使得不熟悉米德斯的人為對錯失他的時代而感到生不逢時。

他在文中寫道：「美食的利己主義和封閉的世界已經引進幾種概念，而那更可能推廣咬牙切齒的進食、嘲諷和絕望的輕蔑，而不是『精緻餐飲』，後者應該以極其矯飾的口音來發音──想想女演員琳達·史耐爾（Lynda Snell）或足球員兼教練阿爾夫·拉姆西爵士（Sir Elf Ramsey）或愛丁堡摩寧賽（Morningsaide）吧。那是一種以過度殷勤的服務、古怪而過於講究的烹飪、高度繁瑣、裝腔作勢、可笑的高昂價格和自以為是哲學家的白癡主廚為特色的餐廳。」

二〇一九年，此時英國最著名的評論家是菲·馬斯勒（Fay Maschler），她於一九七二年開始在《倫敦旗幟晚報》書寫專欄。她沉靜、深思熟慮、有條有理和睿智的散文使其批評攻勢變得更為凶猛。有一段時間，主廚和公關最在意的意見是馬斯勒或Ａ·Ａ·吉爾（已故的《星期日泰晤士報》評論家）的看法。身為作家和餐廳評論家的查爾斯·坎皮恩（Charles Campion）在被一位年輕記者問到，他如何能變成餐廳評論家時回答：「因為一級方程式賽車手比全國報紙的餐廳評論家還多，答案是：相當困難。」

但那是發生在部落格之前的事。一九九九年，一位叫傑西·詹姆斯·蓋瑞特（Jesse James Garrett）的男人編纂出一張列表，指出網路上有二十三個部落格。到了二〇〇六年，暴增為五千萬。

它們之中有相當多是與美食相關。

公認的餐廳評論家會在午餐和派對聚會，然後看看他們周遭，納悶這些前來攪局的人是何方神聖。大部分的部落客開始寫部落格時都是當成嗜好。許多人後來辭掉工作，全職寫部落格。接著，社群媒體的力量將這些部落格轉變成 IG 貼文，其中手機照片的力量顯然勝過小心斟酌的千言萬語。比如，英國 IG 網紅克雷克威爾・伯伊（Clerkenwell Boy），二〇一九年時有大約二十萬名粉絲。而像 TripAdvisor 這樣的網站也前來分一杯羹，引述每日用戶的發言作為權威象徵。

但是，在一個存在著過多未經編輯的貼文的世界裡，幾位評論家的意見，當然啦，還有米其林，仍舊是許多主廚在乎、或恐懼的來源。

還沒有主廚因為部落客寫了什麼，而把頭塞進烤箱。儘管通常很遺憾地，有很多主廚使用自己的社群媒體平台在被批評時展開反擊。例如部落客詹姆斯・伊雪伍德（James Isherwood）描述法國主廚克勞德・波西（Claude Bosi）主掌的朱槿（Hibiscus）餐廳「一般般」後，波西便在推特上反嗆：「我認為你是個傻 B」。

將魯瓦索推過邊緣的不是那一千個聰明的字眼。他曾努力克服恐慌和沮喪的完美風暴，毫無疑問地，害怕失去一顆米其林星星也助長了他的絕望。但他的餐廳在他死後並未失去星星。事實上，在二〇一九年，它仍舊擁有三顆星。而在他遺孀的新體制下，餐廳不再每周工作七天，並施行強制放假，而它的蛙腿仍舊是世界上最棒的蛙腿。

Chapter 18 ｜ 外出用餐的未來

當 Ovnew 在西班牙城市巴塞隆納開幕時，餐廳宣稱其食物將是種以「神經美食學」（neurogastronomy）而廣為人知的新烹飪藝術：那研究人類對味道的感知，還有這過程如何影響認知和記憶。顧客不僅是訂一個桌位；反之，他們是受邀「訂一趟旅程」。掌廚的人不是廚師，而是「船長」，將用餐者帶上一趟「多感官」旅行。外出用餐的故事已經抵達一個高點，在那，提供的食物不再是為了滿足生理需要，而是為了刺激情緒。

……

　　好幾世紀以來，大家合理假設，人們會被誘惑進餐廳是因為他們肚子餓。龐貝的普里穆斯客棧（參見第一章）以從其外帶窗口飄散而出的食物香味，吸引路過路人的注意力。布朗傑在一七六〇年代於巴黎開的餐廳大門上寫的標語後來成為傳奇，它宣稱：「肚子餓的人來我這吧，我會給你滿滿的營養。」（參見第六章）然後在一九四〇年代，只要花一美元，飢腸轆轆的消費者就能在維加斯農場飯店的牛仔自助餐（Buckaroo Buffet）大快朵頤，那是位於賭城大道的賭場飯店。

　　想當然爾，人們尋找餐廳也為了其他理由：碰面、社交、做生意、與愛人發展浪漫關係、計畫政變。但我們都假設肚子餓是前提條件。

　　儘管如此，在飛碟狀膠囊裡的 Ovnew 則座落在一棟摩天大樓頂樓，就在高速公路旁，離巴塞隆納機場不遠，但它並不希望用餐者帶著太大的胃口上門。確實，它偏愛的前提條件反而是顧客不餓。「不要在長時間走路或運動後上門」，標題是「準備你的旅行」的指示列表其中一項說道。餐廳在官網宣稱：「要享受 Ovnew 的話，你身心和靈魂的完全和諧非常重要。」口渴和飢餓

只是會使人分心的情緒。

然而，如果你渴或餓得要命地抵達餐廳，會發現瀏覽菜單和讓味蕾興奮的一般法則在此不復存在。品嘗菜單中的一道典型菜餚號稱：「複合感覺（Sinestesia）。操作融合感官的雙向實驗。」若對此回答「我想要半熟的」，則表示你完全不上道。

在二十一世紀的第二個十年，於一座幾乎每個街角都有塔帕斯（tapas，開胃菜）吧的城市裡，想開一家只是在盤子上裝上食物和在杯子裡裝滿飲料的餐廳來賺大錢，這點子就是行不通。

因此瓊·吉拉多（Jon Giraldo）和傑米·利伯曼（Jaime Lieberman）船長決定做件與眾不同的事。作家潔西卡·普魯帕斯（Jessica Prupas）描述他們是「美食無政府主義者」，「在高速公路旁的太空船裡」端出「七道菜的太空航程」。哥倫比亞出生的吉拉多描述自己為「跨學科專業人士，專攻料理、殷勤款待和現代藝術」，他的夥伴利伯曼則來自墨西哥城，是位「烹飪藝術家」，提供刺激「整體感官認知的美食」。

在第二十八層樓，於超過三百英尺高空，接待用餐者的是綠臉女人，有著毛茸茸的大貓耳，穿著反光長靴。用餐時間恰恰只有兩小時，廚房以端出一口大小的點心為開胃菜，包括一片上面抹有維吉麥（Vegemite）（一種澳洲發酵口味的抹醬，很像英國的馬麥醬〔Marmite〕）的烤起司和香草冰淇淋。

然後，在餐室坐定後，欣賞天花板的金屬、玻璃、雕像、閃爍燈光和外面的夜空星星所提供的視野，「五大洲口味」的七道菜就會開始上桌（要價一百六十歐元，不含飲料）。第一道菜叫「原始」，展現浩瀚時間開端的口味的概念，由像「烤植物輪生體」和「蘇脆玉米—辣木」這樣的菜餚來做詮釋。然後是「美索不達米亞：阿拉伯煉金術的奧秘」，盤上的具體食物包括泡在果汁、鮮奶油番紅花、鹽膚木膠中的羔羊脖子。在「複合感覺」後是「亞馬遜雨林」，特色是桃椰子莎莎醬、巴西莓和木薯醬。再來是「遠東」，呈上烏賊和松露日式出汁。結尾則是「甜美的大霹靂」，以六種甜點氣派演繹，其中有平凡地讓人火大的可可和開心果冰

淇淋。

面對這種深不可測的菜單時，最好別開口問任何問題，儘量隨遇而安。畢竟，餐廳本身就建議用餐者：「對特殊經驗敞開你的心靈。如果心靈願意接受，東西就會更好吃。」

普魯帕斯對餐廳的「星際性和多感官經驗」提出嚴厲評判，說它的食物只是「強過加油站的三明治」。Ovnew（此字結合「OVNI」，西班牙文的幽浮和「new」兩字）定位自己走未來派神秘主義。人們想嘲笑這類地方是全然不費功夫。

但它卻只是人們自問為何外出用餐的眾多餐廳之一，那就是，如果人們能在家裡吃得飽足又便宜，為何還要外出用餐。

二十世紀下半葉見證更多普羅大眾能接觸到高級料理（haute cuisine）——那是更複雜、更昂貴的精緻餐飲。莫拉德·馬佐茲（Mourad Mazouz）於二〇〇三年在倫敦西區開了草圖（Sketch）餐廳，就曾捍衛他的餐廳，因為有人批評其華麗俗氣和充滿太空時代感的餐室和菜單（用餐者得到指示，以菜的溫度次序食用某些盤中的菜品，全是由法國主廚皮耶·加尼葉〔Pierre Gagnaire〕創造），《衛報》也聲稱它是「大不列顛最昂貴的餐廳」，卻端出評論家馬修·福特（Matthew Fort）所謂的「一堆鬼扯蛋」來招待他。「有些人存一整年的錢就為觀賞一場足球賽，有些人則是看戲，」馬佐茲說，「所以期待有些人存錢來像草圖這樣的地方用餐是合理的。」

其他餐廳——像在小米歇爾·魯（亞伯特的兒子）下的流浪兒（參見第十四章）——到了二〇〇〇年代早期，設計出要價四十五英鎊的套餐，包含一杯酒、咖啡和服務費，儘管許多人仍舊得存錢才能在老米歇爾的水畔客棧或別家英國高級餐廳用午餐。人們甚至不是基於海灘，而是基於美食來計畫假期，整個周末的行程都環繞著著名餐廳的晚餐規畫，而且還得幾個月前就預訂。

然而，這些訪客毫無疑問會餓著肚子去餐廳，但追求經驗的渴望和需要卻遠比飢餓本身更為複雜。人們為何選擇尋求食物作為一種娛樂，而非在家中簡單用餐，「這就帶領我們進入社會和

心理慾望的領域，在那裡，生理需求從屬於心理和情感滿足。」約翰・柏奈特在他的《英國外出用餐史》（*England Eats Out: A Social History of Eating Out in England from 1830 to the Present*）中如此寫道。

Ovnew 的船長選擇巴塞隆納是有好理由的。離海灘北方一百英里，靠近羅薩斯（Roses）這個加泰隆尼亞村的是在一九六四年開幕的鬥牛犬（El Bulli）餐廳。它剛開始時是個海灘點心吧，到了一九八〇年代，已經發展出以新潮烹調風格（nouvelle cuisine style）[87] 來創造美食的聲響。這種比較清淡的烹飪方式，強調保持原味，後來變成一種貶抑詞——清淡是極簡主義的委婉說法：從小小菜單上點來小小盤子裝盛的小小菜品，但卻索取大大的天價，讓用餐者吃不飽外還被淘空口袋。

當美食趨勢的鐘擺擺盪回傳統和正宗時，主廚和顧客再次擁抱經典，但新潮烹調的某些本質依舊殘存。貝爾納・魯瓦索（參見第十七章）的蛙腿佐蒜泥巴西里醬是此現象的最佳範例：將經典菜餚製作得更清淡，卻沒有損害其根源、完整性和風味。

一位二十二歲的廚師費蘭・阿德里亞（Ferran Adrià）在新潮烹調顛峰時，加入鬥牛犬。他在服完兵役後得到餐廳錄取，他曾是陸軍廚師，因此能在那追求較為和平的信念。他的勤奮和創造力後來讓他得償宿願，十八個月後，餐廳經理尤利・索勒（Juli Soler）擢升他為主廚。

一九八七年，阿德里亞從質疑創造力概念的一場尼斯會議得到靈感，他的心思開始奔騰。那個冬天，餐廳延長休息時間，整整六個月使得阿德里亞能坐在他的工作室，拋開以前用來做參考所使用的每本烹飪書籍，實驗和創造他認為是嶄新和前衛的菜餚。

餐廳在一九八八年重新開張時，有了新的認同和非常新奇的菜單。餐廳有為特定菜餚設計的餐具，沒有麵包和奶油，菜單很

---

87. 新潮烹調風格（nouvelle cuisine style）：原本源自法國，是指相對於古典的法國高級料理，而於一九七〇年代末開始的一種廚藝運動，強調保持食物原有風味、量少而精緻的烹飪法。

長、非常長，在接下來的幾年內，菜單還會變得更長。

一九九〇年，索勒和阿德里亞組成夥伴關係，買下餐廳，並讓它成為全球最知名、更重要的是最具影響力的餐廳之一。餐廳在那年贏得第二顆米其林星星。

一九九五年，餐廳在《高特米魯指南》（參見第十七章）裡的評分是十九分。那是個關鍵時刻，它意味著一份法國指南將鬥牛犬放在與法國最佳餐廳的相同水準上。一九九七年，米其林評給鬥牛犬第三顆星星。

到了二〇〇〇年代晚期，鬥牛犬的模式穩穩確立。每位顧客花費不含飲料的二百歐元，可吃到品嘗菜單上的二十八到三十五道菜。這包含雞尾酒、點心、塔帕斯、前菜、主菜和變形物（morphings），所謂變形物是從阿德里亞的花色小蛋糕（petits-four）[88] 的概念——往往是精緻、珊瑚般的混合物——從巧克力和像覆盆子這樣的食材創造而出。

他最受讚譽的菜餚包括西班牙龍蝦冷湯、鹹味番茄冰糕與新鮮牛至和杏仁奶布丁、白腰豆奶泡和海膽、蔬菜冷燉菜、雞肉咖哩兩吃、焦糖鵪鶉蛋、豌豆湯 60°／4°、球形瓜魚子醬，以及冷凍乾燥開心果黑松露和法式清湯凍。

這些菜餚使用的技巧後來在全球的廚房中廣被使用。個別程序是：飾菜端上桌後在顧客面前倒入濃湯；冷凍鹹菜（挑戰先入為主的概念和假設，模糊主菜和甜點之間的界線）；創造自白腰豆的泡沫（比慕斯輕盈，但口味更重）；使用單一食材，但以烹調和上菜方式呈現不同口感；用相同食材準備兩道菜餚，但結果極度不同；咬下酥脆的一口後奇蹟般地出現液體內餡；相同杯中出現緊鄰彼此的冷熱液體，但未加混合；將有味道的液體變成果凍後晶球化，以小球體形狀上菜，可以拋入口中；經過乾燥冷凍的食物。

---

88. 花色小蛋糕（petits-four）：一種正方形小蛋糕，以水果或巧克力點綴裝飾，為飯後點心。

不管好壞，鬥牛犬餐廳的費蘭·阿德里亞（一九九五年攝於餐廳內）
影響了全球的年輕廚師，後者都夢想著試驗「分子料理」。

單單這些菜就顯示阿德里亞的卓越創造力和願景，同時不會犧牲每位用餐者想要的效果：口味。鬥牛犬的影響力在全球仍舊無遠弗屆。

　　「我想我的優點是我從來不去想『這不可能辦得到』。」阿德里亞說。

　　在阿德里亞的工作室，他確保每道菜都小心編入目錄。每道菜都經過辛苦的七點創作過程，一開始總是繪製草圖，阿德里亞會邊抽萬寶路香菸，邊將草圖畫在筆記本上。然後在盤子上做測試，修正到能端進餐室的標準，再從賓客那得到回饋，然後菜餚再度修正改進，直到編入正式目錄。

　　超過二十年來，鬥牛犬創造和編錄了一千八百四十六道菜。每道菜都拍攝和記錄下來。同理，烹飪時的各種發現則細心地記上日期加以記錄。阿德里亞也和科學家合作，以瞭解其他什麼東西會影響味道──那些他不必然能在廚房裡控制的東西。

　　比如，在與牛津大學實驗心理學教授查爾斯・史賓瑟（Charles Spence）合作下，他學到，若將草莓慕絲放在白色、而非黑色盤子上端上，會給人更甜十分之一的錯覺。如果將食物放在不同材質上，入嘴時會造成不同效果，不管是不鏽鋼或木製湯匙。確實，史賓瑟也和英國主廚赫斯頓・布魯門索（參見第十七章）合作，研究聲音如何影響食物的感知。

　　阿德里亞認為他的作品超越自己的餐室，而有延伸性影響。如果一級方程式賽車的影響力能超越賽車場──從家庭房車設計到工廠如何能從維修道的團隊工作中學到效率──同理，他的烹飪傑作也能比為樂趣和娛樂用餐而有更寬廣的影響。對他而言，烹飪和科學能彼此學習。

　　「烹飪是什麼？」他有次問。「你得想到公司、機構、家庭廚房、教育、健康、殷勤款待、工業、餐飲業、醫院、機場、農業、時尚、新科技。它是你所能找到的最橫向的科目。」

　　二〇〇八年，阿德里亞出版他的方法學，《鬥牛犬的一天》（*A Day at elBull*），由菲頓出版社出版。此書包含他的故事，提供他的

方法學和哲學洞見，某些食譜則寫成篇章或詩。膽小者可別嘗試。

　　他重新印製菜單，在那時將其畫成四個「幕」，出版一張地圖，圖中繪製賓客如何從廚房移動至露台（salón）到餐室（comedor），然後再度折返經過廚房離開。以他的話來說，他也呈現自己對「現代精緻餐飲」的想法，認為其「已經抵達一個可與藝術作為表達方式相比擬的階段」。

　　但他的作品是這類發展的先鋒。「創造性烹飪做為一種藝術形式的概念仍在襁褓階段。」他寫道。他甚至向世界保證，無論鬥牛犬的菜餚有多靈巧或在技術上多複雜，無論它們看起來如何不像傳統食物，「這並非建議任何菜餚都應該以做為藝術作品的美學角度來欣賞才行。」他仍舊想餵飽用餐者。他也知道想得到被他餵食的機會是種挑戰。所以他解釋訂位系統如何運作。

　　他寫道，「訂位的問題現在是鬥牛犬唯一令人不滿意的層面。」當媒體報導只專注在餐廳訂位的高難度故事，而非他在廚房裡展現的努力時，他無疑感覺沮喪。

　　他考慮過開放午餐，或將餐廳開放時間延長至每年十個月，而非現在的六個月，或拓展分店。他可以將每年供應的餐數從八千提高到三萬。但那仍舊不足以減緩難題：「回絕的數字仍舊會很巨大……而服務品質絕對會變糟。」因此他否決所有這類考量。他也拒絕利用餐廳的名氣和漲價。「餐廳不會因為價格而變得遙不可及，這點很重要。」他宣稱。

　　但大部分的人繼續訂不到位子。每年都有二百萬人想搶八千個位子。記者抵達巴塞隆納，想看看有沒有訂到位子的辦法。雜誌出現專欄，建議那些膽子夠大的人可以試試去搶最後一秒鐘取消訂位的人空出來的位子，大剌剌進鬥牛犬餐廳吃飯。

　　阿德里亞的故事散播到全世界。他在文學節慶、烹飪大會和會議上得到讚揚。他認為，他一定早就回答過關於工作和人生的態度的所有問題。儘管他從未接受過英文採訪，因為他甚至沒有耐心聽完問題的翻譯。他確切知道每位記者想問什麼，也已經回答每個問題不下百次。

二〇一一年，阿德里亞揭露他的下一步。他不會建立另一間餐室、拓寬廚房或改革訂位系統。在那年七月，他關閉餐廳。原址將興建一座「創造力中心」，由私人基金會管理。它的目標是成為「創造性烹飪和美食的智庫」。

　　不是每個人都哀悼餐廳的死去。英國美食作家理查・艾利希（Richard Ehrlich）便對鬥牛犬的宣傳話術，聲稱「改變我們進食的方式」此概念，大加撻伐。

　　「我們談論的是一種在全球餐廳中，可能只有百分之零點一的人接觸的到的烹飪方式，」他爭論，又補充說：「我最痛恨鬥牛犬的地方是它產生的諂媚性媒體宣傳炒作。」

　　艾利希也對以哥本哈根為據點的主廚雷勒・雷哲度（René Redzepi）[89] 展現不加掩飾的輕蔑。因為雷哲度有次曾說：「費蘭・阿德里亞和他的團隊是烹飪界的自由鬥士。」

　　「自由鬥士是努力解放被壓迫者的人，」艾利希咆哮，「主廚是為陌生人煮晚餐。現在鬥牛犬關門了，也許我們能再度舒適地回到主廚的原本意義。」

　　另一位英國作家鄧扶霞（Fuchsia Dunlop）則鄙視阿德里亞對其他廚師的影響。「費蘭・阿德里亞把廚師界搞得天翻地覆，」她說，「因為現在年輕廚師不想好好老實學烹飪，他們想學怎麼樣才像他。他也許以自己的方式表現得很優秀，但很少人辦得到。」她在巴塞隆納的朋友也抱怨鬥牛犬「對年輕一代的主廚有災難性影響。他們全部都想成為美食界的魔術師、名人、超級明星……」

　　英國主廚高登・拉姆齊曾在鬥牛犬用餐多次，描述阿德里亞是烹飪「旗手」，倒是提供主廚們一些樂觀的建議，那是說，在他們試圖模仿阿德里亞的烹飪風格之前。

　　高登・拉姆齊表示：「適度瞭解它，至少給它五到八年，除非你完全瞭解它，才放膽去嘗試。索價過高的餐廳太多，那令人

---

89. 雷勒・雷哲度（René Redzepi）：三星級餐廳 Noma 主廚，為北歐料理的靈魂人物。

難堪。我最近在紐約吃到一盤沙拉，主廚用噴霧罐噴得整桌都是，還在顧客身上噴上羅勒和巧克力的氣味，那簡直可怕至極。」

那些技巧不夠高超的人則能在義大利二十世紀未來主義運動領頭作家菲利波·托馬索·馬里內蒂（Filippo Tommaso Marinetti）的世界裡找到棲身之所。馬里內蒂於一九三二年出版的《未來派食譜》（*The Futurist Cookbook*）包括「殖民魚的鼓鳴」（drum roll of colonial fish）、「第勒尼安海草泡沫（加上珊瑚飾菜）」（Tyrthenian swaweed foam〔with coral garnish〕）、「可觸知的蔬菜花園」（tactile vegetable garden）和「空氣動力學食物」（aerofood）這類食譜。食用這些食物的指示鼓勵你在和空氣動力學食物搏鬥時，右手則輕撫一張砂紙，或，在對付「可觸知的蔬菜花園」時，容許服務生在進食之間將古龍水噴到臉上。

馬里內蒂和阿德里亞之間的差異是這位義大利人的菜餚是滑稽的嘲謔仿作，且從未試圖要被烹煮或食用。

但它們在名稱上卻和 Ovnew 的某些菜色沒有太大不同，Ovnew 的主廚似乎是鄧扶霞的憤怒所針對的對象。在她抱怨年輕一批主廚「一心只想發明和戲耍，不再認真想學加泰隆尼亞料理的基本廚藝」時，批評的目標聽起來就是這些人。

沒有擁抱西班牙料理基礎的還有主廚帕可·羅塞羅（Paco Roncero），他在二〇一四年於伊比薩島（Ibiza）、也就是地中海的巴利阿里群島之一，開了昇華（Sublimotion）餐廳。

羅塞羅形容自己是位廚師、甜點師傅、工程師、設計師、作曲家和魔術師。他說他在硬石飯店（Hard Rock Hotel）的餐廳是個「舞台」，他在那與電影製作人、布景設計師和特效專家作為團隊合作。用餐者食用海扇殼上的小魚塊，鯊魚則在四周悠游，或是搭乘東方快車，食用解構奶油蒜頭檸檬炒大蝦（deconstructed shrimp scampj），或是在鄉間山丘上食用一盤蔬菜。推車四處在房間內移動，只由女服務生的腿推著；一道菜享用時需要戴上虛擬實境眼鏡；巧克力甜點在餐桌上方旋轉和懸浮。

他的餐廳只有一間餐室，座位僅能容納十二位用餐者。在一

帕可‧羅塞羅在伊比薩島的昇華餐廳只有一張餐桌——他稱其為舞台。
餐廳是電影製作人、布景設計師、音樂家和特效專家合作的成果。

座以其昂貴價格著稱的島嶼上，羅塞羅對貴得吃不起一事完全沒有疑慮。晚餐高達一千五百歐元，媒體適切地為羅塞羅貼上經營「全球最貴餐廳」的標籤。

在經濟衰退、食物短缺、環境擔憂和貧窮的世界裡，高檔人士或事物總會有其施展空間。確實，在二〇一〇年代，最冒險的事就是勤奮地創造連鎖餐廳，希望吸引中階市場。英國餐廳老闆兼電視明星傑米・奧利佛（Jamie Oliver）在二〇一九年學到這點，並吃足苦頭，當時他在二〇〇八年創立的餐廳集團宣告破產。他最認真的努力、熱情和辛勤工作仍舊不夠；他的二十四間餐廳中有二十間關門大吉，有一千人失去工作。

他的連鎖餐廳的瓦解可用許多原因來解釋，但那是中檔餐廳在被現實反咬一口時，泡沫爆裂的部分結果，這類餐廳在競爭開業地點時付出太多錢，意味著賺的錢永遠無法回收資本成本。二〇一六年全國生活工資的施行大幅度增加人事成本，儘管中端市場的確在二〇一九年找到增長的一個解決方式：與超市合作和在商店裡設立販售部門——YO！Sushi（參見第十三章）開始在特易購開壽司亭。但許多餐飲生意仍是在高端尋找生存之道。

或許奧利佛應該遵循羅塞羅的前例。如曼谷的 Sirocco 餐廳，二〇一九年的一道甜點就要價五百三十四英鎊。或紐約的奇緣 3（Serendipity 3）餐廳，它的冰淇淋聖代就賣一千美金。或胡伯特凱勒（Hubert Keller）的漢堡，其在拉斯維加斯的零售地點花朵（Fleur），一個就賣五千美金。

那些攻擊這類餐飲低俗的人只是簡單掉入餐廳的宣傳陷阱。阿德里亞無疑會快樂地躲進自己的碉堡，避開任何問他是否覺得該為氾濫的食物亂配或亂調——如果不該是它們的標價——來負起責任。

當然，是有其他才華洋溢的主廚，但他們古怪的菜單卻搶盡嚴肅意圖的努力。赫斯頓・布魯門索在他那位於英國伯克郡的肥鴨餐廳，以蝸牛燕麥粥、蛋和培根冰淇淋、芥末冰淇淋打響名號，而他爭辯自己是在挑戰大眾先入為主的概念——比如，香草是甜

的，或你不能把蝸牛和燕麥一起吃（那像義大利燉飯）的同時，也能創造絕佳口味。

布魯門索與查爾斯・史賓瑟合作創造出一道叫做「海洋聲音」（Sounds of the Sea）的菜餚。賓客在食用時用耳機聽著轟隆驚濤拍岸和海鷗呱呱叫著飛翔過頭頂，菜色則以海螺裝盛，吃著像海岸的東西：海苔、生魚片、海浪浪花的泡沫，以及可食用的木薯「沙」。

布魯門索的興趣之一被他稱之為「脈絡扳機」（contextual trigger）。海洋的實際聲音可以瞬間將用餐者帶回孩時或假期的某個時刻，啟動快樂回憶。他解釋說，那份快樂可以提升用餐者享用魚肉的歡愉：「如果你讓某人處於興奮狀態，所有感官的靈敏度都會提高。」他的研究也揭露以下證據，那就是，「憂慮能降低你的甜度感百分之三十，並增加你的苦味和酸度感百分之五十」。

史賓瑟則更進一步說：「聲音是個被忘卻的口味知覺。」召喚起海岸線的記憶，能使用餐者的心智專注在盤子上，而非分心於餐廳、裝潢，或其他用餐者。就像阿德里亞，他也專注在餐具。「餐具沒有演化，」他有次對澳洲記者沉思道，「餐具可以是什麼？你想從餐具得到什麼，除了它們是你和食物的介面之外？」

飢腸轆轆的用餐者或憤世嫉俗的記者輕易就可以質疑這類發言。主廚越嘗試「分子料理」（molecular gastronomy），布魯門索和阿德里亞就越得為自己辯護。確實，在二〇〇六年，他們與食品科學作家哈洛德・麥克基（Harold McGee）以及美國主廚湯姆斯・凱勒（Thomas Keller）舉行了一場會面。

凱勒在另一項烹飪技術上成為先驅，這項技術後來在所謂的「精緻餐飲」餐廳裡變得無處不在，就是「真空低溫烹調法」（sous-vide，法文的「真空」）。那是非常精準的低溫烹飪，食物在真空包裝後隔水煮熟。四個男人隨後發表聲明，想在他們和後來的模仿者之間畫清界限。他們寫道，他們擁抱的這個新烹飪手法「已經受到廣泛誤解。它的某些層面被過度強調和煽情化，而

其他重要層面則遭到忽視。」

他們列舉他們的烹飪原則是「優異、開放和完整」。這意味著他們「致力於追求優異」，將「完整」列為「首要」，並確保他們的作品是「誠心」之作，但又不盲從「最新風潮」。他們的工藝源自最精緻的烹飪傳統，雖「擁抱創新」，但也不「只為新奇而新奇」。「我們會使用現代勾芡、代糖、酵素、液氮、真空低溫、脫水，和其他非傳統技巧，但這些並不界定我們的料理。」他們意圖擺脫「分子料理」的標籤：「它並不能形容我們的烹飪。」

最後，他們宣稱，他們相信合作精神並「樂意分享創念」，儘管幾乎是帶著一絲惡意地又補充，這並且得和「完全認可那些發明新技巧和菜餚的人」攜手並進才行得通。確實，他們受夠了偷竊他們點子的主廚，受夠了被貼上教父的標籤，受夠了成為每個惱人的泡沫、塗抹，或鮭魚片在經過水煮變得軟弱無力後、再拿去用噴槍烤的這些烹飪行徑的宗師。他們甚至指示公關人員拒絕任何記者在發言中，在同一句話裡，一起提到他們的名字和「分子料理」這幾個字。

但世界繼續旋轉，這份聲明並沒能登上頭版，而像「昇華」這樣的餐廳繼續在全球開張。

如果主廚不喜歡成為最新食物潮流的奴隸，那行銷他們的公關就會想辦法說服他們應該如此做——二〇一九年最大的潮流之一就是素食主義（veganism）。

對某些人而言，素食主義完美結合全球關注，並能自行掛上追隨當前潮流原則的榮譽勳章。

素食不含乳製品，這意味著它環保，它會讓更少母牛排放甲烷，只因甲烷傷害地球巨大。同理，它不含肉類的狀態展現反工業化養殖業的立場，工業化養殖業遍布全球並延續密集食物生產，而那是最不合乎自然的過程。零殘忍的標籤則表示沒有小牛會在尖叫中被拖離母親，沒有牲畜會被無情地帶到屠宰場以擊昏棒敲死，沒有雞隻會在輸送帶上身首異處，沒有蛋是生產於龐大黑暗的穀倉，沒有豬會被迫與幾千隻同類緊挨著彼此活在自己的糞便

中，沒有生命會只因人類不必要的口腹之慾而被養著。

　　挾帶著對地球和人類健康（肥胖流行正在肆虐）的關懷，素食主義以人道主義作為終極目標，對某些素食者而言，他們的食物選擇和美國一九六〇年代的反文化（參見第十五章）一樣富有政治精神。

　　根據自封為「素食大使」的傑・布雷夫（Jay Brave）的看法，對某些社運分子、包括那些自稱為 BAME[90]（黑人、亞裔及其他少數族裔）的人而言，素食是「為反抗英國社會中根深蒂固的不平等而表明態度的機會」。

　　他說：「我遇到的許多黑人和亞裔素食者，他們吃素食的決定攸關個人自主權，以及他們如何能在從無法控制所能購買的東西的系統中，奪回控制自己飲食的權力。」

　　根據創立於一九四四年的純素協會（Vegan Society）統計，在二〇〇八至二〇一八年間，英國的素食者從十五萬成長至五十四萬二千人。零售商販賣的素食產品數目翻倍，並且，根據英敏特（Mintel）[91] 的市場研究調查，食用不含肉類產品的英國消費者中，有百分之四十二希望產品是「植物性全素」（plant-based），即不含有蛋類或乳製品。

　　橫越英國、美國和之外，咖啡館、酒吧和餐廳紛紛開幕，以滿足對素食的新慾望。在倫敦就有素食酒館（城東的 Spread Eagle）、一家素食甜甜圈店，還有多得數不清的販賣素食的街頭攤販。

　　素食品嘗菜單因應需求，出現在某些倫敦高檔餐廳。比如，高登・拉姆齊的前門徒傑森・艾瑟頓（Jason Atherton）在花粉街（Pollen Street）的社交餐廳（Social）（他建立的全球餐廳帝國的一部分），和主廚西奧・藍道爾（Theo Randall）在公園路洲際酒店的餐廳。再者，中端市場餐廳連鎖店，如 Wagamama（任性）和

---

90. Black, Asian and minority ethnic 的縮寫。

91. 英敏特（Mintel）：位於英國倫敦的全球性民營市場研究公司。

Itsu（何時）便試驗素食食譜。為了打破素食食物雖健康卻不可口的迷思，於是「髒髒素食」（dirty vegan）[92]出現，成為炸烤肉串或甜甜圈的另類素食版本。美食記者每天都被新餐廳、新菜單或新純素菜餚推出的訊息轟炸。

想當然爾，在素食主義的哲學之內，可以看到許多自相矛盾的證據：這類飲食缺乏維他命；栽培素食產品的速食和非天然科技；肉類食用者認為素食同時缺乏口味和口感的成見。

就像英國作家喬安娜・布萊特曼（Joanna Blythman）在二〇一九年寫的：「不管是素食『漢堡』或『無雞肉片』，菜單傾向於只是呈現相同的便宜食材的變體：很多水分、某種蛋白質粉（如豌豆分離蛋白粉，黃豆）、增加濃稠度的化學改變的澱粉、強大的食用膠水、工業精鍊蔬菜油，所有這些都總和成為我們所知的『調味劑』──糖、過多的鹽、人工香料。」

儘管如此，一九九〇和二〇〇〇年代早期，有機運動的純粹主義者鼓勵用餐者和生產者考量低密度養殖的美德，因此，素食主義也促使人們思索他們吃進的肉量和品質。還有肉是否真的需要從活生生的動物宰殺而得。確實，Ovnew 也許認為那是前衛的美食潮流，但，食物的未來金山不是在分子料理或素食菜餚，而是在素食肉（meat substitutes，或稱肉類代替品）。

從活生生的動物身上取切片來培養肌肉細胞，這種在實驗室成長的肉吸引億萬富豪，如微軟創辦人比爾・蓋茲的投資。他在個人部落格裡寫過：「養殖肉類需要很多土地和水，並造成重大環境衝擊。簡單來說，沒有方法生產足夠餵飽九億人的肉類。但我們又不能要求每個人都變成素食者。那是為什麼我們需要能生產肉類、但又不會耗費資源的更多選項。」

人造肉僅需要少於百倍的土地和少於五點五倍的水。但素食者會吃人造肉嗎？因為如果需要切片，那就不是完全零殘忍。但是，對只是追求時髦、偶爾為之的素食者而言，可能是個好選擇。

---

92. 髒髒素食（dirty vegan）：以素食做的療癒美食，如素食漢堡和不含乳製品的冰淇淋。

尤其是如果它能在 Instagram 上發布——那是驅動全球餐廳奮力往前衝的另一動力。

當世界抵達 Instagram 顛峰時，社群媒體平台開始同時影響食物和裝潢。和未來的餐廳老闆及主廚合作的倫敦設計工作室得在餐廳的基本要求列表上，將 Instagram 放在頭幾位，以幫助業者設計和籌畫餐廳。「那是年輕的企業家念茲在茲的事物。」設計師漢娜·科林斯（Hannah Collins）說。所以，除了馬賽克磁磚、壁畫和霓虹燈之類的東西外，食物需要賞心悅目，要不然也得怪得可以。如果 Instagram 的認證星星是新的「網紅」證明的話，那麼廚師就得誘使他們進入餐廳，確保網紅會拍到合乎 Instagram 正方形相框的美美菜餚和裝潢美照，而菜餚還要能符合當時流行的主題標籤。

就像社群媒體的至理名言說的：「如果那沒上 Instagram，那就沒有發生，沒有跟上流行。」

當食物是以能容易被拍攝進正方形框架內烹煮，當餐廳老闆和主廚是在娛樂至上的環境裡創造食物時，外出用餐的概念本身便必須受到質疑。因為，如果美食的樂趣之本質就是促使人們透過它交談或達到水乳交融的境界，那我們是不是該關掉手機，體驗當下的快樂，凝視彼此的眼神，好好享受人類互動之美？

外出用餐的未來顯然會反映現在的情景。世界上會出現新的美食概念、新餐具、太空時代裝潢、基於你的偏好歷史和目前銀行存款餘額的新奇數位訂位系統。但總是會有空間容納簡單的用餐環境。當有些人幻想著融合科技與食材時，有些人則仍舊夢想著開一家有著小廚房的小餐廳，擁有價格適中和隨季節變換的菜單，酒單不會不切實際，工作人員開心歡樂，餐室內瀰漫著嗡嗡低語聲和縱聲大笑。

請幫我在那裡訂兩個位子。

謝辭

　　首先，我想感謝西蒙與舒斯特（Simon & Schuster）的出版總監，伊安・麥克格雷格（Iain MacGregor），是他請我動筆寫這本書。我能得到委任，去深入挖掘外出用餐這個迷人主題此事，非常幸運。大大感謝卡洛琳・邁可（Caroline Michel）、約翰・佛勒（Jon Fowler）和薇琪・康佛斯（Vicky Cornforth）等經紀人給我的堅定支持與無盡歡呼。感謝我在《電訊報》的友人——薇琪（Vicki）、莎夏（Sasha）、艾咪（Amy）、克萊兒・I（Claire I.）、蘿拉（Laura）和克萊兒・F（Claire F.），感謝他們為我在我最喜愛的主題上大放厥詞，並支持我們令人興奮的美食計畫。

　　這本書的很大部分寫於北安普敦郡韋斯頓的家中，我感謝大衛（Dave）和珍（Jane）帶來秩序、冷靜和歡樂（還有對講機），並使我們的家成為更快樂之所。我想感謝水管工人，威爾（Will）、安迪（Andy）和艾歷克斯（Alex），他們使得家裡保持溫暖——這個嘛，如果我知道水管，或那個漂亮的新暖氣機是怎麼連結的話，我就不會假他人之手。我隱居到我岳母莎拉（Sarah）在薩默塞特的溫暖的家，我在她的餐廳裡寫了好多好多此書內容，我會永遠感謝她的熱茶、餅乾、簡單午餐、冷凍餐和 Booja-Booja 松露巧克力。也感謝我在義大利利帕里島、科西嘉和西班牙伊比薩島的美妙朋友，他們提供我椅子、桌子和 Wi-Fi：卡洛（Carlo）和亞歷珊卓（Alexandra）；史基皮（Skippy）和拉拉（Lara）；林蒂（Lindy）和丹（Dan）。老友，丹，我仍舊注重具體事物。

　　感謝愛蜜麗・艾迪格（Emily Ediger）規畫出此書的優秀研究模式，以及西蒙與舒斯特的計畫經理，博學的梅麗莎・龐德（Melissa Bond）的靈活審稿。對我那兩個正值青春期的小孩，愛莉絲（Alice）和亞伯特（Albert），我給你們大大的擁抱，我也欣賞你們在追

求自我努力時所展現的驚人奉獻。最後，我要感謝親愛的愛蜜麗（Emily）的無盡的愛、鼓勵和支持。妳還為我們的人生投射出新光芒：快樂和自得其樂的小華特（Walter）。

參考書目

● —— 參考書籍和引文

Adrià, F., *A Day at elBulli: An Insight into the Ideas, Methods and Creativity of Ferran Adrià* (Phaidon, 2008)

Adrià, F., Blumenthal, H., Keller, T., McGee, H., 'Statement on the new cookery', *The Observer* (10 December 2006)

Apicius, *Cookery and Dining in Ancient Rome* (Dover Publications, 1977)

Arellano, G., *Taco USA: How Mexican Food Conquered America* (Scribner, 2013)

Aubrey, J., *Brief Lives* (Clarendon Press, 1898)

Bala, P., Narayanan, J., *Secret Sauce; Inspiring Stories of Great Indian Restaurants* (Harper Business, 2018)

Ball, Professor M., Sutherland, D. T., *An Economic History of London 1800–1914* (Routledge, 2001)

Barber, L., 'Grouse, claret and a fag: Man of my Dreams', Interview with Simon Hopkinson, *The Observer* (23 September 2007)

Barton, R., '"An Influential Set of Chaps": The X-Club and Royal Society Politics

1864–85', *The British Journal for the History of Science,* Vol. 23, No. 1 (March 1990), pp. 53–81

Battuta, I., Husain, M. (trans.), *The Rehla of Ibn Battuta* (University of Baroda, 1953)

Beauvilliers, A. B., *The Art of French Cookery* (London, 1824)

Burnett, J., England Eats *Out: A Social History of Eating Out 1830–Present* (Pearson Longman, 2004)

Carême, M. A., *The Royal Parisian Pastrycook and Confectioner* (F. J. Mason, 1834)

Carlin, M., '"What say you to a piece of beef and mustard?": The Evolution of Public Dining in Medieval and Tudor London', *Huntington Library Quarterly,* Vol. 71, No. 1, pp. 199–217 (University of Pennsylvania Press, March 2008)

Chelminski, R., *The Perfectionist: Life and Death in Haute Cuisine* (Michael Joseph, 2005)

Clarke, H., *Working Men's Clubs: Hints for their Formation, with Rules, etc.* (Working Men's Club and Institute Union, 1865)

Clayton, P., Rowbotham, J., 'How the Mid-Victorians Lived, Ate and Died', *International Journal of Environmental Research and Public Health* (March 2009)

Clover, C., *The End of the Line* (Ebury Press, 2005)

Coghlan, F., *A Guide to France, Explaining Every Form and Expense from London to Paris* (J. Onwhyn, 1830)

Collingham, L., *Curry: A Tale of Cooks and Conquerors* (Chatto & Windus, 2005)

Cowan, B., *The Social Life of Coffee: The Emergence of the British Coffee House* (Yale University Press, 2005)

Cowen, R., Relish: *The Extraordinary Life of Alexis Soyer, Victorian Celebrity Chef* (Phoenix, 2006)

Crowther, G., *Eating Culture: An Anthropological Guide to Food* (University of Toronto Press, 2013)

Cummings, P. R. et al., *The Role of Hospitality in the Lives of Individuals and Families* (The Haworth Press, 1998)

Cushing, C., *Letters, descriptive of Public Monuments, Scenery, and Manners in France and Madrid,* Vol. 1 (Newbury Point, 1832)

Cwiertka, K. J., *Modern Japanese Cuisine: Food, Power and National Identity* (Reaktion Books, 2006)

D'Israeli, I., *Curiosities of Literature* (Richard Bentley, 1838)

Dean, J. M. (ed.), *London Lickpenny* (Medieval English Political Writings, 1996)

Dunn, R. E., *The Adventures of Ibn Battuta: A Muslim Traveller of the Fourteenth Century* (University of California Press, 1989)

Egilsson, S. Y., *Romantic Travellers in the Highlands 1770–1830* (University of St Andrews, 1991)

Ellis, H., *What to Eat?: 10 Chewy Questions about Food* (Portobello Books, 2012)

Engels, F., *The Condition of the Working Class in England in 1844* (Herstellung & Verlag, 2018)

Evelyn, J., *Diary and Correspondence of John Evelyn, FRS* (George Bell & Sons, 1878)

Fag, F., *The Recess, or Autumnal Relaxation in the Highlands and Lowlands* (Longman et al., 1834)

Feinstein, C. H., 'Pessimism Perpetuated: Real Wages and The Standard of Living in Britain during the Industrial Revolution', *Journal of Economic History*, Vol. 58, No. 3 (September 1998)

Feltham, J., *The Picture of London, for 1802* (Longman et al., 1818)

Fitton, R. S., Wadsworth. A. P., *The Strutts and the Arkwrights, 1758–1830: A Study of the Early Factory System* (Manchester University Press, 1958)

Fitzstephen, W., *Description of the City of London* (B. White, 1772)

Forte, C., *Forte: The Autobiography of Charles Forte* (Pan Books, 1986)

Fraser's Magazine for Town and Country, Vol. 62, July–December 1860 (John W. Parker & Son, 1860)

Galigani, A., Galigani, W., *Galignani's New Paris Guide* (A. and W. Galigani, 1827)

Gillespie, C. H., 'Gastrosophy and Nouvelle Cuisine: Entrepreneurial Fashion and Fiction', *British Food Journal*, Vol. 96, No. 10 (1994), pp. 19–23

Gisslen, W., *Professional Cooking* (John Wiley & Sons, 2011)

Goody, J., *Cooking, Cuisine and Class: A Study in Comparative Sociology* (Cambridge University Press, 1982)

Goodyear, D., 'Jeremiah Tower: A Forgotten Father of the American Food Revolution', *The New Yorker* (1 May 2017)

Griffin, E., *A Short History of the British Industrial Revolution* (Macmillan, 2010)

Hailwood, M., *Alehouses and Good Fellowship in Early Modern England* (The Boydell Press, 2014)

Hanawalt, B. A., 'Medieval English Women in Rural and Urban Domestic Space', *Dumbarton Oaks Papers*, Vol. 52, pp. 19–26 (Dumbarton Oaks, Trustees for Harvard University, 1998)

Hare, J., 'Inns, innkeepers and the society of later medieval England 1350–1600', *Journal of Medieval History*, Vol. 39, No. 4 (2013), pp. 477–97

Harper's New Monthly Magazine, Vol. 3, July–November 1851 (Harper & Brothers, 1851)

Hopkinson S., Bareham L., *Roast Chicken and Other Stories* (Ebury Press, 1994)

Hopkinson S., Bareham L., *The Prawn Cocktail Years* (Michael Joseph, 1997)

Howgego, C., 'The Supply and Use of Money in the Roman World 200 B.C. to A.D. 300', *The Journal of Roman Studies*, Vol. 82, pp. 1–31 (Society for the Promotion of Roman Studies, 1992)

Hylton, S., *Leisure in Post-War Britain* (Amberley Publishing, 2013)

Isin, P. M., *Bountiful Empire: A History of Ottoman Cuisine* (Reaktion Books, 2018)

Issenburg, S., T*he Sushi Economy: Globalization and the Making of a Modern Delicacy* (Gotham Books, 2007)

Jarnow, J., *Heads: A Biography of Psychedelic America* (Da Capo Press, 2018)

Jarvis, A. W., 'Old London Coffee Houses', *The English Illustrated Magazine* (May 1900)

Kamp, D., 'Cooking Up a Storm', *Vanity Fair* (October 2006)

Kay, E., *Dining with the Georgians: A Delicious History* (Amberley Publishing 2014)

Kia, M., *Daily Life in the Ottoman Empire* (Greenwood, 2011)

Kingsford, C. L. (ed.), *The Chronicles of London – 1289* (Clarendon Press, 1905)

Lander, N., *On the Menu: The World's Favourite Piece of Paper* (Unbound, 2016)

Lane, C., *The Cultivation of Taste and the Organization of Fine Dining* (Oxford University Press, 2014)

Lee, Rev S., 'The Travels of Ibn Battuta: In the Near East Asia and Africa, 1325–1354', unabridged, from *Abridged Arabic Manuscript Copies*, first published by the Oriental Translation Committee, London, 1829 (Dover Publications Inc, 2004)

Lickorish, L. J., Middleton, V. T. C., *British Tourism* (Butterworth-Heinemann, 2005)

Lucas, E. V., *A Wanderer in London* (Methuen & Company, 1907)

Luhmann, T. M., *The Good Parsi: The Fate of a Colonial Elite in a Postcolonial Society* (Harvard University Press, 1996)

MacCulloch, J., *The Highlands and Western Isles* (London, various, 1824)

Mackay, T., 'Women at Work: Innkeeping in the Highlands and Islands of Scotland 1790–1840', *Journal of Scottish Historical Studies*, Vol. 37, No. 2

(October 2017)

Mackintosh-Smith, T., *The Travels of Ibn Battutah* (Picador, 2002)

McNamee, T., *The Man Who Changed the Way We Eat* (Free Press, 2012)

McNamee, T., *Alice Walters and Chez Panisse: The Romantic, Impractical, Often Eccentric, Ultimately Brilliant Making of a Food Revolution* (Penguin Press, 2007)

Melton, J. V. H., *The Rise of the Public Enlightenment in Europe* (Cambridge University Press, 2001)

Mennell, S., *All Manners of Food: Eating and Taste in England and France from the Middle Ages to the Present* (University of Illinois Press, 1996)

Milne-Smith, A., *London Clubland: A Cultural History of Gender and Class in Late Victorian Britain* (Palgrave Macmillan, 2011)

Mokyr, J., *The Enlightened Economy: Britain and the Industrial Revolution, 1700–1850* (Penguin Books, 2011)

Nichols, J. (ed.), *The Gentleman's Magazine and Historical Chronicle* (David Henry, 1785)

O'Gorman, K. D., 'Discovering commercial hospitality in ancient Rome', *Hospitality Review*, Vol. 9, No. 2 (2007), pp. 44–52

Oddy, D. J., *From Plain Fare to Fusion Food: British Diet from the 1890s to the 1990s* (The Boydell Press, 2003)

Palsetia, J. S., *The Parsis of India: Preservation of Identity in Bombay City* (Brill, 2001)

Pike, R. E., *Human Documents of the Industrial Revolution in Britain* (Routledge, 2006)

Pilcher, J. M., *Planet Taco: A Global History of Mexican Food* (Oxford University Press, 2012)

Pinchbeck, I., *Women Workers and the Industrial Revolution 1750–1850* (Frank Cass, 1977)

Ray, J., *A Collection of Curious Travels and Voyages* (Royal Society, 1693)

Robinson, E. F., *The Early History of Coffee Houses in England* (Cambridge University Press, 2013)

Rosen, A., *The Transformation of British Life, 1950–2000: A Social History* (Manchester University Press, 2003)

Roux, M., *Life is a Menu; Reminiscences of a Master Chef* (Robinson, 2003)

Singer, A., *Starting with Food: Culinary Approaches to Ottoman History* (Markus Wiener Publishers, 2011)

Solly, H., *Facts and Fallacies connected with Working Men's Clubs and Institutes* (A paper read before the Social Science Association, Sheffield, October 1865)

Solly, H., *Prospectus for the Working Men's Club and Institute Union* (Working Men's Club and Institute Union, 1862)

Somerville, A., *The Autobiography of a Working Man* (Robert Hardwicke, 1854)

Stacey, C., 'The Chef Formerly Known as Alastair Little', *The Independent* (15 June 2003)

Symes, R. A., *Family First: Tracing Relationships in the Past* (Pen and Sword, 2015)

Tannahill, R., *Food in History* (Paladin, 1973)

The New Monthly Magazine and Humorist (Henry Colburn, 1844)

Trépanier, N., *Foodways and Daily Life in Medieval Anatolia: A New Social History* (University of Texas, 2014)

Ukers, W. H., *All About Coffee* (Library of Alexandria, 1922)

Warde, A., Martens, L., *Eating Out: Social Differentiation, Consumption and Pleasure* (Cambridge University Press, 2000)

Waters, A., *Chez Panisse Café Cookbook* (Harper Collins, 1999)

Waters, A., *Coming to My Senses: The Making of a Counterculture Cook* (Hardie Grant, 2017)

Well-willer, 'The Women's Petition Against Coffee; Representing to Publick Consideration the Grand Inconveniencies Accruing to their Sex from the Excessive use of that Drying, Enfeebling liquor' (London, 1674)

White, M. P., Steen, J., *The Devil in the Kitchen* (Orion, 2006)

Wood, A., *A Life of Anthony à Wood* (Thomas Hearne, 1711)

Wood, A., *Athenae Oxonienses* (London, various, 1820)

●──網路資料

www.academia.edu/444265/The_Rise_of_the_Coffeehouse_Reconsidered

www.muslimheritage.com

www.pompeiana.org

www.pompeiiperspectives.org/index.php/regio-ix-insula-1

www.sciencedirect.com/science/article/pii/S2352618118300180

www.turkishcoffeeworld.com/History-of-Coffee-s/60.htm

www.web-books.com/Classics/ON/B0/B701/11MB701.html

外出用餐

一部橫跨兩千年的外出飲食文化史

The Restaurant: A History of Eating Out

作　者｜威廉・席特維爾（William Sitwell）

譯　者｜廖素珊

副總編輯｜洪源鴻

責任編輯｜洪源鴻

行銷企劃｜二十張出版

出　版｜二十張出版

封面設計｜虎稿・薛偉成

內頁排版｜虎稿・薛偉成

出　版｜二十張出版／遠足文化事業股份有限公司

發　行｜遠足文化事業股份有限公司（讀書共和國出版集團）

地　址｜新北市新店區民權路 108-3 號 3 樓

電　話｜02-22181417

傳　真｜02-22180727

客服專線｜0800-221029

信　箱｜akker2022@gmail.com

Facebook｜facebook.com/akker.fans

法律顧問｜華洋法律事務所／蘇文生律師

製　版｜伊奈特網路印前股份有限公司

印　刷｜呈靖彩藝有限公司

裝　訂｜精益裝訂股份有限公司

出　版｜二○二四年五月（初版 1 刷）

定　價｜四八○元

ISBN ｜ 9786267445167（平裝）　9786267445112（ePub）　9786267445105（PDF）

Original English language edition Copyright © William Sitwell, 2020
Traditional Chinese characters edition arranged with SIMON & SCHUSTER UK
LTD. through Big Apple Agency, Inc., Labuan, Malaysia
Traditional translation Copyright © 2024 by Akker Publishing,
an Imprint of Walkers Cultural Enterprise Ltd.

國家圖書館出版品預行編目（CIP）資料

外出用餐：一部橫跨兩千年的外出飲食文化史
威廉‧席特維爾（William Sitwell）著／廖素珊譯／初版／新北市／
二十張出版，遠足文化事業股份有限公司／ 2024.05
320 面，16x23 公分
譯自：The Restaurant: A History of Eating Out
ISBN：978-626-7445-16-7（平裝）
1.CST：飲食風俗　　2.CST：文化史　　3.CST：餐廳
538.7　　　　　　　113003213